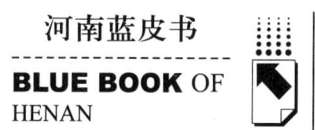

河南蓝皮书
BLUE BOOK OF HENAN

河南城市发展报告 (2014)

ANNUAL REPORT ON URBAN DEVELOPMENT OF HENAN (2014)

科学推进新型城镇化

主　编／谷建全　王建国
副主编／王景全　郭小燕　王新涛

社会科学文献出版社
SOCIAL SCIENCES ACADEMIC PRESS (CHINA)

图书在版编目(CIP)数据

河南城市发展报告.2014,科学推进新型城镇化/谷建全,王建国主编.—北京:社会科学文献出版社,2014.1
（河南蓝皮书）
ISBN 978-7-5097-5594-5

Ⅰ.①河… Ⅱ.①谷… ②王… Ⅲ.①城市化-研究报告-河南省-2014 Ⅳ.①F299.276.1

中国版本图书馆CIP数据核字(2014)第011944号

河南蓝皮书
河南城市发展报告（2014）
——科学推进新型城镇化

| 主　　编 / 谷建全　王建国
| 副 主 编 / 王景全　郭小燕　王新涛

出 版 人 / 谢寿光
出 版 者 / 社会科学文献出版社
地　　址 / 北京市西城区北三环中路甲29号院3号楼华龙大厦
邮政编码 / 100029

责任部门 / 皮书出版中心 (010) 59367127　　责任编辑 / 丁　凡
电子信箱 / pishubu@ssap.cn　　　　　　　　 责任校对 / 魏　伟
项目统筹 / 任文武　　　　　　　　　　　　　 责任印制 / 岳　阳

经　　销 / 社会科学文献出版社市场营销中心 (010) 59367081　59367089
读者服务 / 读者服务中心 (010) 59367028

印　　装 / 北京季蜂印刷有限公司
开　　本 / 787mm×1092mm　1/16　　　　　　印　张 / 18.75
版　　次 / 2014年1月第1版　　　　　　　　　字　数 / 300千字
印　　次 / 2014年1月第1次印刷
书　　号 / ISBN 978-7-5097-5594-5
定　　价 / 59.00元

本书如有破损、缺页、装订错误，请与本社读者服务中心联系更换
▲ 版权所有　翻印必究

广视角·全方位·多品种

权威·前沿·原创

皮书系列为
"十二五"国家重点图书出版规划项目

河南蓝皮书系列编委会

主　　任　喻新安

副 主 任　刘道兴　丁同民　谷建全

委　　员（以姓氏笔画为序）
　　　　　　卫绍生　牛苏林　王建国　王玲杰　王景全
　　　　　　刘振杰　闫德民　完世伟　李立新　李宏伟
　　　　　　李怀玉　陈东辉　周全德　林风霞　赵西三
　　　　　　赵　然　郭小燕　龚绍东

《河南城市发展报告（2014）》
编委会

主　　编　谷建全　王建国

副 主 编　王景全　郭小燕　王新涛

编　　委　（按姓氏笔画排列）
　　　　　　王沛栋　王春璟　左　雯　安晓明　李怀玉
　　　　　　李建华　杨兰桥　吴旭晓　赵　执　柏程豫
　　　　　　高　璇　郭志远　彭俊杰　韩　欣　韩　鹏

主要编撰者简介

谷建全 男,河南唐河人,河南省社会科学院副院长、研究员,经济学博士。河南省优秀专家、河南省学术技术带头人、河南省科技创新"十大杰出人物"、郑州市科技创新领军人才。2000年以来,主持承担国家级、省级重大研究课题30余项,公开发表理论文章100余篇,获得省部级以上科研成果奖15项。主持编制区域发展规划80余项。

王建国 男,河南鲁山人。现任河南省社会科学院城市与环境研究所所长、研究员,河南省优秀专家,河南省学术技术带头人、"河南青年科技创新杰出奖"获得者、全省宣传文化系统首批"四个一批"人才人选。先后主持和参与承担完成各类课题100余项,公开发表文章100余篇,主编、合著及参与撰写出版专著20余部,获各级优秀成果奖30余项。

摘　要

党的十八大提出走中国特色新型工业化、信息化、城镇化、农业现代化道路，促进四化同步发展。2012年中央经济工作会议强调要着力提高城镇化质量。党的十八届三中全会通过的《中共中央关于全面深化改革若干重大问题的决定》又明确提出："要完善城镇化健康发展体制机制。坚持走中国特色新型城镇化道路，推进以人为核心的城镇化，推动大中小城市和小城镇协调发展、产业和城镇融合发展，促进城镇化和新农村建设协调推进。优化城市空间结构和管理格局，增强城市综合承载能力。"科学推进新型城镇化已成为我国当前面临的重要战略任务。

作为传统的农业大省和人口大省，科学推进新型城镇化，更是河南现代化进程中的一项历史性任务，事关当前和今后一个时期全省经济社会发展全局。2013年，河南省持续高度重视新型城镇化工作，以推进农业转移人口市民化、加强城镇化载体建设、进一步优化城市形态、全面加强城乡建设与管理为重点，推进了城镇化快速发展，增强了城镇综合承载能力，促进了产城互动融合发展，加快了城乡统筹步伐。但是，新型城镇化仍然面临着城镇化滞后、城镇化质量不高、产业集聚人口能力不强、中心城市带动辐射能力不够、体制机制不完善等一系列问题。亟须认清新型城镇化所面临的形势，明确新型城镇化发展趋势，采取有效措施，探索走出一条符合河南实际、具有中原特色的新型城镇化发展道路。

《河南城市发展报告（2014）》以"科学推进新型城镇化"为主题，立足河南实际，从总体上深入分析了河南省推进新型城镇化的主要做法、所取得的成效，以及存在的问题，指明了下一步科学推进新型城镇化的方向和对策措施。该报告由河南省社会科学院和院外部分专家学者研究完成。

本书多侧面、全方位地探讨了河南省科学推进新型城镇化的问题。"总报告"包括《科学推进新型城镇化的实践与探索》和《河南省城镇化质量评价报告（2013）》两篇内容。《科学推进新型城镇化的实践与探索》总结了2013年河南省推进新型城镇化的成效与问题，预测了2014年河南省新型城镇化的发展趋势，并提出了相应的对策建议。《河南省城镇化质量评价报告（2013）》从人口、经济、社会、环境和空间五个维度构建了区域城镇化质量评价体系，对河南省38个城市的城镇化质量进行了测度和评价。"农业转移人口市民化篇""城市形态篇""航空都市篇""城市生态篇"主要围绕河南省科学推进新型城镇化的重点和突出难题，分别从不同角度、不同方面，研究探讨了科学推进新型城镇化的思路和方向，并提出对策和建议。

序

喻新安

城镇化是我国现代化建设的历史任务，也是扩大内需的最大潜力所在。纵观世界经济的发展历程，很多国家和地区在成为中等收入国家之后，往往面临着"中等收入陷阱"的困扰，即步入中等收入国家时会伴随经济增长乏力、人均收入水平难以提高的现象。我国经过改革开放30多年的高速增长，已经成长为世界第二大经济体，人均国内生产总值超过5000美元，业已进入中等收入国家的行列。但与此同时，一系列深层次、结构性的矛盾和问题愈加凸显，归根到底是经济发展方式尚未转变。而城镇化过程中农村富余劳动力向城镇转移，意味着劳动生产率的提高，意味着经济发展质量和效益的提升，意味着经济发展方式的加快转变。从更广阔的视角来看，在后国际金融危机时期，全球市场需求相对疲软，城镇化的过程是农民转变为市民的过程，这意味着消费观念的更新和消费结构的升级，意味着巨大消费潜力的释放，由城镇化带来的国内市场扩大，不仅对我国解决结构性矛盾和问题具有重要意义，而且其所产生的巨大需求，有可能成为我国与主要发达国家互利合作的重要条件。如果能够顺势而为、妥善引导，城镇化会成为带动我国经济社会发展的持续动力，顺利跨越"中等收入陷阱"；如果这一步走得不好，则会带来诸多矛盾和问题，影响现代化进程。在这个关键时期，必须牢牢把握城镇化发展蕴藏的巨大机遇，清醒地认识这一变化可能带来的各种挑战和问题，看到我国城镇化的规模和潜力，看到我国城镇化进程的长期性、战略性、时代性，持续开拓经济社会发展的新空间，围绕提高城镇化质量，因势利导、趋利避害，统筹研究和实施城镇化战略，积极引导城镇化健康发展。

从河南发展实际来看，河南正处于工业化、城镇化加快发展的历史进程，城乡二元结构矛盾突出是最大的问题，城镇化水平低、质量不高是经济社会发展中诸多矛盾的症结所在。经济结构不合理、城乡收入差距大、公共服务不均等、农民大规模迁徙流动以及由此带来的社会问题等,均与此有关。可以说,新型城镇化是河南经济社会发展全局性的问题,具有"牵一发而动全身"的综合带动作用。但是,城镇化不是简单的城镇人口比例增加和城市面积扩张,更重要的是实现产业结构、生活方式、人居环境、社会保障等一系列由乡到城的重要转变,涉及的体制和政策问题更加复杂。并且,河南农村人口十分庞大,长期积累的城乡二元结构不可能在短期内改变。因此,河南科学地推进新型城镇化既是一项艰巨复杂的任务,也是一个长期的历史过程。在这个过程中,有不少重大理论和现实问题需要深入研究,如怎样形成合理的城镇化布局;怎样筹措城市建设和公共服务资金;怎样使城市规划、管理水平与城镇化相适应;怎样保障粮食安全;怎样破解资源环境瓶颈;等等。这些矛盾和问题解决起来不可能一蹴而就,需要认真研究,总结实践,把握规律,推进改革,探索路子。

2014年的河南城市蓝皮书,结合当前河南实际,针对2015年乃至未来更长时期内河南新型城镇化发展面临的形势和任务,对城镇化发展质量以及农业转移人口市民化、城市形态、城市生态等问题进行了研究探索,其中不乏涉及河南新型城镇化的发展战略、发展目标和实现途径的内容,为河南科学推进新型城镇化提供了思想动力和智力支持。希望河南城市蓝皮书能够一如既往地对河南新型城镇化问题进行深入研究,为科学推进新型城镇化、促进中原崛起、河南振兴做出更大的贡献!

目 录

BⅠ 总报告

B.1 科学推进新型城镇化的实践与探索
——2013~2014年河南新型城镇化发展形势分析与展望
………………………………… 河南省社会科学院课题组 / 001
　　一　2013年河南省推进新型城镇化的主要做法与成效………… / 002
　　二　河南省新型城镇化发展的形势分析………………………… / 015
　　三　科学推进河南新型城镇化的对策建议……………………… / 022

B.2 河南省城镇化质量评价报告（2013）
………………………………… 河南省社会科学院课题组 / 033

BⅡ 农业转移人口市民化篇

B.3 实现农业人口有序转移的条件分析 ……………… 王建国 / 054
B.4 农业转移人口市民化的影响因素分析 …………… 王沛栋 / 064
B.5 促进农业转移人口就业创业对策研究 …………… 李怀玉 / 076
B.6 提升城市综合承载能力研究 ……………………… 吴旭晓 / 084
B.7 农村贫困向城市转移的风险防范及对策研究 …… 李建华 / 096
B.8 农业转移人口市民化与中小城市功能提升关系研究 …… 郭小燕 / 109

BⅢ 城市形态篇

B.9 河南城镇化空间布局优化研究 …………………… 王新涛 / 120
B.10 河南省中心城市组团发展研究 ………………… 左　雯 / 131
B.11 提高中原城市群协调发展能力研究 ……………… 杨兰桥 / 140

BⅣ 航空都市篇

B.12 郑州航空都市驱动型发展模式研究 ……………… 柏程豫 / 150
B.13 郑州绿色航空都市建设研究 ……………………… 王景全 / 159
B.14 郑州智慧航空都市建设研究 ……………………… 高　璇 / 175
B.15 郑州航空都市建设的政策支持研究 ………… 郭志远　安晓明 / 184

BⅤ 城市生态篇

B.16 生态宜居视野中的河南城市休闲研究 …………… 王景全 / 197
B.17 推进城市绿色低碳发展研究 ………………… 王春璟　韩　欣 / 212
B.18 河南省城市生态系统建设研究 ……………… 彭俊杰　陈　茜 / 226
B.19 河南省生态补偿机制构建及对策研究 …………… 韩　鹏 / 240
B.20 健全河南生态环境保护制度研究 ………………… 赵　执 / 255

Abstract ……………………………………………………………… / 269
Contents ……………………………………………………………… / 271

总 报 告

General Report

B.1
科学推进新型城镇化的实践与探索
——2013~2014年河南新型城镇化发展形势分析与展望

河南省社会科学院课题组*

摘　要： 2013年，河南省高度重视新型城镇化，以推进农业转移人口市民化、加强载体建设、优化城市系统、强化城乡建设等为重点，推进城镇化快速发展，增强城镇综合承载能力，促进产城互动融合发展，加快城乡统筹步伐。但也面临着城镇化滞后、城镇化质量不高等突出问题，河南亟须认清新型城镇化面临的形势，明确新型城镇化发展趋势，采取有效措施，合理优化城镇体系，全面提升城镇功能，加快推进城乡一体化，坚持产城互动发展，推进农业人口有序转移，探索走出一条符合河南实际、具有中原特色的新型城镇化发展道路。

---

* 课题组主持人：喻新安、古建全。课题组成员：王建国、王景全、郭小燕、王新涛、左雯、柏程豫、李建华、韩鹏、吴旭晓、郭志远。执笔人：王建国、郭小燕、王新涛、左雯。

关键词：

新型城镇化　科学推进　实践与探索

科学推进新型城镇化，是河南现代化进程中的一项历史性任务，事关当前和今后一个时期全省经济社会发展全局。近年来，河南省对推进新型城镇化进行了积极有益的实践和探索，取得了显著成效。但是，作为传统的农业大省和人口大省，河南省城镇化水平低，城镇化质量不高问题突出，已成为制约河南全面建成小康社会的重要因素。当前，国际国内宏观经济环境正在发生极为深刻而复杂的变化，面临新形势，河南必须明确新型城镇化发展趋势，进一步把握机遇和挑战，采取有效措施科学推进新型城镇化，促进城镇化健康发展。

一　2013年河南省推进新型城镇化的主要做法与成效

2013年，河南省持续推进新型城镇化工作，着力推进农业转移人口市民化，加强城镇化载体建设，进一步优化城市形态，全面加强城乡建设与管理，取得了显著成效，但也存在城镇化滞后、城镇化质量不高等一系列的问题。

（一）推进新型城镇化的主要做法

1. 政府高度重视新型城镇化工作

党的十八大提出走中国特色新型工业化、信息化、城镇化、农业现代化道路，促进四化同步发展。中央经济工作会议强调要着力提高城镇化质量。2014年中央还将召开全国城镇化工作会议，专门研究如何引导城镇化健康发展的问题。科学推进新型城镇化，也是河南贯彻科学发展观，加快发展方式转变的重大问题。《2013年河南省政府工作报告》把"强化新型城镇化引领，持续推进城乡发展一体化"列为2013年重点工作，并提出，探索走好具有河南特色的新型城镇化道路，推进产业集聚、人口集中、土地集约，加快城镇化进程，提升城镇化质量。

为落实中央关于推进新型城镇化的部署，推动河南省科学发展，河南省委、省政府、省人大、省政协，以及相关研究单位共同组织开展了新型城镇化调研工作，以总结河南省城镇化实践，进一步理清全省推进新型城镇化的思路举措，破解城镇化进程中的难题。通过这次调研活动，各相关部门最终将合力出台《中共河南省委关于科学推进新型城镇化的指导意见》《河南省人民政府关于科学推进新型城镇化三年行动计划》《新型城镇化辅导读本》三项成果，为河南省召开新型城镇化工作会议做准备。目前这三项成果的讨论稿都已形成，正在征集意见、进行修改完善。上述《指导意见》将明确推进新型城镇化的指导思想、目标任务、重大举措，突出对全省新型城镇化的宏观指导作用，作为指导全省城镇化发展的纲领性文件。上述《行动计划》提出具体目标、具体任务、具体措施等，是一个可操作性强的文件。上述《辅导读本》是一个带有知识性、辅导性的读本，明确推进新型城镇化的基本方向、基本思路。

2. 有序推进农业转移人口市民化

有序推进农业转移人口市民化，是加快推进新型城镇化，不断提高城镇化质量的重大战略举措。2013年，河南省围绕强化产业支撑，加强公共服务体系建设，健全体制机制等，有序推进农业转移人口市民化。

一方面，加快产业集聚区、商务中心区和特色商业区建设，增强城市产业支撑能力，着力解决农业转移人口的就业问题。全省产业集聚区内许多建设项目陆续竣工投产，这创造出了更多的就业岗位，增强了吸纳就业的能力，带动产业集聚区从业人员增加，产业集聚区就业承载能力增强。2012年，产业集聚区规模以上工业从业人员达280多万，已占到全省规模以上工业从业人员的一半以上，对全省规模以上工业从业人员增长的贡献率高达165.1%。根据《2013年河南省商务中心区和特色商业区建设方案》（豫政办〔2013〕48号），全省"两区"完成年度投资700亿元以上，实现营业收入1500亿元，从业人员达到80万人。这为有序推进农业转移人口市民化提供了就业保障。

另一方面，着力解决农业转移人口居住、随迁子女就学等问题。坚持把大规模推进保障性住房建设作为提高新型城镇化质量的关键，截至2014年10月底，开工建设各类保障性安居工程40.9万套，完成国家下达目标的102.39%；基本建成21.7万套，完成目标任务的72.33%；累计完成投资

321.59亿元。增加普通商品住房供应，把具备条件的进城农民纳入城镇住房保障体系。学校布局也将往中小城市、城乡接合部、产业集聚区周边"倾斜"，着力解决好进城务工人员随迁子女入学问题。

另外，各地积极探索有序推进农业转移人口市民化体制机制。例如，鹤壁市出台了《关于进一步促进农业转移人口市民化的意见》（鹤发〔2013〕8号），成立了鹤壁市推进农业转移人口市民化工作领导小组，以加快户籍制度改革、破除城乡居民身份壁垒为突破口，加快推进农业转移人口市民化进程。

3. 继续推进城镇化载体建设

2013年，河南省坚持统筹推进产业集聚区、商务中心区和特色商业区等城镇化载体建设，取得了较大成效。

在产业集聚区建设方面，河南省人民政府转发了《2013年河南省加快产业集聚区建设专项工作方案》（豫政办〔2013〕46号），明确了2013年河南省产业集聚区建设的总体要求、重点任务、保障措施，以及重点工作分工。河南省委、省政府在全省组织开展了2013年重点项目和产业集聚区建设观摩点评活动。河南省知识产权局印发了2013年的产业集聚区知识产权专项行动方案，在全省继续开展产业集聚区知识产权专项行动。2013年1~9月，全省产业集聚区完成固定资产投资8940.20亿元，对全省投资增长的贡献率为59.5%，拉动全省投资增长14.0个百分点。至2013年10月底，全省产业集聚区建成区面积达到1698.6平方公里，较2012年底增加122.7平方公里，新增基础设施投资1063亿元，提前完成全年基础设施投资1000亿元的目标。产业集聚区内702个村庄启动一体化改造工作。产业集聚区已成为河南省经济特别是县域经济的增长极，转变发展方式、实现科学发展的突破口，招商引资的主平台，农民转移就业的主阵地，改革创新的示范区。

在商务中心区和特色商业区建设方面，河南省人民政府办公厅印发了《2013年河南省商务中心区和特色商业区建设方案》（豫政办〔2013〕48号）。根据该《建设方案》，河南省2014年将投资700亿元加快"两区"建设，促进服务业集聚发展，增强城市发展实力和支撑服务能力，培育新的经济增长点。围绕"两区"建设，开展"城市综合体"培训，近300名各市县"两区"建设工作负责人接受了前期策划、风险规避等方面的培训。围绕破解资金、土地、人才瓶颈制约，加快投融资、土地收储、人力资源三大平台建设，不断增强要素集聚能力。截至2013年9月，176个商务中心区、特色商业区完成选址确认工作，近半"两区"空间规划和控制性详细规划编制完成，年底前全面完成空间规划、控制性详细规划编制论证评审工作。

4. 进一步优化城市形态

坚持把城市群和城市组团作为优化城市形态的主要抓手，构建科学合理的城市空间格局。一是加快中原城市群发展。积极推进综合交通体系与城镇化布局有机衔接，以交通连接促进产业链接、服务共享、生态共建，增强城市群发展整体效应。加快中原城市群城际铁路网建设，2013年，郑开城际铁路有望基本建成，郑州至机场和郑焦城际铁路加快建设，郑开延长线、云台山支线开工建设。郑汴一体化进程加快。2012年12月，河南省发改委、郑州市政府、开封市政府三方签订了《进一步加快推进郑汴一体化发展的框架协议》，三方将建立由省发改委主任和两市市长参加的郑汴一体化发展联席会议制度，郑州市、开封市将建立完善对接制度，在七方面开展务实合作，携手推进郑汴一体化。自2013年1月1日起，郑汴两地正式实施金融同城，各银行金融机构将行内两地间存折、银行借记卡视为行内同城业务，不再收取异地业务费用。2013年10月，郑州和开封实现了电信同城，取消开封长途电话区号0378，统一使用郑州长途电话区号0371，取消两市间长途通话费和漫游通话费，两市电信用户每年将减少通信支出1.81亿元。

二是积极推进中心城市组团式发展。许昌、濮阳、漯河、安阳编制完成中心城市组团式发展总体规划。强化组团的基础设施和公共服务体系建设，引导产业在中心城区与组团间合理布局，中心城区和城市组团之间的产业分工和布局得到优化。加快中心城市与组团间快速通道建设，洛阳、许昌、平顶山、周口、驻马店等建设了中心城区与部分城市组团间的快速通道。

5. 全面加强城乡建设与管理

加快推进城乡建设扩容工程。2013年1~10月，全省城市基础设施完成投资1496.31亿元，同比增长16.4%，村镇基础设施建设完成投资88.1亿元，同比增长16.5%。颁布了《河南省人民政府办公厅关于贯彻落实国办发〔2013〕23号文件精神做好城市排水防涝设施建设管理工作的实施意见》（豫政办〔2013〕60号），并制定了《河南省城市排水防涝设施建设管理工作考核办法（试行）》，指导各地加快积水点改造，加快构建与城市发展和环境变化相协调的城市排水防涝工程体系，提高城市防洪除涝能力。编制了《河南省城市集中采暖老旧管网改造规划（2013~2015）》《河南省城镇燃气"十二五"发展规划》和《河南省城市供水与节约用水专项规划编制纲要》等城市建设相关规划，省辖市和直管县（市）全部完成园林绿化专项规划。加快推进以缓解交通拥堵为重点的城市交通基础设施建设，城市路网结构进一步完善。如郑州市轨道交通1、2、5号线，"两环十七放射"生态廊道建设进度加快，三环快速化通道工程主线桥已全线贯通，预计年底前顺利通车。南水北调受水城市83座配套水厂建设已完工13座。

稳步推进城中村改造工程。2013年1~10月，全省省辖市在建城中村改造项目实施拆迁1882.09万平方米，新开工建设2469.2万平方米，完成建设1281.26万平方米，实现投资444.2亿元。稳步推进农村危房改造。及时制订实施方案，重点向集中连片特困地区和国家扶贫开发重点县下达任务7.1万户，占全省总量的38.4%。开展农村危房改造"回头看"活动，对2009年以来改造危房全面核查。截至目前，全省已完成农村危房改造11万户，预计2013年底前全部完成改造任务。

进一步提升城市管理水平。积极开展智慧城市试点创建，在郑州市、鹤壁市、漯河市、济源市、新郑市、洛阳新区等6市（区）列入第一批国家智慧城市（区、镇）试点的基础上，推动许昌、舞钢、灵宝市入选第二批试点。预计2013年底省辖市全面建成数字城管系统。积极开展特色乡村建设和创建活动。公布首批320个河南省传统村落名录，其中46个村庄成功入选第二批中国传统村落名录。

（二）取得的主要成效

1. 新型城镇化加快推进

2013年，河南省把推进新型城镇化作为一项重点工作，着力完善城乡规划体系，加强城乡建设，提高城镇化质量，推进了城镇化的快速发展。

城乡规划对新型城镇化的引导作用进一步增强。郑州航空港经济综合试验区相关规划编制积极推进,总体规划将在年底前完成,26项专项规划全面启动。城市总体规划报批和修订完善步伐加快。《新乡城市总体规划》获国务院批准,《济源城乡总体规划》《驻马店城市总体规划》获省政府批准实施。城市控制性详细规划覆盖率不断提高,郑州、平顶山、许昌、鹤壁、焦作实现控制性详细规划全覆盖。村镇规划编制加快推进。县(市、区)域村镇体系规划编制全面完成,其中118个县(市、区)完成审查报批。

城镇人口大幅度增加,城镇化率快速提升。2012年底,河南省城镇人口达到4473万人,比2011年增加了218万人;城镇化率达到42.4%,比2011年提高了1.8个百分点,增速高于全国平均水平0.5个百分点。

城市建设速度加快,城市规模进一步扩大。随着近年来复合型城市新区、产业集聚区等建设快速推进,河南省城镇数量有所增加,城市规模有所扩大。2012年底,河南省共有38个市、88个县、50个市辖区、1011个镇、558个街道办事处,其中镇比2011年增加了3个,街道办事处比2011年增加了40个;38个城市的城区面积达到4628平方公里,建成区面积达到2219平方公里,分别比2011年增加了414平方公里和121平方公里。

城镇体系日趋完善。随着中原城市群战略、中心城市带动战略的实施,中心城市组团式发展的推进,河南省城镇体系逐步完善,初步形成了大型中心城市、中小城市、小城镇各具特色,竞相发展的城镇体系。

2. 城镇综合承载能力增强

2013年,河南省继续加大对城镇化基础设施和公共服务设施投入,城市道路、水、电、气、暖等基础设施和教育、医疗等公共服务设施水平不断提高,大大改善了居民的生活条件,增强了城镇的综合承载能力。

对城市基础设施建设的投入不断加大。随着城市基础设施建设投入巨大,河南省为鼓励和吸引民间投资,在全省各地城市基础设施领域筛选出了200个鼓励民间资本参与建设的重大项目。同时,抓住国家开发银行支持城镇化发展的机遇,河南提出了国家开发性金融支持新型城镇化的总体思路和合作模式,重点以棚户区改造为切入点,支持老城区改造、省辖市城市新区起步区和县城新城区综合开发、水利设施及城市水系建设、郑州航空港经济综合实验区综合交通枢纽设施建设等,提高城市的综合承载能力。截至2013年8月底,河南已通过国开行评估承诺的城镇化项目522亿元,累计到位贷款250亿元。2013年1~9月全省城镇基础设施建设完成投资1300亿元左右,预计全年将完成投资1800亿元左右。截止到目前,河南省已实施城市道路、生态水系、供排水、供热、污水垃圾处理等领域建设项目1870个左右。

城市基础设施得到明显改善。截至2012年底,河南省38个城市道路长度达到10798千米,比上年增加939千米;排水管道长度达到17292千米,比上年增加1456千米;集中供热面积达到13006万平方米,比上年增加1175万平方米,燃气普及率达到77.9%,比上年提高1.7个百分点;公共交通标准运营车辆21852标台,比上年增加992标台。

城市公共服务水平持续提高。教育、医疗卫生、基本社会保障等公共服务事业持续较快发展,覆盖范围不断扩大。以省辖市市区为例,2012年,河南省17个省辖市(此处不含济源市)拥有普通高等学校、普通中学和小学,在校生分别为142.94万人、133.74万人和191.33万人,分别比上年增加4.22万人、4.75万人和3.58万人;拥有医院、卫生院923个,比上年增加35个;拥有床位数15.79万张,较上年增加1.81万张;拥有医生6.05万人,较上年增加0.42万人。

3. 产城互动融合发展良好

自2008年以来,河南省把构建"一个载体、三个体系"作为推动科学发展、加快发展方式转变的具体实践形式和总体工作布局。在此背景下,河南省积极推动产城融合发展,通过产业发展提供更多就业岗位,带动更多农村人口向城镇有序转移;通过完善城市功能,为产业发展提供有力支撑。结合省情和区域发展实际状况,坚持以产兴城、以城促产,强力推进产业集聚区建设、启动特色商业区和商务中心区建设,注重城市新区产城融合发展,着力构建相匹配的产业体系和城镇体系,探索走出一条"产城融合"的发展道路,取得了较为明显的成效。

产业集聚区在发展中坚持产城互动,统筹规划城市建设与产业集聚区建设,增强城市功能与就业承载力,有效促进农业人口向城镇转移。城市新区在建设过程中,加快推进功能区基础设施建设和产业集聚,在加强城市新区的基础设施和公共服务设施建设的同时,也加强了产业的集聚发展。

在构建现代产业体系方面，河南选择了18个重点产业（即六大高成长性产业、四大传统优势产业、四大战略性新兴产业和四大现代服务业），制定实施了河南省十大产业调整振兴规划，推进产业转型升级。2012年，河南省六大高成长性产业增加值占规模以上工业增加值比重达到57.9%，规模以上高新技术产业增加值占规模以上工业增加值比重达到5.6%。在构建现代城镇化体系方面，河南着力培育城市群和城市组团，推进复合型、紧凑型城市建设，优化城市形态和布局，强化城市之间的内在联系和功能互补，促进产业链接、服务共享、生态共建，增强整体效应，引导产业在不同层级的城市合理布局，优化资源配置，促进城市和产业的功能匹配。

4. 城乡生态环境有所改善

2013年，河南省高度重视节能减排和环境保护，发布了《河南生态省建设规划纲要》（豫政〔2013〕3号），开展了中原环保世纪行活动，加强城乡环保基础设施建设、污染防治、环境综合整治、林业生态省建设等，把生态文明建设融入中原经济区建设全过程，强化生态文明建设，持续打造美丽中原，促进城乡生态环境的改善。

建筑节能工作取得新进展。1~9月，全省竣工节能建筑3299万平方米，新建建筑节能标准实施率达到99.8%。河南制订发布《河南省绿色建筑行动实施方案》，39个项目570万平方米建筑面积通过星级绿色建筑评价标识评审。

城乡环保基础设施建设快速推进。开展全省城镇污水、垃圾处理厂运营绩效考核，督促落实垃圾处理场运营管理制度。推动开封、平顶山、新乡、驻马店、颍县5市县开展存量垃圾治理示范。38个重点流域重点镇污水管网项目建设全部启动，近1/3已经完成。丹江口库区及上游3市6县79个乡镇垃圾污水处理设施加快建设。截至10月底，全省城市累计处理污水量19.3亿立方米，COD削减量49.9万吨；处理生活垃圾792万吨。预计全省城市污水集中处理率和生活垃圾集中无害化处理率均达到88%。

城乡生态环境进一步改善。努力实施增容扩绿工程，城市绿地总量明显增加，"三绿"指标稳步增长。2012年，河南省38个城市建成区绿化覆盖面积达到81880公顷，较上年增加5185公顷；建成区绿化覆盖率达到36.9%，较上年提高0.3个百分点；公园达到280个，较上年增加13个；人均公园绿地面积9.2平方米，较上年增加0.3平方米。河南以历史文化名镇名村、特色景观旅游名镇名村和传统村落为重点实施农村环境清洁工程。开展美丽宜居小镇、美丽宜居村庄示范试点和美丽乡村建设示范。以创建"园林城市"和争创"中国人居环境奖"为载体，不断提升人居环境质量。

5. 城乡统筹步伐加快

城乡居民收入进一步提高，收入差距进一步缩小。2012年，河南省城镇居民人均可支配收入达到20442.62元，较上年增长9.5%；农民人均纯收入达到7524.94元，较上年增长11.3%；后者增速高于前者1.8个百分点（见图1）。连续3年农民人均纯收入增速超过城镇居民人均可支配收入增速。城镇居民人均可支配收入是农民人均纯收入的2.72倍，城乡居民收入差距比2009年缩小了0.27倍。

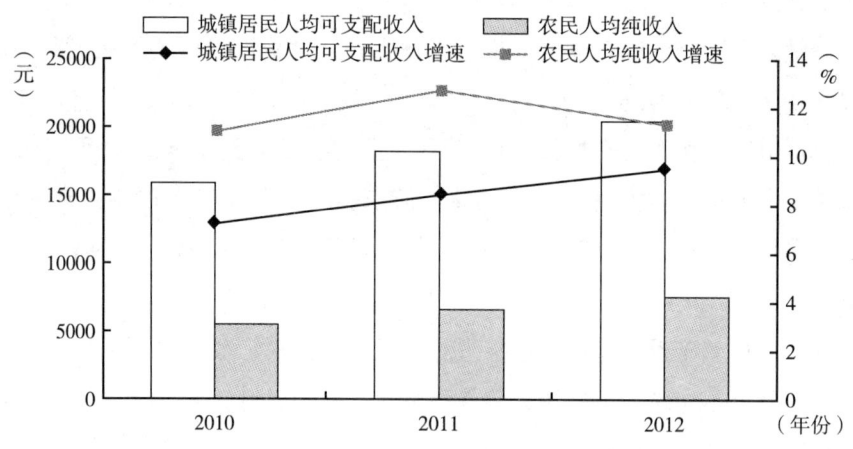

图1　2010~2012年河南省城乡居民收入比较

城镇化提供了大量的就业岗位，促进了农业劳动力的有序转移。随着河南省产业转移进程不断加快，产业集聚区、商务中心区和特色商业区建设，吸引了越来越多的人选择就地就近就业。2013年上半年，全省新增农村劳动力转移就业77万人，完成目标任务的96%，其中省内转移65万人。至此，全省农村劳动力转移总量达到2647万人，其中省内转移1515万人，占转移总量的57%。从业人员向城镇和非农产业集中，就业结构比例日趋合理化。2012年，河南省第二、第三产业从业人口占全省从业人口的比重达到58.2%，比上年提高了1.3个百分点；城镇从业人口占全省从业人口的比重达到22.0%，比上年提高了1.2个百分点。

城乡户籍制度改革步伐加快，7个城市实现"两免一补"城乡覆盖。鹤壁、济源、巩义、舞钢、义马、新郑、偃师7个城乡一体化试点城市在全省率先实行以实际居住地登记入户的户籍政策，基本实现了"两免一补"城乡全覆盖，初步建立了城镇居民医疗保障制度和城乡统一的就业服务体系，积极推进基础设施和巩固服务设施向农村延伸，城乡居民生产生活条件不断改善。

（三）加快推进新型城镇化面临的难题

1. 城镇化发展比较滞后

作为传统的农业大省和人口大省，河南省城镇化发展长期滞后，城镇化率较低、城镇化地区发展不平衡、城市设施水平不高。由图2可以看出，近年来河南省城镇化得到快速发展，但是与全国平均水平相比还存在较大差距。2012年，河南省城镇化率为42.4%，低于全国平均水平10多个百分点，位居全国31个省、市、自治区第27位。

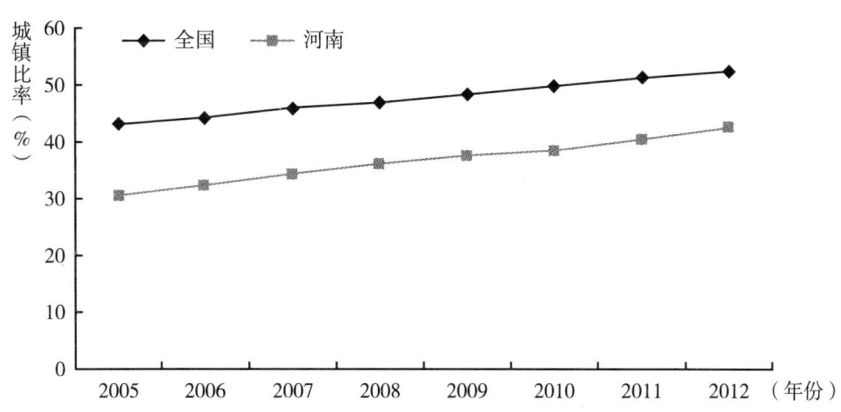

图2 2005~2012年河南省城镇化率与全国平均水平比较

地区之间城镇化发展不平衡。各地市城镇化水平差距较大，中原城市群的城镇化水平较高，除开封外的8个城市城镇化率均高于全省平均水平；而黄淮地区城镇化水平较低，普遍低于全省平均水平。省会城市郑州的城镇化率达到66.3%，高于全省平均水平23.9个百分点，高于城镇化率最低的驻马店32.8个百分点（见图3）。

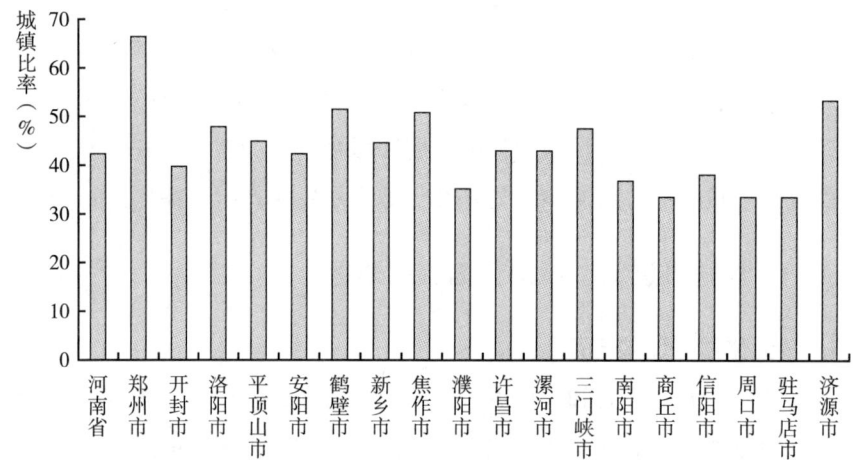

图3　2012年河南及各省辖市城镇化率比较

城市基础设施和公共服务设施水平不高。与全国城市基础设施平均水平相比，河南省城市基础设施水平滞后。由表1可以看出，2012年，除了每万人拥有公共厕所指标外，城市用水普及率、城市燃气普及率、每万人拥有公共交通车辆、人均城市道路面积、人均公园绿地面积等指标均低于全国平均水平。

表1　2012年河南与全国城市设施水平比较

地区	城市用水普及率(%)	城市燃气普及率(%)	每万人拥有公共交通车辆(标台)	人均城市道路面积(平方米)	人均公园绿地面积(平方米)	每万人拥有公共厕所(座)
全国	97.16	93.15	12.15	14.39	12.26	2.89
河南	91.76	77.94	8.60	11.08	9.23	3.12

资料来源：《中国统计年鉴2013》。

2. 城镇化质量不高

农业转移人口市民化程度不高。随着城镇化进程的加快推进，大力推动农业劳动力向城镇转移，然而城市产业基础薄弱，基础设施和公共服务设施滞后，教育、医疗、住房、社会保障等公共服务缺失等原因，造成了城市容纳就业人口能力不强，转移人口融入度低、大量转移人口不能市民化等问题，以及由此引发的一系列社会问题。

人口大量向大城市集聚造成"大城市病"问题突出。大城市产业基础较好，能够容纳较多的就业人口，而中小城市发展滞后。近年来河南省农业人口转移主要转向大城市，这也给大城市带来一系列问题。例如，中心城区人口快速膨胀，人口承载压力巨大；交通拥堵现象突出；住房价格不断攀升，住房紧张；资源环境不堪重负，环境污染问题突出；公共服务不完善，入学难、看病难等问题不能得到有效解决。

城镇化发展方式粗放。一些城乡发展规划滞后，质量不高，规划对城乡建设和发展的指导与调控作用尚未充分发挥。部分城市建设不从实际出发，盲目追求速度和规模，延续传统的规模扩张发展模式，而忽视了城市质量，内涵式发展不足。有些地方把城市发展简单地等同于城市建设，重建设轻管理、重新区轻老城、重地上轻地下、重形式轻内涵。一些城市人口压力巨大，交通拥堵、住房紧张、资源短缺、环境恶化等问题突出。

3. 产业集聚人口的能力不强

当前，河南省城镇化正处于快速推进的过程中，大量的农村富余劳动力亟须向城镇转移，但是由于城镇第二、第三产业发展水平低，集聚人口能力不强，农村人口转移压力巨大。从河南省的产业结构来看，一方面，河南省工业大而不强，能源原材料产业比重高，而高新技术产业比重低。重化工业占河南工业比重一直保持在70%左右，而重化工业多属于资本密集型产业，容纳就业人口能力有限。另一方面，劳动密集型的第三产业发展滞后。从三次产业在城镇化中的作用来看，农业是城镇化的初始动力，工业是城镇化的根本动力，第三产业是城镇化的后续动力。随着工业化和城镇化向中后期发展，第三产业开始崛起并快速发展，逐渐取代工业成为城市的主导产业。第三产业对城市化的后续推动作用主要表现在：一是提供金融、保险、培训、咨询、广告等生产配套性服务；二是提供餐饮、购物、住宿、文化旅游、休闲体育等生活消费性服务；三是服务业多是劳动密集型产业，能够提供更多的就业机会。当前，河南省工业化和城镇化都进入了中期发展阶段，但是第三产业发展滞后，对城市

的带动能力不强。2012年,河南省第三产业增加值占GDP的比重为30.9%,低于全国平均水平13.7个百分点,在全国32个省(市、区)中居最末位。这使得产业带动能力与城市发展水平不相适应。

城镇第二、第三产业发展水平低必然造成吸纳就业能力弱,集聚人口的能力不足。2012年,河南城镇从业人口占全省从业人口的比重达到22.0%,低于全国平均水平(48.4%)26.4个百分点。可见,河南产业集聚人口的能力不强,产业带动能力与城镇化的快速推进不相适应。

4. 中原城市群和中心城市辐射带动能力不强

近年来,河南省坚持实施中心城市带动战略,加快中原城市群发展,中原城市群以及中心城市在全省的地位和作用不断提升。但是,中原城市群的集合效应尚未发挥、中心城市的辐射带动作用不够,制约着城镇化的快速发展。

中原城市群一体化进程缓慢,尚未形成集合效应。城市之间相互呼应、协同融合缺乏引导和动力,各市分散布局、异向发展的态势没有大的改变,重大基础设施规划建设协调对接不够,城市资源未能共享,生态环保尚未协同。城市之间的连接主要是靠高速公路,运输方式比较单一,便捷高效的综合交通网络和多种交通方式快捷换乘联运系统尚未形成。产业发展方面,城市间分工协作不够,关联度不高、互补性不强,产业结构趋同、过度竞争现象比较明显。

中心城市辐射带动能力不强,"极化"效应不明显。省会城市郑州规模优势不突出,龙头带动作用不强。2012年,郑州市国民生产总值达到5549.8亿元,落后于武汉、长沙,居中部六省第三位;地方财政预算内收入达到606.6亿元,落后于武汉,居中部六省第二位。但是,郑州市人均国民生产总值51746元,居中部六省最末位;人均财政收入5656元,居中部六省第四位。可见郑州经济实力不强,带动区域经济发展的能力有限。其他中心城市数量偏少,而且规模较小,难以发挥辐射带动作用。

5. 新型城镇化体制机制不够完善

河南省在推进新型城镇化方面出台了一系列政策,进行了一系列的体制机制创新。但从总体上看,推进新型城镇化的体制机制还不够完善,与加快推进新型城镇化的客观要求不相适应。例如,现行的农地制度,农地两权分离,土地产权关系不明晰,土地流转制度不健全,势必阻碍城镇化进程;二元户籍制度以及附着其上的教育、医疗、就业和社会保障等社会管理制度改革缓慢，农民工难以融入城市，影响了农业转移人口市民化的进程。此外，一些城市片面依靠拉大城市框架来推进城镇化，城市发展的内生机制没有完全形成，城镇化发展的动力和后劲不足。相当一部分城市管理体制落后，难以调动方方面面的积极性，特别是在城市群联动发展、相互融合的机制上还没有大的突破；各城市间行政区间隔比较明显，要素流动障碍比较多；建设融资方式单一，市场化融资能力比较弱等。

二 河南省新型城镇化发展的形势分析

当前，国际国内宏观经济环境正在发生极为深刻而复杂的变化，对于河南新型城镇化来说面临着新的机遇。同时我们也应该看到，由于自身发展还存在着一系列突出矛盾，河南在发展过程中还面临着不少挑战。

（一）河南省新型城镇化发展面临的新机遇和有利条件

1. 中央和河南省的战略部署与政策支持

中央把推进城镇化摆在更加突出的位置，十八大报告释放的一个明确信号是加速推进城镇化，对走中国特色新型城镇化道路进行了总体战略部署。报告全篇提及城镇化多达七次，"坚持走中国特色新型工业化、信息化、城镇化、农业现代化道路，推动信息化和工业化深度融合、工业化和城镇化良性互动、城镇化和农业现代化相互协调，促进工业化、信息化、城镇化、农业现代化同步发展"。城镇化是全面建设小康社会的载体之一，是实现经济结构战略性调整的重点。2013年中央经济工作会议指出"城镇化是我国现代化建设的历史任务，也是扩大内需的最大潜力所在。"目前，国家发改委正在协同国家多个部委共同编制《全国促进城镇化健康发展规划（2011～2020年）》，将在财税、户籍、土地、住房、地方投融资等领域进行改革。为城镇化发展提供多方面的政策支持。李克强总理将城镇化作为未来五年甚至更长时间中国经济发展的重中之重。这些战略部署将为河南加速推进新型城镇化指明方向。2012年12月，国家发改委正式发布了《中原经济区规划》，规划提出"走城乡统筹、城乡一体、产城互动、节约集约、生态宜居、和谐发展的新型城镇化道路",这与党的十八大报告关于"推动工业化和城镇化良性互动,城镇化和农业现代化相互协调"的精神是完全一致的。当前,河南省委、省政府把加快新型城镇化作为重点工作之一,正在制定《加快新型城镇化的指导意见》和《新型城镇化三年行动计划》,强力推进新型城镇化进程。可以看出,河南在推进新型城镇化的过程中,既有中央战略方针的指引和政策支持,又提出走具有河南特色的新型城镇化道路以及以新型城镇化引领"三化"协调发展的思路,发展思路进一步明确,随着河南省粮食生产核心区建设规划、中原经济区规划、郑州航空港经济综合实验区发展规划这三个国家层面的战略加快实施,河南省能够争取国家更大的支持,先行先试、开拓创新,加快新型城镇化步伐。

2. 关键领域改革有望实现重大突破

十八届三中全会提出,"城乡二元结构是制约城乡发展一体化的主要障碍。必须健全体制机制,形成以工促农、以城带乡、工农互惠、城乡一体的新型工农城乡关系,让广大农民平等参与现代化进程、共同分享现代化成果"。"坚持走中国特色新型城镇化道路,推进以人为核心的城镇化,推动大中小城市和小城镇协调发展、产业和城镇融合发展,促进城镇化和新农村建设协调推进。优化城市空间结构和管理格局,增强城市综合承载能力。"此次全会对制约新型城镇化发展的主要障碍都有相应的改革方案,比如,在户籍改革方面,提出"放开中等城市落户限制,合理确定大城市落户条件,严控特大城市人口规模";在城市建设融资方面,"建立透明规范的城市建设投融资机制,允许地方政府通过发债等多种方式拓宽城市建设融资渠道,允许社会资本通过特许经营等方式参与城市基础设施投资和运营,研究建设城市基础设施、住宅政策性金融机构";在加快农业人口市民化方面,为转移到城市的农民提供与城市居民同等的待遇,"稳步推进城镇基本公共服务常住人口全覆盖,把进城落户农民完全纳入城镇住房和社会保障体系,在农村参加的养老保险和医疗保险规范接入城镇社保体系";在土地方面,一是解决城市发展用地问题,"建立城乡统一的建设用地市场",批准农村集体建设用地参与流转;二是解决好农民的土地问题,"赋予农民更多财产权利"。关键领域的改革将逐步消除影响新型城镇化的制度性障碍,为河南省加速推进新型城镇化带来重大机遇。

3. 经济实力能够支撑新型城镇化快速发展

近年来,河南省经济社会持续快速发展,综合实力不断增强。以构建"一个载体、三个体系"为突破口,大力推进招商引资,积极承接产业转移,推进产业产品结构调整,高成长性产业迅速发展,服务业规模不断壮大,第二、第三产业吸纳就业的能力明显增强。2008年以来,河南省城镇化率年均提高1.62个百分点,工业、服务业年均每增长1%,分别带动就业增长0.48%、5.5%;而2012年河南省城镇化率提高了1.8个百分点,工业、服务业分别带动就业增长0.54%、0.65%。今后一个时期,世界经济仍将处于缓慢复苏的进程,国内经济下行压力较大,外部环境的复杂性和不确定性将表现得更加明显,经济增长进入由高速向中低速调整的阶段。受此影响,河南省经济增速有可能下降,但发展的基本条件没有改变,发展的优势不断提升。随着产业结构调整步伐加快,第二、第三产业增长对就业增加的带动能力将稳步提高,不会对河南省新型城镇化快速发展的态势造成较大影响。据有关测算,即使全省第二、第三产业增速分别保持在11%、9.5%左右的水平,平均每年仍可以新增就业人员230万人左右,除解决城镇自身新增就业人员就业以外,还可以促进农村转移劳动力100万人左右,带动农村随迁人口100万人左右,河南城镇化率每年可能提高2个百分点,河南的经济实力能够支持城镇化的快速发展。

4. 仍处于城镇化加速发展的历史机遇期

当前,我国的城镇化正处于加速发展时期,面临着进一步深入发展的历史机遇。据众多专家估计,在今后相当长一段时间,我国城镇化率还会有每年将近一个百分点的增长空间,也就是说在今后的20~30年,要达到现在发达国家70%~80%的城市化率,我国还有将近30年的发展空间。2012年河南城镇化率达到42.4%,人均GDP达到31499元,正处于国际经验所说的城镇化率达到30%、人均GDP超过3000美元的城镇化加速阶段。2013~2015年,河南省城镇化率力争年均提高2个百分点,2015年达到48%以上。从发展速度看,河南城镇化发展空间仍然较大,发展后劲较足。另外,我国正从单纯追求城镇化速度增长转向着力提高城镇化质量,这将释放巨大的需求潜力。现行城镇化率是将在城镇连续居住超过6个月的人员,计算为城市人口,包括大量的外地农业人口,这些农民工虽然被计入了城镇化率,但很难享受到和市民一样的城市待遇。提升城镇化质量迫切要求将符合条件的进城务工的农民、农业转移人口或者农民工及其家属变成真正的城镇居民和城市居民,这表明河南的城镇化仍存在加速发展的动力。

(二)河南省新型城镇化发展面临的新挑战和不利因素

1. 与城镇化成本相适应的融资模式尚未建立

加快推进新型城镇化,提升城市功能,必须加大基础设施、公共服务建设和环境保护等方面的支出。近年来,随着土地价格、资源品价格以及劳动力价格持续快速上涨和环境恶化,城镇化总体成本呈上升趋势。另外,要推进土地城镇化向人口城镇化转变,也要加大对已进城农民工的公共服务等方面的支出,这也增加了城镇化的成本。总体而言,城镇化是一项高成本的改革,方方面面都需要大量的投入。据国务院发展研究中心测算,每增加一个城市人口,最少需要9万元的城市基础设施新增投资。按此计算,如果河南城镇化率保持每年1.8个百分点的增长速度,则每年需转移人口180万,至少需要1620亿元以上的投资。新型城镇化建设需要资金量巨大,紧靠财政难以负担。当前的挑战是,能否设计出合理的融资模式,形成政府、企业和个人共同承担的机制,不让城镇化成为政府难以承受之重。我们一直以来的思路都是基础设施和公共服务建设属于"公共领域",需要政府投资建设,所以农民市民化所需的资金也要靠政府承担,而事实上,在公共福利等方面已经形成了政府、企业和个人共担的机制,政府在农民市民化的过程中支付的成本也只是所需资金中的一部分。如何建立合理的共担机制和合理的融资模式以解决城镇化建设的资金短缺问题,是河南省新型城镇化面临的首要挑战。

2. 加快城镇化速度和提高城镇化质量不易兼顾

李克强总理强调,推进城镇化,核心是人的城镇化,关键是提高城镇化质量,目的是造福百姓和富裕农民。要处理好城镇化速度和质量的关系,使城镇化进程与经济、社会和环境发展相协调。从现实情况来看,加快推进城镇化已经成为推动河南经济社会持续健康发展、全面建成小康社会的迫切需要,2012年河南城镇化率落后于全国平均水平10多个百分点,所以河南未来必须保持一个较高的增长水平,才能逐步缩小与全国的差距,破解河南经济发展中的诸多难题。另外，单纯追求城镇化速度高增长的弊端已经显现。忽视了人的城镇化，导致人口城镇化明显滞后于土地城镇化，随着城镇数量快速增加、城镇形态加速变化，农民工问题日益突出。农民工及其家庭成员在享受教育、就业、医疗、住房、社会福利等方面与市民有着明显差别，公共服务提供能力明显不足。城市人口的快速增长，对城市环境承载能力和城镇基础设施承载能力构成了极大压力，造成交通拥堵、环境污染加重等问题。这就要求我们走一条优质量的新型城镇化道路，真正实现农民市民化。河南省面临的挑战和困难是，一方面速度不是过快，而是还不够快；另一方面，为了防止单纯追求速度带来的一系列问题，必须注重提高城镇化质量。实现城镇化率每年2%的增长目标已经困难重重，还要兼顾提高城镇化质量的任务，要使河南城镇化与城市就业创造能力、环境承载能力与基础设施建设和公共服务能力相适应，无疑是难上加难。

3. 农业转移人口市民化面临新挑战

农业转移人口市民化一方面要在数量上实现相当部分农民工身份、工作的转化，使其享受市民待遇；另一方面，要在质量上实现工作方式、生活方式、社会交往、价值观念等与城市居民的融合，与城市文化生活的融合，实现内涵上的市民化。首先要使农民工"进得来"，解决好农民工进城后的就业问题。河南农村人口众多，每年需转移180万新增城镇人口（按每年全省城镇化率增长1.8个百分点测算），而且这部分劳动力素质普遍不高，转移就业困难。同时，河南正进入工业化中后期，资本替代劳动的趋势进一步显现；而第三产业发展滞后，能够吸纳的就业有限。如何处理好大量农村劳动力亟待转移与城镇吸纳就业能力不足的矛盾，对于河南省来说是巨大的挑战。其次，要使农民工"留得下"，实现公共服务均等化，使农民工享有子女教育、公共就业、医疗卫生、住房保障、社会保障等城镇基本公共服务，如何解决城镇常住人口持续增加与基本公共服务供给能力不足的矛盾，是河南省面临的又一挑战。从另一个角度看，农民工市民化的一个重要途径是使大部分农民工在中小城市实现市民化。河南省中小城市和小城镇产业支撑力较弱，基础设施、公共服务等配套服务滞后，导致吸纳人口有限，农村转移人口大多流向郑州和中心城市。一方面，由于郑州和中心城市的房价和物价较高，农民工留在大城市的成本远远高于留在中小城市和小城镇，在大城市市民化的困难远高于在中小城市的市民化；另一方面，大城市人口超负荷集聚，基础设施和公共服务等建设跟不上人口的增长速度，农民工融入更加困难。

4. 城镇发展与生态环境容量之间的矛盾突出

在城镇化加速发展阶段，城市人口、机动车、能源消耗和城市建设快速增长，导致大量污染物和废弃物排放，远远超过了自然环境的承载能力，环境污染问题凸显。空气污染、水资源缺乏与污染、重金属污染导致的食品安全问题、交通拥堵、垃圾处理困境等已成为城市环境的不可承受之重。①随着城镇人口快速膨胀，非农产业发展迅速，城镇中工业与生活废气排放量明显增加，导致空气污染加重。仅2013年10月，河南雾霾天气达15～20天，与常年同期相比，河南雾霾日数偏多5～10天，其中河南中部偏多10天以上。此外，随着城市规模扩大，河南省城市垃圾生成量大量增加，而生活垃圾无害化处理率较低，大量垃圾未经合理、安全的处理就随意堆放在城市的周边地区，大量土地被占用，土壤、水体污染严重，出现了白色污染、垃圾围城的现象，特别是一些小城镇更为严重。城镇建设的增加严重破坏了城市的自然生态系统，生态失衡问题加剧，由城镇化发展进程而导致的热岛效应十分突出。随着河南新型城镇化加速推进，城镇发展与生态环境容量之间的矛盾显得越来越尖锐，城市的基本生存条件"一口气""一口水""一口饭""一步路"面临挑战。

（三）河南省新型城镇化发展的趋势与展望

1. 城镇化进程进一步加快

河南经济社会发展长期向好，随着新型城镇化建设的全面推进，各项促进城镇化发展的战略措施的实施，河南城镇化仍将保持快速发展的态势。预计2013年，河南城镇化的增长速度仍保持在1.8%，与2012年持平，达到44.2%。向城镇转移农村劳动力100万左右，带动随迁人口100万左右，城乡居民收入继续平稳较快增长。

2. 农业转移人口市民化加快推进

河南新型城镇化的发展将更加注重人口城镇化，采取有效措施促进农业转

---

① 《中国环境发展报告（2013）》。

移人口市民化。户籍制度改革和基本公共服务均等化将统筹推进，逐步把符合条件的农业转移人口转为城镇居民，农业转移人口将分类享有城镇基本公共服务。非城镇户籍常住人口将享有子女教育、社会保障、证照办理、国家免疫规划项目的预防接种等基本公共卫生、计划生育技术服务等。

3. 吸纳农业转移人口就业能力进一步增强

城镇集聚产业的规模和提供的就业岗位决定农村劳动力向城镇转移的规模和进程，城镇产业支撑进一步增强，第二、第三产业加速发展，就业岗位持续增加，工业促进稳定就业的作用增强，更多的农业转移人口实现就业。产业集聚、就业增加、人口转移、产城互动的良性发展格局正在形成。

4. 城镇体系和布局进一步优化

将进一步优化城镇空间布局和规模结构，实施中心城市带动战略，加快城市群培育和组团式发展，构建现代城镇体系。郑州国家区域中心城市地位进一步提升，郑州航空港经济综合实验区建设强力推进；中心城市和县城人口集聚水平明显提升，辐射带动能力进一步增强，产业集聚带动人口集聚的能力明显提升，中心城市组团式发展深入推进，中心城市新区建设和旧城连片改造全面展开；经济基础好的中心镇发展加速，重点镇建设示范工程有序开展。

5. 城市综合承载能力进一步提升

基础设施和公共服务设施不断完善，基本公共服务常住人口覆盖率明显提高，人居环境明显改善，城镇综合承载力全面增强。绿色城市、智慧城市、畅通城市、人文城市建设加快推进。2014年完成城镇基础设施和公共服务设施投入2700亿元以上，城市综合交通体系建设加快推进，城市道路、停车场和交通枢纽建设力度进一步加大。

6. 城镇化发展的体制机制进一步完善

新型城镇化发展体制机制不断完善，贯彻党的十八届三中全会精神，户籍管理、土地管理、社会保障、财税金融、生态环境、城市规划和社会管理等制度改革全面开展，阻碍城镇化健康发展的体制机制逐步消除，有利于城镇化健康发展的制度环境加快形成。

三 科学推进河南新型城镇化的对策建议

科学推进新型城镇化，充分发挥新型城镇化的引领作用，合理优化城镇体系，全面提升城镇功能，加快推进城乡一体化，坚持产城互动发展，推进农业人口有序转移，探索一条符合河南实际、具有中原特色的新型城镇化发展道路。

（一）优化城镇体系和城镇化空间布局

1. 完善优化城镇体系

坚持核心带动、轴带发展、节点提升、对接周边的原则，按照国家级、省级和分区级三级轴带组织城镇发展网络，促进生产要素向城镇轴带和交通节点城镇集聚，以线促点、以点带面，整合优化城镇体系空间结构，形成以郑州为中心、洛阳为副中心、地区性中心城市为支点、县级市和县城为节点、中心镇和新型农村社区为基础、网络化开放式的空间发展格局。强化郑州的核心作用，推进与开封、新乡、许昌、焦作交通一体化、产业链接、服务共享、生态共建，促进一体化发展。以高速铁路和城际轨道交通为重点，促进郑州、开封、洛阳、平顶山、新乡、焦作、许昌、漯河、济源9个城市融合发展，形成半小时交通圈。依托"米"字形客运专线为基础的快速交通运输走廊，推进全省18个中心城市多层次城际快速交通网络建设，促进中原城市群扩容发展，形成以郑州为中心的1小时交通圈。

2. 加快中心城市组团式发展

完善组团式发展规划体系。统筹中心城区和各组团城市的功能定位、发展规模、产业发展及交通、生态等重大基础设施建设，加强与省辖市、县（市）总体规划、土地利用规划相衔接，全面加快各省辖市中心城市组团式发展总体规划编制工作。加快中心城区与组团间快速交通体系建设。以国道、省道扩容改造和中心城区主干道路拓展延伸为重点，加快中心城区至组团之间以二级及以上公路为主的快速通道连接，全面推进中心城区与组团间交通设施建设，构建综合性、立体化、网络型的快速交通体系，打造20分钟通勤圈。推动中心城区与组团间产业发展分工合作。根据中心城区与组团的资源禀赋和产业基础，围绕产业集聚区主导产业定位，推动中心城区产业链向城市组团梯度延伸，提高产业配套的关联度，逐步构建集约发展、错位发展、链式发展、优势互补的产业格局。提升组团城市功能现代化水平。支持55个城市组团以连接新老城区快速通道建设为突破口，加快新区综合连片开发，积极引导教育、医疗等优质公共资源向新城区转移，增强新区集聚人口的能力。发挥中心城市组团式发展建设示范工程。优先支持新郑、中牟、荥阳、宜阳、鲁山、汤阴、辉县、卫辉、博爱、武陟、清丰、长葛、鄢陵、临颍、镇平、唐河、虞城、商水、遂平、淮阳等20个与中心城区功能互补性强、产业合作基础好的城市组团，重点在快速交通体系建设、产业链接、生态共建等方面开展先行先试，率先形成与中心城区优势互补、联动互动的组团式发展格局，为其他组团发展提供示范。

3. 培育一批中小城市

实施县城提质扩容示范工程，深入推进省直管县（市）改革，进一步扩大城建、环保、金融、土地等管理权限，增强县域发展活力，使其尽快发展成为区域副中心城市。重点推动巩义市、汝州市、邓州市、唐河县、永城市、项城市等城区人口在25万以上的县城，提高城市规划建设标准，加快新城区连片开发，重点完善行政办公、商务商贸、居住休闲等功能，拓展发展空间；深入开展老城区环境综合整治，大力实施净化、美化工程，改善中心城区发展环境；加强县城水系、周边湿地生态系统、绿地生态系统建设，提升生态宜居功能。发展一批20万人以上的城市。综合考虑资源状况、发展基础和环境容量等因素，支持有条件的县（市）加快新城区建设，引导优质公共资源向新区转移，建设一批高品质的城市公共空间和城市建筑，增强新区集聚人口的能力。以增加就业、住房和公共服务为重点，依托产业集聚区和商务中心区，培育各具特色的支柱产业，主动承接中心城市产业辐射，吸纳农村人口转移。推动栾川、卢氏等城区人口规模在15万人以下的县城，依托产业集聚区建设，推动产城互动发展，以产业集聚发展为人口集中和城市建设提供支持，以城市功能完善为产业集群发展和人口集中创造条件，提升县域经济社会发展的核心地位，建设成为宜居精品城市。

（二）推进农民工进城就业和市民化进程

1. 提高城镇产业就业支撑能力

继续实施就业优先战略和更加积极的就业政策，鼓励产业集聚区特别是传统农区县的产业集聚区在经济结构调整和加快产业转移过程中，重点发展农产品加工、制造业等吸纳就业能力强的劳动密集型产业，壮大传统和优势产业，同时吸引配套企业加盟，拓展上下游产业，创造更多适合农民工就业的岗位，增强中心城市和县城的吸引力和承载力。以城市服务业发展为导向，着力加快商业综合体建设和楼宇经济发展，强化特色商业街培育和现代专业市场建设，因地制宜地发展增长潜力大、新增就业多的现代物流、信息服务、服务外包、电子商务等生产性服务业，培育一批产业高集聚、产出高效益、功能高复合、空间高密度、就业高容量的服务业集群。针对生活性服务业就业门槛低、再就业周期短，且属于劳动密集型行业等特点，设立专项扶持基金，运用贷款贴息、经费补助、资金奖励等方式，大力扶持旅游、商贸、餐饮、文化、家庭服务、社区服务、养老服务等生活性服务业，努力扩大就业容量。进一步放宽服务业市场准入限制，落实服务业用电、用水、用气、用热等优惠政策。培育和发展社区服务实体，以政府购买等方式重点开发保洁、保绿、保养等技术含量相对较低的服务性岗位，并优先安排给失地农民、低收入农民和"零就业"家庭。鼓励转移农民自主创业，完善充实创业项目库，强化创业服务，为创业农民工提供创业培训、创业指导、政策咨询、小额贷款等一站式服务。优化投资环境，降低创业风险，提高创业个人小额担保贷款最高限额，为创业者提供工商、税收、信贷等方面优惠减免，使农村创业人员享受与城市失业人员同等的优惠政策。鼓励农民工回乡创业，加大对返乡农民工创办企业的政策帮扶和资金支持力度，积极探索"外出务工—返乡创业—贷款扶持—带动就业"的新模式。

2. 改善公共就业服务

着眼公共就业服务均等化、制度化、专业化和信息化，加强省、市、县、乡四级公共就业服务体系建设，为农村劳动力转移就业搭建强有力的服务平台；实行乡镇劳动保障站所垂直管理、乡镇劳动保障事务所与乡镇人力资源市场合署办公的体制。加强岗位信息对接，在产业集聚区等企业密集区域开设公共就业服务窗口，及时掌握企业人力资源需求状况，根据用工需求组织定向、定岗和订单式培训，对承担培训任务的培训机构进行动态管理，对参训人员实行实名制管理，为农村劳动力就地就近转移就业提供便利。继续开展"春风行动"等，积极为农村转移劳动力提供政策咨询、岗位信息、职业介绍、技能培训、创业扶持和权益维护等服务。建立资金投入长效机制。各地要调整支出结构，加大就业资金投入力度，提前做好全年就业资金预算，并确保资金及时拨付到位。加快就业资金支出进度，确保各项补贴政策的落实和公共就业服务活动的开展。同时，加强对就业资金的使用管理，定期开展专项检查，防止挤占、挪用。

3. 加快户籍制度改革

加快健全居住证制度，实行按居住地登记管理人口的办法，建立和完善流动人口社会化管理制度，统筹解决已经在城市居住生活的群众的户籍、保障和公共服务等问题，使流动人口真正融入当地社会。建立完善户籍制度改革的相关配套机制。解决进城农民最关心的土地、住房、就业、教育等公共服务均等化的问题，建立完善进城落户农民土地处置、就业、住房、子女义务教育、社会和医疗保障等配套机制，切实保障进城农民的合法权益，解除进城农民的后顾之忧。剥离户籍制度的福利分配功能。逐步实现城乡基本公共服务一体化，增强城市对农业转移人口的吸引力，防止逆城镇化潮流的产生，确保新型城镇化建设的顺利推进。

（三）提高城镇综合承载功能

1. 增强城镇基础设施承载能力

以缓解中心城市交通拥堵、改善人居环境为重点，加快中心城市基础设施和公共服务设施建设，增强城市综合承载能力和可持续发展能力。推进老城区道路改造，优化主干路网结构，城市快速通道、综合换乘枢纽和停车设施建设，优先发展城市公共交通。加快中心城市供水管网改造及南水北调配套水厂建设，推进城市集中供热设施及管网改扩建，完善郑州、洛阳等西气东输沿线城市建设燃气配套设施，提高市政公共设施支撑能力。全面推进城区河道治理，进一步拓展城市园林绿化、生态水系等绿色公共空间，加快污水垃圾处理设施建设，推动餐厨废弃物资源利用和无害化处理试点。

2. 强化城镇住房保障能力

坚持科学选址，在符合城市总体规划、土地利用规划的前提下，均衡布局保障房建设和商品房开发，统筹规划建设交通、教育、医疗、通信、商业等公共服务和社区服务设施。坚持和落实在商品房中配建廉租住房和公租房政策。支持市（县）在产业集聚区和开发区周边规划建设廉租住房和公租房，鼓励用工较多的企业利用自有土地建设职工宿舍，纳入保障房统筹管理。进一步改进保障方式。在继续加强实物保障的同时，进一步强化租赁保障，通过向符合条件的家庭发放租赁补贴，支持其在市场上租赁适当的住房。推进廉租房和公租房并轨运行，统一规划，统筹建设廉租住房和公租房，实行"市场定价、分档补贴、租补分离"的运行机制，将部分节余的廉租房调整作为公租房使用，根据承租人的家庭收入水平，分档将保障对象纳入廉租房或公租房保障范围。开展公租房和廉租房租售并举试点，建立保障性住房"内循环"的流转模式。

3. 增强城镇公共服务保障能力

按照城镇发展规模和市区人口分布密度，统筹布局学校、医院、文化设施、体育场所等公共服务设施。制定实施全省统一的基本公共服务设施配置和建设标准，建立完善社会公共事务协作管理机制，推进基本公共服务资源共享、制度对接和待遇趋同。推进城镇常住居民享受均等化的公共卫生服务。继续提高城乡人均基本公共卫生服务经费标准，保障非户籍常住人口持居住证在社区卫生服务中心登记享受各项基本公共卫生服务，使基本公共卫生服务对所有常住人口实现"同标准、全覆盖"。加快建设省辖市图书馆、群艺馆、博物馆，提升县级图书馆、文化馆、乡镇综合文化站服务能力建设，继续实施文化惠民工程，继续做好公共文化场馆免费开放工作，不断完善覆盖城镇常住人口的公共文化设施。加强公共体育设施建设，鼓励学校、企事业单位体育设施向社会开放。推进城镇义务教育均衡发展。积极稳妥推进中小学布局调整，结合旧城改造和城市新区建设，配建相应规模的中小学，扩大城镇义务教育资源，实现中小学校舍、师资、设备、图书、体育场地基本达标，努力缩小校际差距。根据城镇居住区规划和居住人口规模，充分考虑进城务工人员随迁子女接受教育的需求，采取公办、民办并举的方针，改善办学条件，提升办学水平和教学质量。

4. 提升城市管理水平

树立绿色城市、低碳城市、紧凑城市、智慧城市等新的发展理念，促进中心城市集约紧凑发展，避免出现无序扩张、环境污染和高耗低效等问题。完善规划编制体系，提高规划编制水平，加强专项规划、控制性详细规划和城市设计规划等的编制，严格规划实施，定期开展规划评估，提高规划决策的科学性和透明度。突出特色，保持历史文化传统风貌，注重传统历史文化的承接、开掘、融合和发展。加快城市管理创新，推动城市管理数字化、智能化，公共服务社会化、专业化。全面建成省辖市数字化城市管理系统，突出抓好郑州市、鹤壁市、漯河市、济源市、洛阳新区等国家智慧城市试点工作，推进中心城市管理向智能化发展。推动城市管理重心向社区下移，培育和发展社区服务组织，促进社区居民形成自我管理、自我服务，实现管理扁平化、网格化。以解决交通拥堵、占道经营、乱停乱放等突出问题为重点，在主次干道、商贸市场、居住小区等公共活动空间，开展城市环境综合整治工作，促进城区环境整洁、卫生、美观。

（四）强化城镇生态建设和资源集约节约利用

1. 积极创建生态城镇

保护植被水域和自然景观，促进城镇建设、城镇化与环境保护同步规划、同步建设、同步发展。加快建设城镇生态网络。依托城区河流、干渠、道路，结合城镇水源地、湿地分布和生态隔离带建设合理布局城市生态网络，推动城镇绿化建设由平面绿化向立体绿化转变，扩大垂直绿化和立体绿化，提高城镇绿地覆盖率和人均绿地面积，增强城镇生态系统的自我调节能力。加快环境基础设施建设。积极推进城镇污水处理厂建设工程，加快城镇污水处理厂配套管网建设或实施雨污分流改造，建设提升泵站，提高污水收集率和污水处理厂负荷率，强化城镇污水处理设施运营监管。加快垃圾无害化处理设施建设，建立垃圾分类收集、密闭转运、集中资源化和无害化处理体系。提升城镇污染防治水平。优先保护饮用水源地，加大城区河段环境综合整治。加强城市公共交通建设，全面推行机动车环保标志管理，加大城市扬尘污染和机动车尾气污染监测治理力度，逐步改善空气环境质量。加强社会生活、建筑施工和道路交通噪声监管，妥善解决噪声扰民问题。开展重污染工业企业搬迁地块土壤环境调查和风险评估工作，切实加强环境安全管理。完善环境应急防范体系，建立健全统一指挥、分级负责、部门协作的全过程管理防控体系。加大环境安全监管力度，提高应急处置能力，建立健全应急预案，确保不发生重大环境污染事件。

2. 集约节约利用土地资源

统筹规划城乡建设用地，加快转变城镇发展方式，坚持管住总量、控制增量、盘活存量，合理确定城乡建设和用地规模，合理布局城市功能要素，建设功能完善、规模适度和结构合理的紧凑型城镇。积极推进人地挂钩试点。以土地综合整治为基础，以节余建设用地指标流转为突破口，积极推进人地挂钩试点工作。建立节余建设用地指标流通平台，促进土地、资金等要素合理流转和优化配置。加大土地复垦力度，提高用地效益，促进耕地规模经营和新型农业现代化发展。从严控制城镇新增建设用地规模。进一步完善各类工程项目建设用地标准，合理确定建设项目供地数量，核减不合理用地。禁止别墅类房地产、高尔夫球场、赛马场和各类培训中心项目用地。优化城镇用地布局与结构。逐步调整城镇内部用地结构，增加居住用地和绿地比重，提高基础设施水平，建造适宜的人居环境。充分利用各区及各城镇的优势条件，扬长避短，在各城镇发展区之间、城镇之间开展广泛的分工协作，协调好城镇布局、资源开发和基础设施建设。各城镇用地形态及扩展方向、区域社会服务设施建设等方面应加强协调，避免重复建设。增强土地资源保障能力。以旧城镇、旧厂矿及"城中村"更新改造为重点，盘活城镇低效用地，增加城镇建设用地有效供给，腾出土地发展第三产业，或配置一定数量的公共设施等，提高土地利用的社会效益、经济效益和生态效益。合理开发未利用地和废弃地。在符合规划、保护环境的前提下，将适宜开发的未利用地或废弃地优先开发为建设用地，并安排项目建设。

3. 合理利用城镇空间资源

合理利用城镇空间资源，坚持竖向发展、产城一体、资源集约、绿色交通、智慧管理等五大策略，建设节地、节能立体型城镇。加强立体空间利用规划协调。将地下空间的规划纳入城市总体规划范畴，长远考虑、分步实施、协调发展。协调推进地上地下空间的利用。统筹地上与地下空间利用，使城市经济效益达到最大化，布局结构达到最优化、环境质量达到最佳化，同时将"平面规划"转为"立体规划"。在人防工程、市政管线、商业功能、地下停车等功能利用的基础上，积极拓展地下交通、旅游、教育、文化、娱乐等其他功能的地下空间方式。

（五）加快推进城镇行政管理体制改革

1. 分类推进直管县新型城镇化进程

根据10个试点县县域经济发展的特殊情况，对其进行分类指导和鼓励先行先试：对于长垣、巩义等中心城市的卫星城县，强化与中心城市的一体化发展，赋予与大中型城市一样的对外开放权；对于固始、邓州等边缘山区县，加大生态建设的财政转移支付力度；对于滑县、新蔡、兰考等农业大县，加强优质农产品生产的扶持，出台差异性支持政策，重点支持具有地方特色的种植业和畜禽养殖业；对于固始、邓州、新蔡、鹿邑等区域独立性大、区位较好的县，扩大公共服务权、市场监督权、经济管理权和社会管理权；对于永城、汝州、鹿邑、长垣城市化发展前景好、工业发展潜力大的县，下放项目审批权，扩大土地征用权，支持促进地方经济社会发展采取BT、BOT模式，并对这类项目给予政策投资，鼓励率先发展；对于永城、汝州等资源比较丰富的县，加强资源管理，促进资源合理开发，支持其产业结构调整、转型升级；对于兰考、邓州、固始等贫困县，加大扶贫和农村富余劳动力转移力度等。对于永城、鹿邑、固始等文化旅游资源丰富的县，放大根亲文化，出台支持台资企业进入祖居地投资的相关优惠政策。

2. 支持经济发达镇开展扩权强镇试点

下放经济社会管理权限，赋予其部分县级经济社会管理权限，如在城建、环保、治安等城市建设和管理方面的管理权限；完善小城镇发展的财税、投融资等配套政策，安排年度土地利用计划要支持经济发达镇建设发展。加大财政投入力度，在基础设施、公共服务体系建设等方面重点支持发展，完善功能配备，改善居住条件，以吸引更多的村民尽快进入镇区居住，增强小城镇的承载能力。

3. 完善城镇化成本分担机制

健全试点县县级基本财力保障机制，完善转移支付制度，增强县级政府提供基本公共服务的能力。加快直管县户籍制度改革，按照河南目前县城农村转移人口市民化的公共成本（包括农民工随迁子女教育成本、医疗保障成本、养老保险、城市管理费用、保障性住房支出等）的标准，参照义务教育经费的分担办法，建立多级分担机制，共同负担农村转移人口市民化公共成本，以完善的社会保障体系吸引农民进城。

4. 加快行政区划调整

稳妥推进撤县设区，完善市辖区设置标准，因地制宜推进县改区，适当增设重要中心城市的市辖区，提升区域性中心城市辐射带动作用。积极争取撤县设市，做大做强县域经济。紧紧抓住国家县改市政策有所松动的机遇期，完善城市设置标准，积极争取在3年内把长垣、西峡、武陟、鹿邑等人口、经济、财政、税收以及城市建设达到一定规模和标准的县撤县设市。优先支持省直管县开展撤县设市工作。探索小县合并、联合设市等多元化设市模式，逐步增加小城市数量，提高城镇化水平。适时推动撤乡镇改设办事处，提升城市管理水平。积极推进城中村和城市近郊村合村并城、合村并镇工作，将城市区内已基本实现城市化的乡镇改设办事处，将市区周边的乡镇划归市区管辖，逐步优化城市内部功能分区。

（六）加快城镇基础设施对外开放和投融资体制改革

1. 加快城镇基础建设对外开放步伐

着力推动房地产建设领域扩大开放。围绕加快城市新区开发、老城区改造、商务中心区和特色商业区建设等，以连片综合开发、商业综合体、大型商品房和保障性住房建设为重点，开展专题招商和定向对接，带动城市品位的提升。着力推动市政设施和生态环保设施建设领域扩大开放。围绕加快城市新区、中心城区、产业集聚区和县域城镇基础设施建设，以城市道路、公共交通、停车场站、供水、燃气、供热以及垃圾污水处理、城市生态水系建设等公共设施建设领域为重点，综合运用BT、BOT、TOT、PPP、ABS、租赁等多种融资模式，带动吸引境内外资本参与城镇基础设施项目建设、管理和经营。着力推动公共服务领域扩大开放。实施优质教育资源引进合作计划，以高等教育、职业教育、学前教育等领域为重点，吸引国内外资本到河南投资职业教育、实训基地、学前教育和捐资助教等。着力推动卫生领域扩大开放。实施社会资本办医办学行动计划，以引进优质医疗资源、引进境内外资本举办医疗机构或参与省内公立医院改制为重点，加强与国内外知名医疗机构、高等医学院校和战略投资者的合资合作。着力推动养老等社会福利领域扩大开放。以供养型、养护型、医护型养老机构和疗养院、护理院等建设为重点，加强与境内外实力强的专业化机构和愿意投身公益事业的大型企业集团的沟通联系，采取公建民营、民办公助、政府购买服务、补助贴息等多种模式，吸引境内外资本投资各类养老和社会福利服务设施的建设、运行和管理。

2. 扩大城镇建设融资规模

进一步完善政策法规。深入贯彻落实国家和河南已出台的鼓励和引导外资、民资的各项政策，加快建立全省城市供水、供气、供热、公共客运、垃圾污水处理等行业特许经营制度，研究出台全省城镇基础设施领域特许经营的地方性法规，规范行业准入门槛及资本进入的途径、方式和具体配套措施等，对所有经营性项目实行竞争性配置，面向全国公开招标选择项目投资主体和经营主体。探索建立公益性基础设施和商业性基础设施开发相结合的"公商协同、以商补公"长效机制。建立项目分类融资机制。按照产品的社会属性，把城镇基础设施项目分为三类：纯公益性项目、准公益性项目和有稳定收益的经营性项目。对纯公益性项目，如城市道路、桥梁、绿化、公园、生态设施等，明确政府的投资主体地位，强化政府提供基本公共服务的责任，纳入财政预算体系，优先安排政府财政性资金支持该类项目建设。对于有稳定收益的经营性项目，如供水、燃气、电力等项目，逐步放宽对市场资金进入的限制，积极完善管理体制、运营机制，创造条件鼓励和引导市场资金积极投入该领域建设，同时加强对该类产品的成本监管，加快气、水、热等价格的改革步伐，形成科学合理的价格形成机制和运作机制。对准公益性项目，如公共交通、地铁等项目，明确市场投资主体的地位，政府要加强宏观规划管理，完善价格、收费机制，在初始建设资金投入、后期运营阶段给予财政补助、价格补贴等，既要保证该类产品对社会服务的公平，又要考虑市场投资主体的合理利润回报，可通过适当补贴，制定优惠政策，对投资者予以补偿，保障其合理收益，激发民间资本投资城镇化建设的积极性。规范提高融资平台融资能力，壮大省级综合性融资平台公司，整合市、县专业融资平台公司，按照市、县财政实力和城镇建设要求，设立中心城市和大县城政府融资平台。整合地方政府拥有的优质资源，将经营性资源、优质资产以及未来需要资金推动的投资项目划拨进入投融资平台公司，确保其拥有质量良好的资产和稳定的现金流及利润来源。尽快完善投融资平台的法人治理结构，明确其发展方向、主营业务和投资重点，同时有关部门要加强监管，探索建立比较完备的风险防控体系。支持县级融资平台捆绑发行集合债券。由市级融资平台牵头，联合区域内县级融资平台，捆绑发行集合企业债券。利用联合后融资主体的规模优势，合理分摊资信评级、发债担保、承销等费用，有效规避单个平台规模较小、资质较低、发债规模偏小、发行成本过高等问题。

参考文献

河南省统计局、国家统计局河南调查总队：《河南统计年鉴2013》，中国统计出版社，2013。

中华人民共和国国家统计局：《中国统计年鉴2013》，中国统计出版社，2013。

B.2 河南省城镇化质量评价报告（2013）

河南省社会科学院课题组*

摘　要： 探索以新型城镇化为引领的新型"三化"协调科学发展的路子，关键在于着力提高城镇化发展质量。研究报告从人口城镇化、经济城镇化、社会城镇化、环境城镇化和空间城镇化五个维度构建了区域城镇化质量评价体系，运用层次分析法确定相关指标的权重；利用该评价体系对河南省18个地级市和20个县级市城镇化发展质量进行了测度。最后，基于对评价结果的分析，针对发现的问题提出对策与建议。

关键词： 区域城镇化　城镇化质量　综合评价

一　引言

2012年，党的十八大报告指出："必须以改善需求结构、优化产业结构、促进区域协调发展、推进城镇化为重点，把城镇化作为着力解决制约经济持续健康发展的重大结构性问题的重要抓手"。同年12月召开的中央经济工作会议指出："城镇化是我国现代化建设的历史任务，也是扩大内需的最大潜力所在。"河南突出新型城镇化引领新型"三化"协调科学发展，是从省情实际出发的必然选择。2012年河南城镇化率达到42.4%，低于全国平均水平10.2个

---

* 课题主持人：喻新安、王建国。课题组成员：王建国、王景全、郭小燕、王新涛、柏程豫、李建华、左雯、韩鹏、郭志远、吴旭晓。执笔人：王建国、吴旭晓、王新涛、郭小燕。

百分点，城镇化滞后于工业化。但是分析和评价河南的城镇化发展状况，仅仅看城镇化率一个指标是不够的，还需要进行多维度的综合评价，根据评价结果找准制约河南城镇化发展质量提高的关键因素，形成科学推进新型城镇化的最大合力，更加有效地发挥新型城镇化的引领作用。

二 城镇化质量评价指标

对城镇化发展质量内涵与外延的准确界定是城镇化发展质量评价研究中需要首先解决的问题。王慧（1997）提出应该从经济城镇化水平、人口城镇化水平、空间城镇化水平和生活方式城镇化水平等四方面来衡量城镇化发展水平；叶裕民（2001）认为，城镇化质量主要表现为经济现代化水平、基础设施现代化水平以及人的现代化水平等三方面。白先春（2004）提出从人口、生活、经济、环境等四方面来监测我国城市发展的质量。国家统计局城市社会经济调查总队与中国统计学会城市统计委员会（2005）构建的中国城市发展指数主要包括经济、基础设施、环境、社会、生活质量等5方面的内容。中国科学院的方创琳等人（2011）认为城镇化质量主要包含经济城镇化质量、社会城镇化质量和空间城镇化质量；牛文元（2012）提出从人口城镇化、经济城镇化、社会城镇化、环境城镇化等四方面出发评价城镇化发展质量；欧向军等人（2012）从推进城市化的目的出发，认为城市化质量的内涵主要包括人口城市化、经济城市化、居民生活城市化、景观环境城市化和基础设施城市化等五方面；以魏后凯为首席专家的中国社会科学院"城镇化质量评估与提升路径研究"创新工程项目组（2013）则认为，城镇化质量是指在城镇化进程中与城镇化数量相对的反映城镇化优劣程度的一个综合概念，特指城镇化各组成要素的发展质量、协调程度和推进效率。从本质内涵上讲，城镇化质量包括城镇自身的发展质量、城镇化推进的效率和城乡协调发展程度三方面。从构成要素看，城镇化质量又可分为经济城镇化质量、社会城镇化质量和空间城镇化质量。

理论界已经从多元视角诠释城镇化发展质量的内涵，但至今尚未形成对"质量"的共识，缺乏从系统理论的视角诠释城镇化发展质量的内涵。

我们认为，城镇化是一个涵盖人口、经济、社会、空间、环境等多方面的综合性转变过程，是人类社会从传统社会向现代文明社会全面转型和变迁的系统工程。因此，城镇化发展质量是人口城镇化、经济城镇化、社会城镇化、环境城镇化和空间城镇化协同共进、共同演绎的结果。

本文在综合上述专家学者研究成果的基础上，根据一致性、简要性、可操作性、可比性、客观性、系统性等原则，从人口城镇化、经济城镇化、社会城镇化、空间城镇化、环境城镇化这五大方面来选取二级指标，构建河南省城镇化发展质量的综合评价体系，测算18个地级市和20个县级市的城镇化质量综合指数，并对所得数据进行统计处理分析，划分出质量等级为促进全省各市的城镇化发展提供可靠的决策依据。

1. 人口城镇化指标

城镇化的核心是人的城镇化。人口城镇化的核心是人口就业结构在城乡之间和产业之间转化过程，以及城镇人口素质不断提升的变迁过程。在目前，城镇人口素质的测度相对比较困难，根据现代人力资本理论，人口素质与教育投入高度相关，而教育投入主要包括家庭投入和政府财政投入两部分，城镇普通家庭的教育投入主要来源于工资收入。因此，本文采用城乡从业人员比（C_3）、非农就业比例（C_4）来考察就业结构，用人均教育财政支出（C_2）和城镇从业人员在岗职工平均工资（C_1）来间接反映人口素质。在研究中，没有采用"城镇化率"指标的原因主要有两方面，一方面，城镇化率是通常用市人口和镇住地聚集区人口占全部人口（人口数据均用常住人口而非户籍人口）的百分比来表示，并以每年的人口与城镇化抽样调查结果进行推算，准确度不高；另一方面，我们认同南开大学经济研究所钟茂初教授提出的观点，即"城镇化率"在更大程度上应当是发展和改革的成果，而不应是发展和改革的直接动力，不应把"城镇化率"作为城镇化的具体目标来落实。①

2. 经济城镇化指标

经济城镇化的核心内涵是经济结构的非农化。其中，工业化是经济城镇化直接推动因素，而第三产业的兴起与兴旺则是推动城镇化日益深入的后继动

---

① 钟茂初：《新型城镇化若干问题研究》，《开放导报》2013年第4期。

力。本文用人均GDP（C_5）、GDP占全省的比例/人口占全省的比例（C_6）、人均社会消费品零售总额（C_7）、地方财政一般预算收入占GDP比重（C_8）、GDP/固定资产投资额（C_9）、非农产业生产总值占GDP的比重（C_{10}）、城乡居民收入对比指数（C_{11}）、城乡居民人均储蓄存款（C_{12}）这8个指标来反映区域经济城镇化水平。

人均GDP（C_5）：人均GDP是区域GDP与该区域人口的比值，反映一个区域的国民经济在一定时期内所达到的相对规模，体现了区域经济的综合实力，代表一个区域经济综合发展质量。GDP占全省的比例/人口占全省的比例（C_6）是反映区域经济均衡程度的指标。人均社会消费品零售总额（C_7）：各行业通过商品流通渠道向居民和社会集团供应生活消费品的人均总量，用来衡量区域的消费水平。地方财政一般预算收入占GDP比重（C_8）：地方财政收入是实现地区职能的财力保证，也是推进区域城镇化的财力保证，地方财政一般预算收入占GDP比重是地方财政收入与区域GDP的比值。GDP/固定资产投资额（C_9）反映固定资产投资对GDP的贡献程度，该值越大表明投资驱动的力度越大。非农产业生产总值占GDP的比重（C_{10}）：区域城镇化的一个重要表现是区域经济活动的非农化，以区域第二、第三产业的产值占GDP的比重作为衡量区域经济活动的非农化的水平。城乡收入对比指数（C_{11}）是城镇居民家庭人均可支配收入与农村居民家庭人均纯收入的比例，从整体上反映了城乡居民经济收入上的差距。城乡居民人均储蓄存款（C_{12}）是居民家庭金融资产构成的主要部分，反映了城乡居民家庭的生活水平，体现出一个地区的经济水平和富裕程度。

3. 社会城镇化指标

社会城镇化是整个城镇化过程的有机组成部分，城镇化的可持续发展需要稳定和谐的社会环境作保障，只有社保、教育、医疗、交通、用水、排水、用气等条件达到一定水平，才能保证城镇人口基本生活要求，城镇社会职能才能充分体现。本文选取城镇基本养老保险参保比例（C_{13}）、城镇基本医疗保险参保比例（C_{14}）、人均公共财政预算支出（C_{15}）、城区每万人拥有公共交通车辆（C_{16}）、城区排水管道密度（C_{17}）、万人卫生机构床位数（C_{18}）、教育财政支出占GDP比例（C_{19}）、城市燃气普及率（C_{20}）、城市用水普及率（C_{21}）这9

个指标来衡量区域社会城镇化水平。

4. 环境城镇化指标

良好的城市人居环境是区域城镇化水平的重要体现，是推进生态文明建设的基本要求。环境城镇化的基本要义是推进城镇化进程不能以牺牲生态环境为代价，在新型城镇化建设过程中，要充分考虑资源环境约束，避免环境恶化，走环境友好型城镇化道路。环境城镇化可以从环境质量、环境治理等方面来考察，本文用城市人均公共绿地面积（C_{22}）、建成区绿化覆盖率（C_{23}）、污水处理率（C_{24}）、生活垃圾处理率（C_{25}）、保洁面积占建成区面积的比例（C_{26}）这5个指标来表示。

5. 空间城镇化指标

空间城镇化是指居民聚集区和经济布局在空间区位的分布与变迁。工业化和城镇化的快速推进必然伴随着城市居住区和产业聚集区大规模扩展的"空间城镇化"进程。空间城镇化是城镇化的载体，是城镇化过程在地域空间的外在表现。本文选用建成区面积占国土面积比重（C_{27}）、市区人口密度（C_{28}）、单位面积GDP（C_{29}）、市区人均道路面积（C_{30}）这4个指标来描述。

区域城镇化质量评价指标体系总结见表1。

表1　区域城镇化质量评价指标体系

系统层	子系统层	指标层	
A 城镇化质量	B_1 人口城镇化	C_1	城镇从业人员在岗职工平均工资(元)
		C_2	人均教育财政支出(元)
		C_3	城乡从业人员比
		C_4	非农就业比例(%)
	B_2 经济城镇化	C_5	人均GDP(元)
		C_6	GDP占全省的比例/人口占全省的比例(%)
		C_7	人均社会消费品零售总额(万元)
		C_8	地方财政一般预算收入占GDP比重(%)
		C_9	GDP/固定资产投资额
		C_{10}	非农产业生产总值占GDP的比重(%)
		C_{11}	城乡居民收入对比指数
		C_{12}	城乡居民人均储蓄存款(万元)

续表

系统层	子系统层	指标层	
A 城镇化质量	B_3 社会城镇化	C_{13}	城镇基本养老保险参保比例(%)
		C_{14}	城镇基本医疗保险参保比例(%)
		C_{15}	人均公共财政预算支出(元)
		C_{16}	城区每万人拥有公共交通车辆(标台)
		C_{17}	城区排水管道密度(公里/平方公里)
		C_{18}	万人卫生机构床位数(张/万人)
		C_{19}	教育财政支出占GDP比例(%)
		C_{20}	城市燃气普及率(%)
		C_{21}	城市用水普及率(%)
	B_4 环境城镇化	C_{22}	人均公共绿地面积(平方米)
		C_{23}	建成区绿化覆盖率(%)
		C_{24}	污水处理率(%)
		C_{25}	生活垃圾处理率(%)
		C_{26}	保洁面积占建成区面积的比例(%)
	B_5 空间城镇化	C_{27}	建成区面积占国土面积比重(%)
		C_{28}	市区人口密度(人/平方公里)
		C_{29}	单位面积GDP(万元/平方公里)
		C_{30}	市区人均道路面积(平方米)

资料来源：作者整理。

三 评价指标权重的确定

指标权重的合理取值是进行评价的主要前提之一。指标的权重是综合评价的重要信息，反映指标在评价对象中的相对地位。由于城镇化质量评价指标体系中不同指标的重要程度存在差异，因此在进行综合时需要对各指标的权重进行科学的确定。确定指标权重时要确保指标之间的重要程度在逻辑上的一致性，例如，如果X比Y重要，Y比Z重要，则在逻辑上应该满足X比Z重要。

目前，指标权重的确定方法很多，常用的有专家咨询因素成对比较法、灰色关联分析法、熵值法、主成分分析法和层次分析法等。其中，层次分析法是把研究对象作为一个系统，按照分解、比较判断、综合的思维方式，将定性的问题进行定量分析的一种简便实用的多目标、多准则的决策方法。由于层次分析法在处理复杂的决策问题上的实用性和有效性，它已经广泛应用于经济计划和管理、能源政策和分配、行为科学、军事指挥、运输、农业、教育、人才、医疗和环境等领域，因此本文采用该方法来确定评价指标的权重。

由于城镇化是一个复杂的系统，人口城镇化是目标，经济城镇化是基础，社会城镇化是保障，环境城镇化是条件，空间城镇化是表象，因此，本文赋予经济城镇化指标较高的权重，其次是社会城镇化，再次是人口城镇化和环境城镇化，空间城镇化的权重相对较低。具体步骤如下。

（1）构造出一个有层次的结构模型。

（2）根据重要性构造两两比较矩阵，其比较结果以1～9标度法表示。各级标度的含义见表2。

表2 1～9标度法

相对重要程度	定义	含义解释
1	同等重要	因素i和因素j同样重要
3	略微重要	因素i和因素j略微重要
5	相当重要	因素i和因素j重要
7	明显重要	因素i比因素j明显重要
9	绝对重要	因素i比因素j绝对重要
2,4,6,8	介于两相邻重要程度间	—

（3）运用方根法进行层次单排序，取得权重值。

（4）计算判断矩阵A的最大特征值λ_{max}。

（5）进行一致性检验。

由于受诸种主客观因素的影响，判断矩阵很难出现严格一致性的情况。因此，在得到λ_{max}后，还需要查表3的数据，对判断矩阵的一致性进行检验。

表3 平均随机一致性

阶数(n)	1	2	3	4	5	6	7	8	9	10	11
RI	0.00	0.00	0.58	0.90	1.12	1.24	1.32	1.41	1.45	1.49	1.51

经检验，判断矩阵均满足：CR = CI/RI < 0.10，因此，所建立的判断矩阵具有满意的一致性，不需要对判断矩阵进行调整。

最后计算得到各指标的权重如下：

$W_{B_1}=0.188$　　$W_{B_2}=0.313$　　$W_{B_3}=0.25$　　$W_{B_4}=0.188$　　$W_{B_5}=0.063$

$W_{C_1}=0.375$　　$W_{C_2}=0.375$　　$W_{C_3}=0.125$　　$W_{C_4}=0.125$　　$W_{C_5}=0.200$

$W_{C_6}=0.080$　　$W_{C_7}=0.120$　　$W_{C_8}=0.080$　　$W_{C_9}=0.040$　　$W_{C_{10}}=0.200$

$W_{C_{11}}=0.160$　　$W_{C_{12}}=0.120$　　$W_{C_{13}}=0.136$　　$W_{C_{14}}=0.136$　　$W_{C_{15}}=0.136$

$W_{C_{16}}=0.091$　　$W_{C_{17}}=0.045$　　$W_{C_{18}}=0.136$　　$W_{C_{19}}=0.136$　　$W_{C_{20}}=0.091$

$W_{C_{21}}=0.091$　　$W_{C_{22}}=0.077$　　$W_{C_{23}}=0.231$　　$W_{C_{24}}=0.231$　　$W_{C_{25}}=0.231$

$W_{C_{26}}=0.231$　　$W_{C_{27}}=0.333$　　$W_{C_{28}}=0.222$　　$W_{C_{29}}=0.333$　　$W_{C_{30}}=0.111$

四　城镇化发展质量综合测度模型

本文运用基于层次分析法的加权综合评价法来测算区域城镇化质量。根据层次分析法获得具体指标的权重，分层逐级综合，最后得到区域（地级市和县级市）城镇化发展质量的综合指数。

（一）评价指标数据标准化处理

首先要对原始数据进行同度量处理。对数据进行标准化处理的方法很多，常用的主要有极差法、线性比例变换法、向量归一化法、标准样本变化法和改进的归一化法。本研究采用改进的归一化法。

单一指标采用直接获得的区域数据来表示，在进行无量纲化处理时采用效用值法，效用值的取值区间为[0，1]，即该指标的最差值的效用值为0，最优值的效用值为1，具体计算方法如下：

对于正向指标：

$$y_{ij}=\frac{x_{ij}-\min x_{ij}}{\max x_{ij}-\min x_{ij}}$$

对于逆向指标：

$$y_{ij} = \frac{\max x_{ij} - x_{ij}}{\max x_{ij} - \min x_{ij}}$$

对于人均教育财政支出、城乡收入差距等复合指标，采用相关的单项指标数据复合计算得到，其效用值的处理方法与单项指标相同。

（二）求子系统的发展水平指数

得到指标层的权重后，按照下式，可以求得子系统的发展水平指数。

$$V_i = \sum_{j=1}^{m} w(j) y_{ij} \quad (i = 1, 2, \cdots, 5)$$

（三）求出区域城镇化发展质量综合指数

$$U = \sum_{i=1}^{n} w_i V_i$$

五 河南省城镇化发展质量测评

（一）评价测度

根据《河南统计年鉴2013》进行评价指标相关数据的收集和汇总，部分指标数据经过计算得到。依照城镇化发展质量综合测度模型，利用上文获得的各指标的权重，计算出河南省2012年18个地级市和20个县级市的评价值，具体如图1~12所示，其中图1~6为地级市的评价结果，其中图7~12为县级市的评价结果。

（二）城镇化水平计算结果分析

1. 人口城镇化发展指数

在城镇化质量综合指数计算中，人口城镇化指标权重为0.188。总体上看，河南18个省辖市的人口城镇化水平可以分为三个组别。综合指数在0.5以上的为第一组，只有郑州一个城市，发展指数为0.6382，高于排名第二的

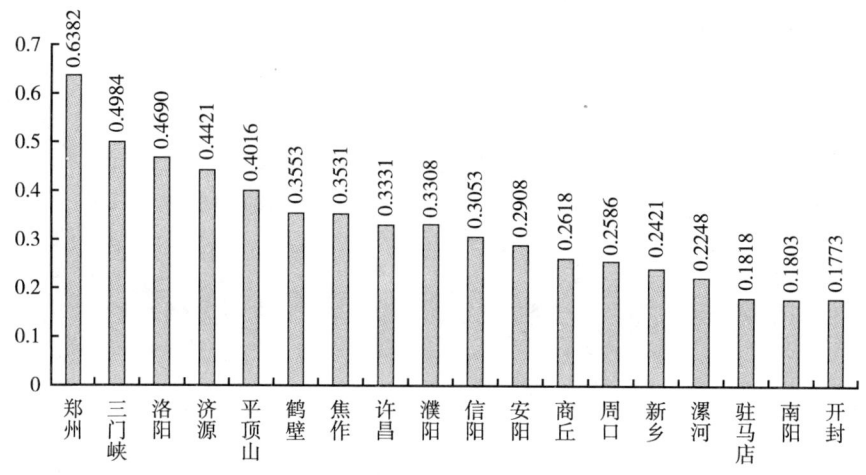

图1 2012年河南省地级市人口城镇化发展指数

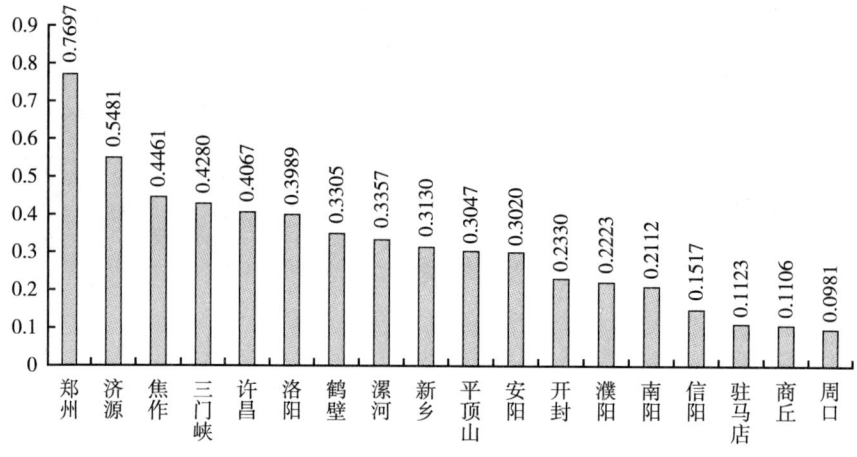

图2 2012年河南省地级市经济城镇化发展指数

三门峡的差值为0.1398；发展指数在0.2~0.5的城市为第二组，其中发展指数最高的是三门峡的0.4984，最低的是漯河的0.2248。综合指数低于0.2的为第三组，包括驻马店、南阳和开封三个城市，其中发展指数最低的开封市为0.1773，仅相当于郑州的27.8%。相比较而言，河南县级市人口城镇化发展指数的层级性表现得更为明显，义马市人口城镇化发展指数达到了1.0000，第2位的永城市为0.4975，虽然低于义马的差值为0.5025，但是高于第3位

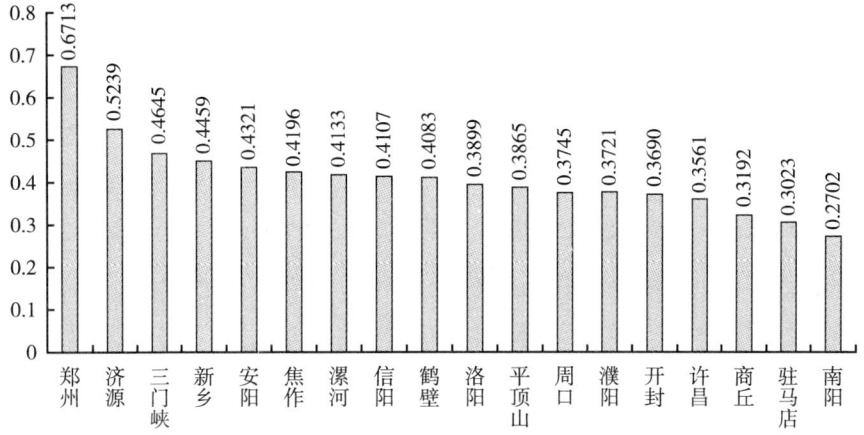

图3　2012年河南省地级市社会城镇化发展指数

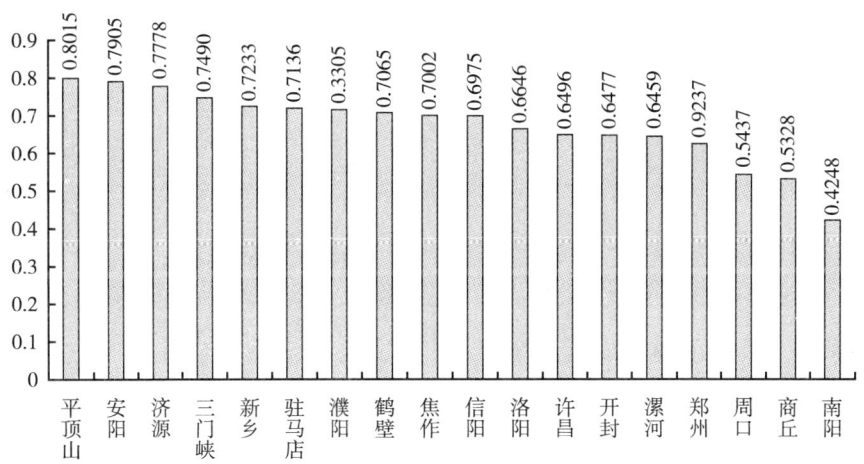

图4　2012年河南省地级市环境城镇化发展指数

舞钢市的差值为0.1153。舞钢市、长葛市、巩义市等15个县级市的人口城镇化指数处于0.2~0.4，项城市、卫辉市、邓州市低于0.2，与排名第17位的禹州市也有较大差距。

2. 经济城镇化发展指数

在城镇化质量综合指数计算中，经济城镇化指标的权重为0.313，所占比重最大。在综合考虑了经济规模、财政实力、城乡居民收入比等因素后，18

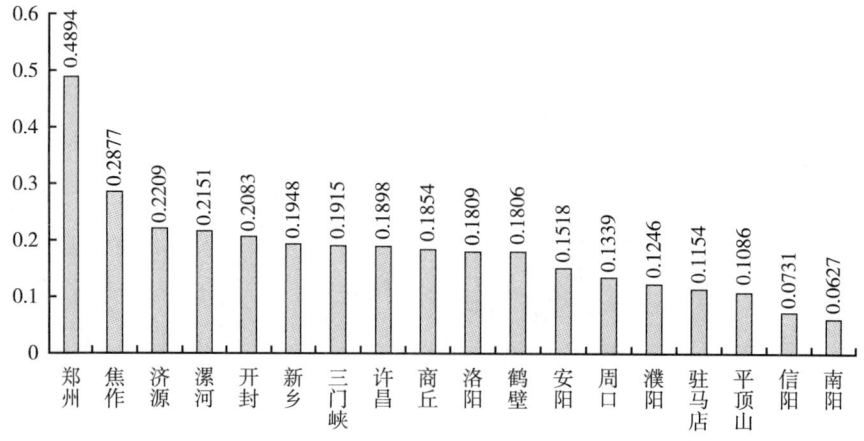

图5 2012年河南省地级市空间城镇化发展指数

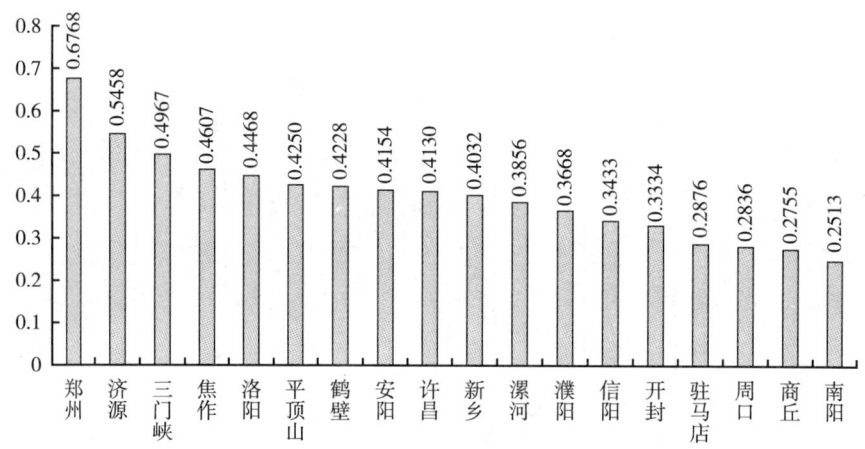

图6 2012年河南省地级市城镇化质量综合指数

个省辖市中，郑州经济城镇化发展指数最高，达到了0.7697；济源位居第二，达到0.5481。焦作、三门峡、许昌、洛阳、南阳等多数城市的经济城镇化发展指数处于0.2~0.5；河南黄淮四市信阳、驻马店、商丘、周口的经济城镇化发展指数均低于0.2，其中周口低于0.1，仅相当于郑州的12.7%。20个县级市的经济城镇化发展指数可以分为三个组别：第一组得分处于0.6~0.8，其中义马市最高，得分为0.7926，登封市在该组中的得分最低，但是也达到了0.6205。第二组得分处于0.35~0.6，这一组中得分最高的沁阳市指数为

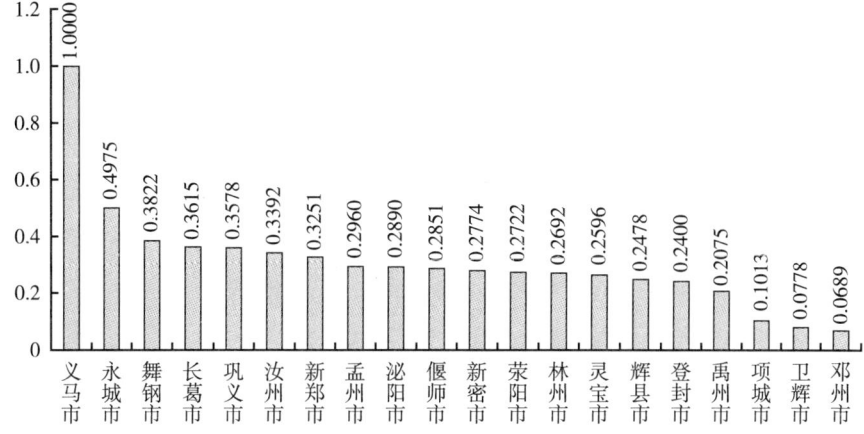

图 7　2012 年河南省县级市人口城镇化发展指数

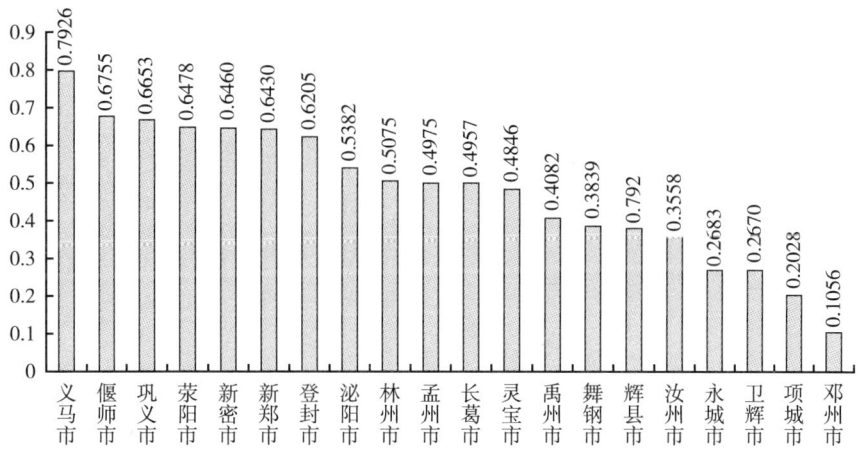

图 8　2012 年河南省县级市经济城镇化发展指数

0.5382，低于登封市的差值为 0.0823；得分最低的汝州市指数为 0.3558，高于第三组别中最高的永城市的差值为 0.0875。邓州市在全省县级市排名最后，经济城镇化指数仅为 0.1056。

3. 社会城镇化发展指数

在城镇化质量综合指数计算中，社会城镇化指标的权重为 0.25，所占权重仅次于经济城镇化，在综合社会保障、人均公共财政支出、教育支出和公共服务相关指标的基础上完成社会城镇化发展指数测算。郑州、济源的社会城镇

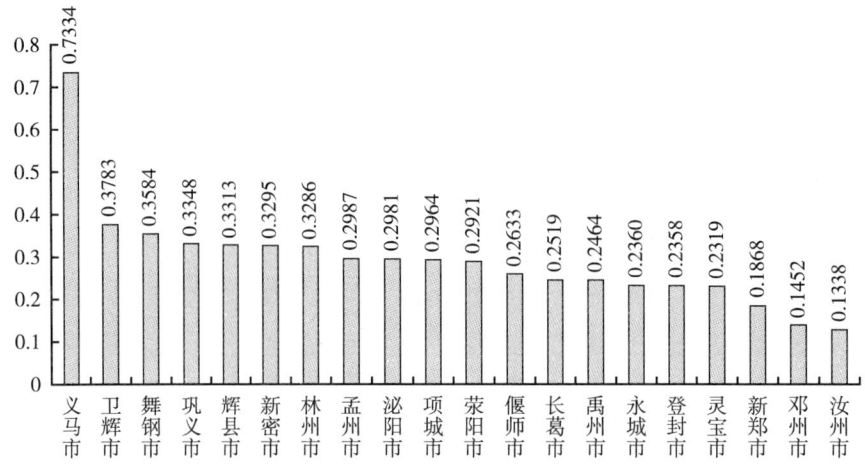

图9　2012年河南省县级市社会城镇化发展指数

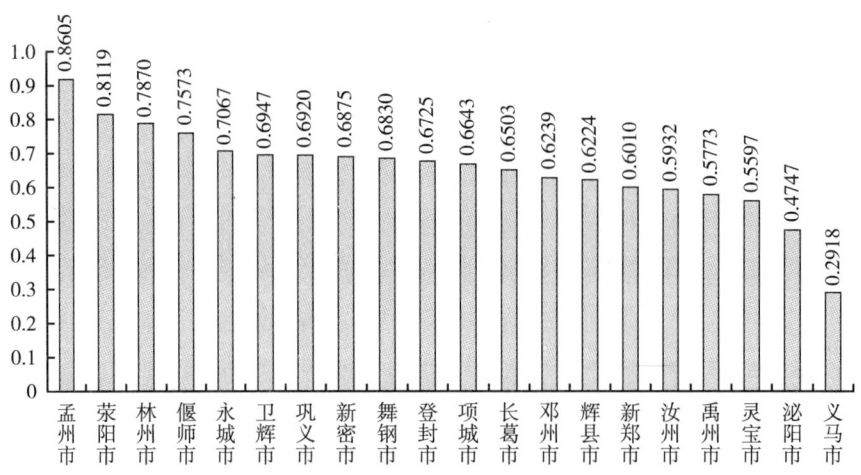

图10　2012年河南省县级市环境城镇化发展指数

化发展指数分别达到了0.6713和0.5239，高于其他城市；南阳社会城镇化发展指数最低，仅为0.2702。其余城市社会城镇化发展指数均处于0.3～0.5。20个县级市中，义马市社会城镇化发展指数最高，达到了0.7334，高于第2位卫辉市的差值为0.3551。从第2位的卫辉市到第17位的灵宝市，社会城镇化发展指数均处于0.2～0.4。新郑、登州、汝州的社会城镇化指数低于0.2，其中最低的汝州市仅为0.1338。

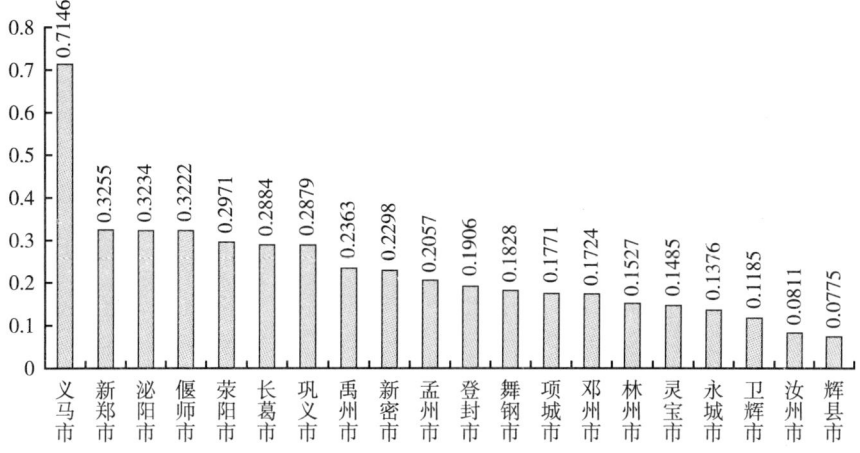

图11　2012年河南省县级市空间城镇化发展指数

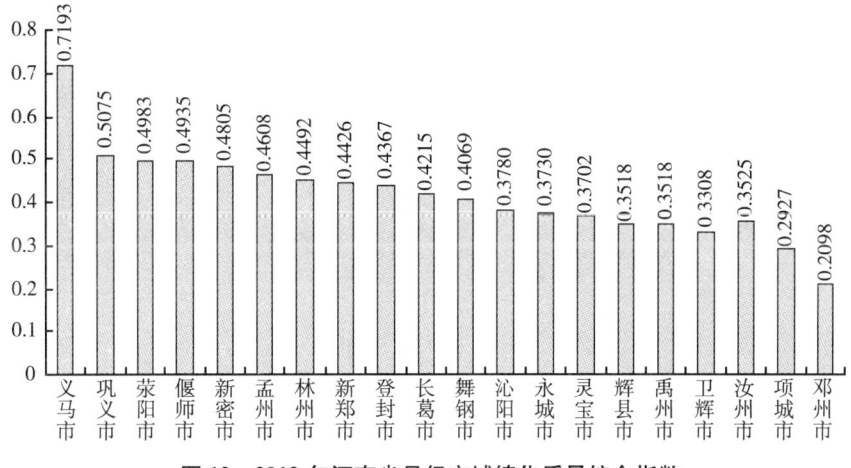

图12　2012年河南省县级市城镇化质量综合指数

4. 环境城镇化发展指数

在城镇化质量综合指数计算中，社会城镇化指标的权重为0.188，与人口城镇化指标所占权重相当。各省辖市中，环境城镇化发展指数最高的是平顶山，达到了0.8015，最低的是南阳，仅为0.4248。和人口城镇化、经济城镇化、社会城镇化发展指数不同的是，省辖市环境城镇化发展指数位次之间的绝对值差异均不明显，排名第17位的商丘与第18位的南阳之间的差距最大，也仅为0.1080。20个县级市中，孟州市环境城镇化发展指数最高，达到了

0.8605，最低的是义马市，仅为0.2918。除沁阳市和义马市外，其余县级市环境城镇化发展指数均高于0.55，环境城镇化发展指数总体得分较高。

5. 空间城镇化发展指数

在城镇化质量综合指数计算中，空间城镇化指标的权重为0.063，所占比重最小。整体上看，河南省辖市空间城镇化发展指数不高，最高的郑州市仅为0.4894，第2位的焦作市与郑州差距较为明显，仅为0.2877；空间城镇化发展指数在0.2以上的城市还包括济源、漯河和开封，其余城市空间城镇化发展指数均在0.2以下，信阳、南阳低于0.1。20个县级市中，义马市空间城镇化发展指数最高，达到了0.7146，第2位的新郑市与义马市差距较大，仅为0.3255；沁阳市和偃师市的空间城镇化发展指数也高于0.3。空间城镇化发展指数较低的是汝州市和辉县市，分别为0.0811和0.0775，其余县级市空间城镇化发展指数均处于0.1～0.3。

6. 城镇化质量综合指数

从2012年河南省城镇化质量综合指数情况看，18个省辖市中郑州的城镇化质量总体水平最高，综合指数为0.6768，其次是济源，综合指数为0.5458，但是济源和郑州的差距较为明显，综合指数差值为0.131。城镇化质量综合指数低于0.3的城市分别为驻马店、周口、商丘和南阳，最低的南阳综合指数仅为0.2513，相当于郑州的37.1%。此外，信阳、开封两个城市的城镇化综合指数处于0.3～0.35，洛阳、焦作、新乡、平顶山、鹤壁等综合指数为0.35～0.5的城市主要位于京广铁路以西、陇海铁路以北的城镇密集区。从20个县级市城镇化质量综合指数情况看，最高的义马市为0.7193，排名第二的巩义市的综合指数低于义马市0.2118，相比较而言，义马市城镇化质量远远高于其他19个县级市。县级市城镇化质量综合指数低于0.3的城市分别为项城市和邓州市，与其他城市相比，差距也较为明显。与上述省辖市结果相似的是，城镇化质量相对较低的县级市主要也处于黄淮地区和豫西南地区。

（三）城镇化发展存在的问题

1. 城镇化总体质量不高

从河南省辖市和20个县级市的城镇化质量综合指数看，河南城镇化发展质量呈现出总体水平不高的特征，大多数城市的综合指数低于0.5，并且部分城市仅处于0.2~0.3。这一点和河南的城镇化历史进程相吻合。从历史发展看，新中国成立至改革开放前，河南城镇化进程和城市建设，受政治、经济、社会制度等多重因素影响，经历了一个曲折的发展过程，1949~1977年近30年间城镇化水平仅提高了7.2个百分点。改革开放后，河南城镇化发展才真正步入持续稳定的发展阶段，城镇化进程不断加快，到2012年，全省城镇化率达到42.4%，但是仍然低于全国平均水平10.2个百分点。同时，河南城镇化发展质量与经济发展水平不匹配，明显落后于工业化。

2. 区域发展不平衡

从各城市城镇化单项发展指数和质量综合指数看，郑州、济源、焦作、洛阳、三门峡、新乡等省辖市以及义马、巩义、新郑、荥阳、偃师等县级市的指数都相对较高，而南阳、周口、商丘、驻马店等省辖市和邓州、项城等县级市的发展水平相对偏低。这突出反映出河南城镇化发展中的区域发展不平衡、不协调问题。结合城镇化率分析，河南各城市工业化程度不同，综合发展基础不同，城镇化水平也有很大差异。2012年，郑州城镇化水平最高，达到了66.3%，南阳、商丘、信阳、周口、驻马店等黄淮地区的城市，人口基数大，城市发展缓慢，城镇化水平较低。总体上，以陇海铁路和京广铁路为地域分界线，河南38个城市的城镇化发展水平在空间上呈现出"东低西高""南低北高"失衡的格局。

3. 人口城镇化水平较低

人口城镇化水平低是影响河南城市城镇化发展质量提高的一个突出问题。从人口城镇化的发展指数看，除郑州和义马外，其余城市的人口城镇化发展指数均低于0.5，其中卫辉、邓州等县级市甚至低于0.1。人口城镇化发展指数和经济城镇化发展指数相比，经济城镇化发展质量较高，特别是对于县级市，人口城镇化与经济城镇化之间的差距较为明显，这反映出河南城镇化的发展与就业结构转换之间的不协调问题。寻其根源，在于河南仍然保持的是投资拉动型主导的发展方式，一方面服务业发展相对滞后，另一方面由于产业中重化工业比重较大，资本密集型产业比重较大，出现了资本替代劳动的趋势，导致"高增长、低就业"，就业弹性逐年下降，非农产业就业比例和城乡就业结构不优，人口城镇化发展水平也相对较低。

4. 城市空间利用不充分

从河南38个城市的空间城镇化发展指数看，除巩义市超过0.5之外，其余城市均低于0.5，信阳、南阳、汝州、辉县等城市的空间城镇化发展指数低于0.1。这集中反映出河南城市发展存在的四个问题：一是市区人口密度较小，土地城镇化快于人口城镇化；二是市区经济密度较小，单位建成区面积创造的生产总值较低，土地集约节约利用程度不高；三是人均道路面积较小，公共交通设施发展缓慢；四是城市空间结构不优，基础设施建设、资源有效开发和利用、生态环境保护和建设的空间布局有待于进一步完善。

5. 城市社会事业发展相对滞后

从河南38个城市的社会城镇化发展指数看，只有郑州、济源两个省辖市和义马市一个县级市的社会城镇化发展指数高于0.5，其余城市都较低。结合城市社会城镇化质量评价指标可以看出，社会城镇化发展指数较低，充分说明了河南城市在发展过程中重经济轻社会，重硬件轻服务，导致公共财政支出力度不够，社会保障体系不完善，基础设施和公共服务设施建设滞后，公益服务供给总量不足。

六　提高河南城镇化发展质量的对策建议

通过构建指标体系对河南城市城镇化发展的总体水平进行评价，发现河南城市城镇化过程中经济发展、社会进步、空间利用、区域布局等方面存在问题。要促进河南新型城镇化健康可持续发展，需要在以下五方面予以完善和提高。

（一）优化城镇化形态，促进城镇体系完善

根据资源环境承载能力、产业发展潜力和人口增减趋势，坚持实施中心城市带动战略，以综合交通运输网络和信息网络为依托，以中原城市群为主体形态，坚持核心带动、轴带发展、节点提升、对接周边的原则，把中小城市发展放在优先位置，着力提升中心城市发展水平，促进生产要素向城镇轴带和交通

节点城市集聚，以线促点、以点带面，整合优化城市体系空间结构，形成以郑州为中心、洛阳为副中心、地区性中心城市为支点、县级市为节点的网络化空间发展格局。其中，以郑州、洛阳为中心，包括焦作、新乡、许昌等城市组成的城镇化质量综合发展指数较高的地区，以增加中心城市的辐射带动能力为重点，促进区域网络化发展。豫东、豫南、豫西南地区城镇化质量综合发展指数相对较低，要强化城市职能，将城市培育成为区域增长核心，推动有条件的区域形成若干增长轴，带动区域整体发展和城镇化进程。

（二）完善基础设施和公共服务设施，提升城市综合承载能力

社会城镇化和人口城镇化发展指数不高，要求优化城市在发展过程中，着力从交通、能源、生态、环保等方面完善基础设施和公共服务设施。以城市道路、立交桥、地下通道等城市交通设施建设为重点，加快城市道路网结构调整优化；以"气化河南"为建设目标，全面提升城市燃气规划、建设、运营以及管理、技术和服务水平；以治理城市内涝为重点，加快地下管网、排水沟渠、排涝泵站、排水管网雨污分流改造等设施建设，完善城市排涝、排水体系；以城市污水治理为重点，推进污水垃圾处理设施扩容和提升改造，推动中水回用和污泥无害化处置工程建设；以创建"园林城市"和争创"中国人居环境奖"为载体，不断完善城市绿地系统布局和功能，积极推进城市生态园林设施建设，创建园林绿化精品。以常住人口为依据，统筹安排基本公共服务设施布局和财力保障，协调一致地提高保障标准和服务水平，确保在同一城市常住人口无差别享有城镇基本公共服务。

（三）推动城市产业结构调整，促进城市就业结构优化

就业是影响人口城镇化发展水平的重要因素。提高河南城镇化总体水平，要把促进就业放在更加突出的位置，把产业结构调整与扩大就业容量有机结合起来，稳定城镇居民就业，增加转移农民就业岗位，促进农民工有序市民化。城市发展要创新融资开发、商业运作模式，着力加快城市综合体建设和楼宇经济发展，强化特色商业街培育和现代专业市场建设，培育一批产业高集聚、产出高效益、功能高复合、空间高密度、就业高容量的服务业集

群，增强城区经济实力和就业吸纳能力。中心城市推动壮大传统和优势产业，同时吸引配套企业加盟，拓展上下游产业，创造更多适合农民工就业的岗位。中小城市加快承接产业转移步伐，重点发展农产品加工、制造业等吸纳就业能力强的劳动密集型产业。针对生活性服务业就业门槛低、再就业周期短，且属于劳动密集型行业等特点，设立专项扶持基金，运用贷款贴息、经费补助、资金奖励等方式，大力扶持旅游、商贸、餐饮、文化、家庭服务、社区服务、养老服务等生活性服务业，努力扩大就业容量。培育和发展社区服务实体，以政府购买等方式重点开发保洁、保绿、保养等技术含量相对较低的服务性岗位。

（四）集约节约利用土地，建设紧凑型城镇

空间城镇化发展指数不高，要求河南城市在发展过程中，更加重视资源集约节约利用和空间结构优化问题，加快转变城镇发展方式，坚持管住总量、控制增量、盘活存量，合理确定城乡建设和用地规模，合理布局城市功能要素，建设功能完善、规模适度和结构合理的紧凑型城镇。从严控制城镇新增建设用地规模，进一步完善各类工程项目建设用地标准，合理确定建设项目供地数量，坚决制止城市建设"摊大饼"式的无序扩张。优化城市用地布局与结构，逐步调整城市内部用地结构，增加居住用地和绿地比重，提高基础设施水平，建造适宜的人居环境。提升产业发展集约用地水平，推广应用先进节地技术，提高单位土地面积平均投资强度。

（五）加快扩容提质工程，提高中小城市发展活力

中小城市城镇化质量综合指数与大城市相比，差距较为明显。河南推进城镇化，要以中小城市为重点，实施提质扩容示范工程，提高城市规划建设标准。中小城市要加快新城区连片开发，重点完善行政办公、商务商贸、居住休闲等功能，拓展发展空间；深入开展老城区环境综合整治，大力实施净化、美化工程，改善中心城区发展环境；加强县城水系、周边湿地生态系统、绿地生态系统建设，提升生态宜居功能。建设一批高品质的城市公共空间和城市建筑，有序推进旧城区和城乡结合部综合整治改造，改善人居环境。以增加就

业、住房和公共服务为重点，依托产业集聚区和商务中心区，培育各具特色的支柱产业，主动承接中心城市产业辐射，吸纳农村人口转移。

七 结语

从人口城镇化、经济城镇化、社会城镇化、环境城镇化和空间城镇化五个维度构建河南城镇化质量评价体系，在一定程度上反映出河南城镇化的总体质量和存在的问题，同时提出了推进河南城镇化健康可持续发展的对策建议，也为具体城市分析自身城镇化发展水平、制定提升城镇化发展质量的政策提供启示和参考。但是，在研究过程中为保持数据一致性，尽量采用统计年鉴数据，舍弃了部分更具说服力的指标，且对济源、义马等城市特殊性的处理考虑不够充分，课题组将进一步研究完善。

参考文献

王慧：《区域城市化发展水平的综合分析——以陕西省为例》，《地理学与国土研究》1997年第4期。

叶裕民：《中国城市化质量研究》，《中国软科学》2001年第7期。

白先春：《我国城市化进程的计量分析与实证研究》，河海大学博士论文，2004。

国家城调总队福建省城调队课题组：《建立中国城市化质量评价体系及应用研究》，《统计研究》2005年第7期。

方创琳、王德利：《中国城市化发展质量的综合测度与提升路径》，《地理研究》2011年第11期。

牛文元：《中国新型城市化报告2011》，科学出版社，2011。

欧向军、甄峰、叶磊、杨恒、顾秋芸：《江苏省城市化质量的区域差异时空分析》，《人文地理》2012年第5期。

中国社会科学院：《城镇化质量评估与提升路径研究》，创新工程项目组《中国城镇化质量综合评价报告》，2013。

农业转移人口市民化篇

Conduct Registration of Rural Migrant Workers As
Permanent Urban Residents in an Orderly Way

B.3
实现农业人口有序转移的条件分析

王建国*

摘　要：

科学推进新型城镇化，着力提高城镇化质量，要逐步推进农业转移人口市民化，这就要求实现农业人口的有序转移。为此，要着力从城镇基础承载、产业就业承载、人口素质结构、思想观念意识、公共产品供给、法律法规制度等方面创造条件。

关键词：

新型城镇化　人口有序转移　条件

在科学推进新型城镇化的进程中，实现人口由农村向城市的有序转移受到当前的经济社会发展水平的制约。要实现在新型城镇化进程中农业人口的有序

---

* 王建国，河南省社会科学院城市发展研究所所长、研究员。

转移，客观上要求创造具备布局合理、功能完善的城镇体系，结构优化、质量较高的产业体系，均等化的城乡公共产品供给体系，高素质多技能的人口占一定比重，与时俱进的社会观念和意识，科学健全的制度和政策体系等方面的条件。

一 功能完善、承载力强的合理城镇体系

按照规模适度、合理布局、特色鲜明和功能互补的原则，着力构建和完善包括省域中心城市、区域中心城市、中小城市、小城镇和新型农村社区在内的五级城镇体系，是实现新型城镇化进程中人口有序转移的重要条件。

增强省域中心城市郑州的引领作用，进一步提升服务功能，引导高端要素加速聚集，着力增强辐射带动能力，强化中心城区与巩义、新郑、新密、荥阳、登封等周边县城的密切联系，推进组团式发展。巩固提升洛阳作为中原城市群副中心城市的地位；发挥安阳、南阳、商丘等地区性中心城市的门户作用；促进开封、新乡、焦作、平顶山向特大城市发展；提升许昌、漯河、驻马店、信阳、濮阳、周口、鹤壁、三门峡等地区性中心城市的综合承载能力；推动济源成为新兴的地区性中心城市。推动中小城市内涵式发展；采取多种措施，加大重点镇的基础设施和公共服务设施的投资力度。依托区域基础条件，加大招商引资力度，提升小城镇服务功能和产业支撑能力，使小城镇发展成为面向周边农村的生产生活服务中心。最终形成大中小城市、城镇协调发展，互促共进的发展格局，有利于优化城市发展形态，促进人口转移。

通过推进城市间市场体系、通信信息、高速公路和城际快速铁路建设，重点产业建设等方面的合作，依托城际通道，形成合理的城镇体系布局，从职能结构、规模结构、空间分布、相互联系密切程度等方面促进人口和产业合理分布。

坚持大中小城市和小城镇协调发展，优化城镇体系空间布局和规模结构、完善城乡体系功能定位和城市支撑体系，促进不同城镇形成梯次，是引导人口合理转移，吸纳流动人口的有效措施。目前，河南农业转移人口不均衡的突出表现在：大量农业转移人口主要集中在郑州、洛阳等少数几个城市，大量的城

镇不具备承载农业转移人口的能力。这样就导致农业转移人口的不均衡分布，直接导致郑州出现道路拥堵、空气污染等典型的"城市病"。未来要结合"一小时经济圈"的发展态势，在都市区基础上，促进省辖市发展壮大，在全省相对均衡地形成多个具有一定集聚辐射功能的区域中心城市，同时加快县改市步伐，尤其是广大的东南部地区，要促进有条件的县尽快改市，挑选一批具有资源条件的小城镇，促进其朝着具有旅游、商贸、工业、设施农业特色的方向发展，使城镇规模层次性分布，实现城市之间的资源分配和功能互补，实现差异化发展。

构建功能完善、承载力强的合理城镇体系，不能把广大的农村置之度外，相反必须统筹考虑农村的发展。这就要求充分发挥城乡规划的功能作用，按照党的十八大以及十八届三中全会的精神，建立新型的城乡关系，实现城乡融合发展。一方面通过以城带乡、以工促农促进农村经济发展和社会进步，确保城乡各自都有相对独立的空间，同时通过城乡一体、工农互惠为城市的提升和拓展提供发展空间；另一方面要深化体制改革，实现城乡户籍制度、土地制度、财税制度等的创新和突破，形成产业、人口、资本等要素在城乡之间自由流动的机制，促进城乡共同繁荣。

二 结构优化、链条完整的高层次产业体系

结构优化、质量较高的产业体系，是产业结构与就业结构协同发展的保障。要在中原经济区新型城镇化进程中实现人口有序转移，产业发展是关键。没有相应的产业体系作为支撑，新型城镇化进程中实现人口有序转移就难以实现。因此，必须形成结构优化、链条完整的高层次产业体系。

一方面，要实现第一、第二、第三产业协调发展。河南是农业大省，农业生产方式还比较落后，农业的科技含量相对较低，机械化水平也不高；再加上土地流转慢，一家一户生产规模小，专业化、产业化与市场化程度都较低，导致第一产业聚集大量富余劳动力以及农村居民人均纯收入比全国平均水平低。河南省第二产业以能源原材料为主，重化工业特征突出，是典型的资本密集型产业，对劳动力的吸纳能力较低。第三产业是吸纳劳动力最强的产业，但河南

的第三产业以传统服务业为主，生产性服务业发展滞后，服务业增加值占GDP的比重多年来一直位居全国31个省、市、自治区倒数第一，在相当程度上抑制了劳动力向非农产业的转移。"一二三"产业的就业特征十分明显，与国际上发达国家或者先发展地区"三二一"产业的标准就业格局还有很大的差距。要发展优质、特色、绿色、高效的现代农业，加快释放农村富余劳动力；要走工业化与信息化深度融合的新型工业化道路；要积极发展现代服务业；通过产业间的互动耦合，最终实现三次产业协调发展。

另一方面，要实现知识密集型产业、资本密集型产业和劳动密集型产业协调发展。根据生产要素在各个生产部门集中的程度，可以将社会生产及其产品划分为"劳动密集型""资本密集型"和"知识密集型"的产业（或部门）和产品。劳动密集型产业是指要用较多的劳动力，消耗较多活劳动的行业、部门或企业，它们生产的产品的成本中，活劳动所占的比重较大；资本密集型产业是指需要较多资本投资的行业、部门或企业；知识密集型产业，又称技术密集型产业，指在生产过程中，对技术和智力要素依赖大大超过对其他生产要素依赖的产业。随着当代科学技术的进步，知识密集型产业在迅速发展。在目前的河南省新型城镇化推进过程中，既要发展物联网、云计算、高端软件、新兴信息服务、智能终端设计、高级医疗器械等知识密集型产业，也要发展重型机械工业、石油化学工业等资本密集型产业，更不能忽视旅游、餐饮服务业，建筑业和纺织业等劳动密集型产业。要发挥市场机制的资源配置作用，实现这三类产业的协同发展，夯实城镇化进程中人口有序转移的产业基础。

此外，在完善传统产业链，提升产品所处的价值链层次的同时，大力发展创意产业。在传统工业化发展进程中，河南省落后于先发地区，在创意经济的浪潮中必须后来者居上，通过发展创意产业为转移人口提供更多的就业岗位。

三 统筹城乡、城乡一体的均等化公共产品供给体系

均等化的城乡公共产品供给体系是保障新型城镇化进程中人口有序转移的社会安全网。构建均等化的城乡公共产品供给体系，能够使全省范围内的任何人在任何地方、任何时候都享有平等的公民基本权利，都能以承担得起

的价格享受基本的同质公共服务,共享经济社会现代化的发展成果。应该说,均等化的城乡公共产品供给体系的构建为社会的全面进步提供了安全底线,为社会的和谐发展提供了良好平台,是新型城镇化进程中转移人口的社会身份顺利转型的重要保障。而要实现均等化的城乡公共产品供给,需要政府由监督控制型政府向激励服务型政府彻底转变。同时,也需要企业承担相应的社会责任,使得公共服务迅速社会化,从而把改革开放事业向纵深推进。只有这样,才能保障河南省社会的平稳过渡与和谐转型,促使河南省从一个落后的农业大省跃升为一个现代化的产业强省,顺利实现从农村社会向城市社会转型。

均等化的城乡公共产品供给体系,是公平和正义的具体体现,是经济社会进一步发展的基础和动力。均等化的城乡公共产品供给体系将为人们的发展提供平等的权利和机会,保障每个社会成员的生存和发展。在均等化的城乡公共产品供给体系保障下,转移人口才可能通过诚实劳动,得到自己应得的东西,满足自己的合理期望,从而充分调动自身的积极性,融入城镇化的发展进程中,各司其职,各尽所能,各得其所,共同推动中原经济区的持续发展。

河南省最基本的省情是农村人口占总人口的多数,而且改革开放以来,农村发展水平远远落后于城市发展水平。均等化的城乡公共产品供给体系作为公平和正义的有效载体,其构建和完善,免除了城镇化进程中转移人口的后顾之忧,有利于加快农民市民化的进程,有利于促进农村经济发展和农业现代化建设,有利于把城市先进文明向农村传播,提高农民的素质;有利于城市的长久繁荣,最终实现城乡融合发展。

目前,各级政府加大了基本公共服务方面的财政支出,城乡基本公共服务均等化取得了较大进展。但由于历史原因,我国城乡之间、地区之间基本公共服务供给不平衡,农村基本公共服务资源短缺、基本公共服务保障措施不落实等问题依然严重。当前,应认真贯彻落实党的十八届三中全会精神,按照城乡一体化的发展思路,着力形成以工促农、以城带乡、工农互惠、城乡一体的新型工农城乡关系,建立全社会多元化的服务机制,调动政府、社会和基本公共服务部门的积极性,加快推进基本公共服务均等化。

四 合理的素质较高、技能全面的人口比重结构

新型城镇化进程中,能否实现人口有序转移在很大程度上取决于转移人口自身的就业能力。高素质多技能的人口比重越高,越有利于人口的有序转移。世界经济发展史表明,一个国家或者地区在经济起飞时期,人口的理论素质和职业技能素质是异常重要的,中等和高等职业教育作为人力资源开发的重点,需要得到高度的重视。随着经济全球化的日益深化,国际经济合作不断加强,任何一个国家和地区要获得发展,都必须用现代高新技术和先进装备武装国民经济发展,这就要求劳动者具备较高的素质,劳动者必须不断学习和迅速掌握新技术,否则是难以适应经济发展的需要和形势的。河南省只有大力发展职业教育和培训,才能充分发挥人力资本优势,才能源源不断地为经济持续健康发展提供高素质的劳动者,实现劳动力的充分就业,最终达到在新型城镇化进程中实现人口有序转移的战略目标。

对河南这一人口大省而言,关键是如何把人口大省的劣势转化为人力资源大省的优势,这就要求:首先大幅度地提升农业转移人口的基本素质和技能素质。河南省农村存在大量富余劳动力,但他们技能单一、缺乏新技术、新技能,制约着他们向城市第二、第三产业的有效转移。在转移的人口中,初中文化的劳动力是转移人口的主流,高中及以上文化的比例较低。这些转移人口一般只接受过短期职业培训,少部分接受过初级职业技术培训或教育,接受过中等职业技术教育的比例不高。这些转移人口很难进入科技型企业,基本上只能从事高风险、重体力、低报酬行业,这也是他们就业能力不高、收入低的主要原因。大力推动职业教育,提升劳动者素质,培养一专多能的劳动者对推动城镇化进程中的产业结构优化升级也有积极作用。长期以来,河南产业结构较重,工业以能源原材料为主,产业结构转换较慢,要推进产业结构的优化升级,就必须针对河南省劳动力素质总体偏低的现状,需要大力推动职业教育,提升劳动者素质。

河南省要整合培训资源,加大人力资本投资,充分利用人口红利。要建立一批实训中心,整合利用好省内的培训机构、职业技校和高等院校的师资等资

源来提升转移人口的素质和就业能力,增强他们的市场竞争力。人力资本投资是实现农民向城镇、产业转移,成为市民和产业工人,并最终推动产业结构优化升级的根本保障。从河南省的具体情况出发,应将重点放在促进高等教育和职业教育培训上,同时注重基础教育,培养未来发展所需的人才,尽快将河南人口劣势转化为人力资本优势。提高人口素质,加强人力资本投资,强化人力资本的积累,可解决河南省城镇化发展过程中长期存在的人口素质整体偏低的问题。

五 紧跟时代、与时俱进的新型社会观念和意识

新型城镇化进程中的人口转移的实质就是农民市民化的过程,是传统农民实现生产生方式转变,由传统农耕文明走向现代城市文明的过程,这一过程也是实现社会历史进步和现代化目标的必然过程。没有新型社会观念和意识,就难以跟上时代发展和社会进步的步伐。

人的行动以及人类的实践活动,都是由思想支配的,有什么样的思想才有什么样的行动;紧跟时代、与时俱进的新型社会观念和意识,是当今社会对人的必然要求,推进新型城镇化,也必然要求农业转移人口具备先进的理念和开放的意识。如果老是抱着传统的乡土观念和世俗意识,是万万不可的。因此,转移农民是否已经具备现代化的市民意识,不仅关系着他们能否顺利融入城市社会,参与当代城市化的建设之中,而且是促进地区经济快速、持续和健康发展,顺利实现城市化和现代化的必由之路,是确保社会稳定和地区长治久安的重要保证。

新型城镇化进程中的农业转移人口离开赖以生存的土地进入城镇从事非农业生产,是一种生产方式的根本改变。面对全新的工作环境和就业方式,农业转弱人口要积极调整心态去适应,同时要加强学习,在工作中不断接受各种现代生活和工作新观念的熏陶;面对城市社会的各种竞争压力,要抛弃传统的、保守封闭的、安土重迁的小农思想观念,增强主体意识、独立意识、风险意识、机遇意识和竞争意识,并且逐渐形成开放、竞争、合作、共享的心态。要树立育市场观念,形成优胜劣汰、适者生存的价值观念。在全新的工作岗位

上，尽快形成不同于农业生产的时间观念、工作理念、组织意识和消费意识。在工作与生活中，要具备更加开阔的视野，看问题、思考问题及处理问题要更加全面和理性化，在思想价值观念上逐步向城市市民转换。

要适应社会发展进步的要求，提升法律意识，构建新型社会关系。要改变法律意识淡薄的行为，与法制社会相融合，提升法律意识、契约意识和维权意识，积极寻求征地补偿、劳动就业、社会保险、子女教育等诸多方面的合法权益保障。自觉加深了解与自身生活联系紧密的《婚姻法》《计划生育条例》《土地法》《环保法》《合同法》《继承法》等法律、法规知识，要关注新法律的制定过程和出台生效时间，提高合理运用法律的意识和能力，增强遵守法律的自觉性。要逐步淡化以"血缘""地缘"为基础的具有浓厚小农烙印的社会关系，培育基于职业利益、行业利益，体现现代性契约精神、代表现代市场经济价值观的新型社会关系。

新型城镇化进程中有能力有条件的转移人口要增强其创业意识。21世纪是市场经济高度发达的创新创业的世纪，作为推动新型城镇化进程的一员，要积极主动地适应时代潮流和要求，努力摒弃知足常乐、甘于现状、求稳忌变、不图进取的惰性心理和软弱人格，与时俱进地培养勇于冒险、宽容失败、崇尚探索、乐于接受新事物与新经验、敢为天下先的创业精神。

六 科学合理、完备健全的创新型制度和政策体系

新型城镇化进程中人口有序转移的实践效果在根本上取决于相关制度和政策体系的科学性与健全程度。制度是人为设定的约束人们行为的一系列公共规则。城镇化的加速推进，人口加速向城市转移，不仅是经济社会发展或技术变革的结果，更是制度变革和政策创新的结果。

制度和政策是各种因素赖以合理组合与优化配置，有效发挥功能的基本机制。制度和政策是一个国家或者地区发展的重要基础和条件，国家或者地区之间发展上的巨大差距不仅仅是经济发展水平上的差异，从本质上来看，更是制度安排、制度结构、政策环境、制度走向和政策利用效率的差距。在新型城镇化加速人口有序转移的进程中，有效的制度安排和政策支撑为人们提供了一套

激励和约束机制，影响和制约人口对转移目的地的选择，从而最终决定新型城镇化的发展绩效。有效的制度安排和政策支撑不仅可以提高新型城镇化的发展效率，而且可以保证人口转移的有序性，确保经济健康运行，减少经济波动造成的损害，确保社会和谐稳定。

党的十八届三中全会和刚刚闭幕的中央经济工作会议、全国城镇化工作会议，都明确提出坚持走中国特色新型城镇化道路，推进以人为核心的城镇化，着力提高城镇化质量，要把有序推进农业转移人口市民化作为重要任务抓实抓好。其核心是逐步把符合条件的农业转移人口转化为城镇居民。只有这样，城镇化作为扩大内需的最大潜力才能充分挖掘出来，作为经济发展的最大红利才能凸显出来，作为经济增长的最强引擎才能发挥出来，作为新的经济增长点才能成长起来，否则这一切都无从谈起。

推进相关制度的创新，强化相关政策的集成，是目前加速推进新型城镇化和经济发展方式转型的必然要求。虽然这些年包括户籍制度、社会保障制度等在内的与人口转移相关的制度变革取得了巨大的进展，但从全局来看，推进的速度、力度、深度和协调度不尽如人意，许多方面的改革至今仍处于僵滞状态。尤其是由于在既得利益集团的阻挠和干扰下，制度和政策创新缺乏突破力，许多关系富民强省的深层问题没有取得实质性的突破，甚至有的地方出现了体制性复归现象。如何创新和完善一个更符合现代市场经济规律要求的、科学健全的人口转移制度和政策体系需要不断的探索和创新。

要加快户籍制度改革，创新人口管理，解除户籍制度对农民进城的约束和限制，按照党的十届三中全会"全面放开建制镇和小城市落户限制，有序放开中等城市落户限制，合理确定大城市落户条件，严格控制特大城市人口规模"的要求，逐步推动公民的自由迁徙，全方位提高城镇化水平。要完善农村社会保障制度，逐渐向城镇社会保障制度过渡，同时扩大城镇社会保障体系覆盖范围，逐步实现全民覆盖。深化教育体制改革，合理配置教育资源，取消重点学校和重点班，建立城乡统一的就业制度和教育体系，使城乡居民享受同等的就业待遇和教育。把股份制引入农村土地制度建设，积极发展农民股份合作，赋予农民对集体资产股份占有、收益、有偿退出及抵押、担保、继承权。通过土地承包权入股，把土地的使用权和收益权分离，使土地资源在整体上进行规模利用,再通过向农民配置股权把土地承包权转换为收益权,以价值形态的方式把农民对土地的承包权长期确定下来,使土地得以顺利流转,劳动力得以顺利转移。总之,应从户籍制度、就业制度、社会保障制度、教育制度、土地制度等方面入手,顶层设计产业、土地、金融、财政、科技、人才和外贸等经济政策,系统集成人口管理、教育培训、社会保障、扩大就业、收入分配、医疗卫生、精神文明建设等社会政策,着力城乡二元结构是制约城乡发展一体化的主要障碍。必须健全体制机制,着力形成以工促农、以城带乡、工农互惠、城乡一体的新型工农城乡关系,逐渐健全城乡一体化的制度体系和政策体系,赋予农民更多的财产权利,拓宽农民收入渠道,让农民具备进城成为市民的能力;同时大幅度降低转移人口的发展成本,从而推动城乡人口的自由流动,让广大农民平等参与现代化进程、共同分享现代化成果,实现共同富裕。

参考文献

邬旭东:《美国行政审批制度改革对我国的启示》,《安徽广播电视大学学报》2008年第1期。

张锐昕:《中国地方政府行政审批制度改革模式的探索及其应然走向——基于吉林省相对集中审批模式的分析》,《内蒙古社会科学》(汉文版)2012年第2期。

刘琼莲:《社会满意度视域中行政审批制度改革与廉政建设的相关性分析——以天津行政审批制度改革为例》,《南京师范大学学报》(社会科学版)2012年第6期。

李林:《深化行政审批制度改革,推进法治政府建设——以海南省行政审批制度改革为视角》,《法学杂志》2012年第11期。

艾琳等:《由集中审批到集成审批——行政审批制度改革的路径选择与政府服务中心的发展趋势》,《中国行政管理》2013年第4期。

B.4
农业转移人口市民化的影响因素分析

王沛栋*

摘　要：

有序推进农业转移人口市民化是城镇化进程中需要着力解决的一个问题，也是建设高质量城镇化的内在要求。近年来，虽然河南农业转移人口市民化取得了较大的进展，且阻力也在逐步减弱，但仍存在许多难点和障碍，影响了城镇化的进程与质量。如何有序、有效地促进农业转移人口市民化，建设高质量的城镇化，是贯彻落实党的十八大精神的具体体现，也是河南统筹城乡、"三化"协调发展中一个亟须研究和解决的重要问题。

关键词：

农业转移人口　市民化　因素

在城镇化、工业化的发展推动下，大量农业转移人口从农业转向工业、从农村转向城市，并最终留在城市成为市民，这是世界上许多国家都经历过的发展过程。农业转移人口市民化代表了我国经济社会发展的方向和趋势，对促进经济发展和实现共同富裕具有深远的影响。随着河南工业化和城镇化的加快推进，农业转移人口市民化问题也引起了河南社会各界的广泛关注，农业转移人口市民化进程缓慢已经成为制约城镇化发展的最大难题。如何消除农业转移人口市民化的障碍、促使农民真正成为城镇居民，关系城镇化发展的质量和水平，也关系全面建成小康社会的进程。所以，要有序、有效地推进农业转移人口市民化，让农业转移人口真正融入城市，把城镇化引入到良性发展的轨道上来。

---

* 王沛栋，河南省社科联研究中心助理研究员。

农业转移人口市民化的影响因素分析

一 农业转移人口市民化内涵特征

从字面上来讲,"农业"是指第一产业,"转移"即地域的转化,由农村转移到城镇,"人口"即为户籍划分中的农业人口,"市民化"是指从农民变为城镇居民并获得相应身份和权利的过程。在西方国家,"市民"不仅是指在城里居住的人,而且特指具有市民权的人。从内涵来分析,农业转移人口市民化是指农业劳动力在城乡之间的空间转移以及从农业向非农产业的生产转移,是农村人口向城市转移并逐渐演变为市民的一个过程和状态,也是农业人口占多数的传统农业社会向非农业人口占多数的现代文明社会转变的发展过程。

一般来说,出现农业转移人口主要有两种情况:一种是户籍没有从农村迁移出去,但人已经从农村迁移到城镇工作生活或人在农村与城镇之间流动;另外一种是户籍已迁移到城镇,而且人也在城镇工作生活,并成为城镇居民的一部分。需要指出的是,与"农业转移人口"相关的一个概念是"农民工","农民工"是我国特有的称呼,带有一定的歧视色彩,为了弱化歧视的色彩,更多情况下采取中性的说法,不过,二者在某种意义上说是一致的。

二 农业转移人口市民化具有重要意义

党的十八大把加快推进农业转移人口市民化作为建设以人为核心的新型城镇化的一项重要任务。随后,在中央有关文件以及国家部分领导讲话中多次提及"农业转移人口市民化"。农业转移人口市民化成为建设高质量城镇化的一项重要任务。就河南来说,现有人口1.054亿,其中农业人口8100万,占比为76.9%,而目前转移出的农村人口共有2600多万人,其中转移到省外1100万人,省内城镇常住非户籍人口为1500多万人,庞大的农业人口基数和较低的城镇化率严重制约了河南经济社会发展。因此,科学有效推进农业人口市民化具有重要的现实意义。

（一）农业转移人口市民化是推进新型城镇化的内在要求

从某种意义上说，城镇化的过程，就是通过改变农业人口的户籍和生存状态，把农业人口转化、转变为城镇人口。农业转移人口市民化对推进新型城镇化显得尤为重要。一方面，农业转移人口进城就业生活是提高城镇化水平的主要推力，据统计，农业转移人口增长对城镇化率提高的贡献超过50%；另一方面，从目前城镇化发展现状来看，土地城镇化速度比人口城镇化速度快，户籍人口城镇化速度比常住人口城镇化速度慢，这就造成大批农村劳动力异地转移到了城镇，但他们在城市中并没有享受完全的社会公共服务，收入也相对较低，不能真正转化成城镇居民，农业转移人口市民化滞后成为制约城镇化发展的最大障碍。因此，当前和今后相当长一段时期，应当把农业转移人口市民化作为提高城镇化质量的一项内在要求和重点任务。

（二）农业转移人口市民化是实现农业现代化的重要途径

河南农村人多地少，存在大量剩余劳动力，实现农业转移人口市民化一方面可以大幅度减少直接从事农业的劳动力数量，大幅度增加农业劳动力人均土地和其他自然资源的占有量，促进集约化经营，提高劳动生产率，缓解人地关系的矛盾；另一方面可以使腾出来的土地实现适度规模集中，有利于节约和集约利用土地资源，实现土地资源优化配置，促进土地资源优势转化为农业经济效益优势，提升农业竞争力。农业人口转移之后，土地集中在少数人手里，未向城镇转移的农业人口通过发展农产品加工业，壮大龙头企业，能够推进农业产业化经营，延长农业的产业链条，进而促进农业结构的优化升级，推动农业的产业化、规模化、开放化和市场化。

（三）农业转移人口市民化是建设新型工业化的强大动力

农业转移人口的市民化是全面深化改革、推动经济转型升级所必须面对的问题，直接关系拉动内需的实现以及改革红利的释放，还能够缓解建设用地紧张的瓶颈约束。目前，河南有大量生活在城镇但没有城镇户口的农民工。推进农业转移人口市民化，一方面能够拉大城市框架，释放巨大的消费和投资需求；另一方面有助于稳定产业工人队伍，积极承接产业转移，推动产业结构调整和优化升级，极大地促进工业化发展。此外，农业转移人口进城之后，自身素质与劳动技能有较大提高，能够为工业化大生产提高人力资源保障；薪酬水平提高，购买力增强，可以刺激消费需求，进而促进工业化生产。

三 农业转移人口市民化存在的障碍

当前，农业人口转变为农业转移人口的过程已经比较顺畅，农民进城障碍也已基本不存在，但相当一部分转移人口进城之后仍游离于城市体制之外，真正转变为城市居民的过程仍然存在许多障碍，这些障碍可以分为制度性和非制度性两种。制度性障碍主要包括制度、政策等，非制度性障碍主要包括农业转移人口自我发展能力、社会环境、经济发展水平等。

（一）受户籍管理制度限制

长期以来，户籍制度把城市和乡村天然地划分成两个相互隔离的世界，也随之把人口分成城市人口和农村人口，这为农业转移人口设置了一道无法逾越的屏障，限制和束缚了已经具备城镇户口和有条件转为城镇户口的农民向城镇转移，是阻碍农业转移人口市民化的主要因素。户籍制度背后隐含着大量的相关配套制度及其利益分配机制，最具代表性的是在二元户籍制度基础上衍生的教育、医疗、就业以及社会保障等福利待遇，使得农业转移人口很难在城市享受到完整的公共服务。有些地方虽然实行了一元户籍管理，但仅仅是在户口簿上进行统一，涉及群众切身利益方面的问题，仍以农业、非农业户口加以区分，二元制性质并未真正改变。这些不均衡的利益分配机制，使得农业转移人口不能受到与城市居民同样的对待，致使他们的利益无法得到合理保护，也阻碍了基本公共服务向非城镇户籍人口覆盖。同时，随着工业化、城镇化的加快推进，附着在户籍上的各种利益格局发生调整，一些农村群体从集体资产中得到了较大的实惠，在特定区域非农业户口原有的优势正在逐渐淡化，也影响和阻碍了农民向城镇转移的意愿。

（二）土地管理制度障碍

农民只有拥有离开土地的选择权和处置土地的自主权，才能拥有市民化的基础。而目前，农村土地流转服务组织不健全，流动手续不规范，流动配套机制不健全，土地流转投资风险大、交易成本高以及财政扶持力度不够等外部因素，制约了土地流转与集中，不利于把农民从土地的依附中转移出来。至2012年底，河南农村土地流转面积2616万亩，占农民承包地面积的27%。同时，现行征地制度征地范围较广，补偿标准较低，使得土地补偿款难以弥补市民化成本。城镇建设用地增加与农村建设用地减少相挂钩的政策，没有与吸纳农业转移人口的数量结合起来，使得农业转移人口输入地与输出地之间人资源配置不均衡。此外，随着土地增值潜力的不断增长，农民对土地增值的预期不断提高，对土地的依赖程度不断增强，他们完全放弃土地转换成市民的机会成本也越来越高，有些农民更加愿意保留农村户籍来留住自己土地的使用权和收益权。因此，土地利益也成为农业转移人口市民化的障碍。

（三）农村产权制度改革滞后

农村产权制度改革滞后表现在农村集体产权不明，存量不清，交易平台缺乏，退出机制缺失、配套政策不健全等方面。这些因素一方面限制了农民对属于自己财产的有效处置权；另一方面也造成农民的合法权益得不到保障，无法从根本上解决农民市民化的成本问题，阻碍了农业转移人口市民化进程。比如，农民宅基地和承包地流转渠道不畅，难以转化为"资本"随农民进城，成为制约农业转移人口市民化的重要障碍。同时，对于不依靠土地为生、已在城镇稳定居住并有稳定职业的转移非农民或者农民工自愿退出承包地或宅基地，目前还没有具体的补偿措施和办法。在对郑州城中村居住的进城农民工对土地流转态度的调查中，71.79%的进城农民工不愿意有偿放弃家乡的承包土地与宅基地。究其原因，还是农村土地集体所有、权属不明，集体财产存量不清，农民还对此寄予希望。

（四）社会保障制度障碍

能否使进城农民充分和完整地享受到社会保障，成为农业转移人口市民化的关键因素。目前,农业转移人口参加社会保障率普遍较低,与之相对应的社保政策实施效果不佳。尤其是从事服务业且岗位流动性比较大的领域,农民工甚至无法享受最基本的职工保障。河南农民工参加城镇基本医疗保险和工伤保险人数仅占全国农民工参保总数的1.16%和2.17%。由于受到经济发展水平的制约,尤其是县城和中心镇,相对应的生活低保、养老保险、医疗保险等政策配套不全,农业转移人口不能享受到与城镇居民一样的社会保障,影响和阻碍了农业转移人口市民化的步伐。比如,新型农村养老保险与其他险种之间的转移接续存在政策上的障碍,导致用人单位和本人都缺乏参保的积极性,不利于农村劳动力向城镇转移流动。总体来看,很多地方都试图对影响农业转移人口的社会保障制度进行改革,但在推进改革的过程中,需要为隐藏在这些制度背后的社会福利等诸多因素支付高昂的社会成本,这就导致这种改革进展缓慢。

(五)城镇基本公共服务滞后障碍

农业转移人口无法享受到均等的公共服务,很难真正融入城市生活。由于省情、制度、财政实力等多方面的因素制约,河南在推动城镇基本公共服务向非户籍常住人口覆盖方面还面临一些困难和挑战,城镇基本公共服务全覆盖水平偏低,现有的公共服务不能够满足转移就业人员的需要,住房、医疗、子女教育等问题让农业转移人口无法在城市扎根。调查发现,农民虽然已在城镇就业,但只能分享城镇基础设施、公共交通、社会治安等非排他性公共服务,而不能享有与城镇户籍捆绑在一起的政府保障性住房、子女在公立学校就学等排他性公共服务。比如,多数地方关于住房保障制度实施的对象主要是有户籍的城镇居民,而将农村进城务工人员等住房困难群体基本排斥在外;教育资源短缺且分布不均衡,导致农民工子女"入学难",阻挡了农民工及其子女在城市生存、生活,也使得农民工被迫把农村作为生活的重心。

(六)城镇化发展水平制约

城镇是农业转移人口流动进程中的空间依托和有效载体。城镇化水平的高低直接影响着农业转移人口市民化的速度与规模,反过来,农业转移人口市民化的水平也是衡量城镇化质量的重要指标。河南城镇化进程缓慢，发展质量不高，且城市间集合效应尚未完全形成，造成现有城市对农业转移人口的承载能力与容纳能力不足。城镇化总体水平低、区域发展不平衡、中小城镇承载力弱、发展方式粗放、与工业化和农业现代化协调度低、综合配套改革推进缓慢，对农业转移人口市民化的引擎作用发挥不够。城镇体系结构不合理，区域性中心城市发展不足，城镇综合承载能力不强，小城镇聚集发展能力较低，这些导致吸纳农民进城入户能力明显不足，影响到农业转移人口市民化进程。

（七）产业支撑能力不强，持续吸纳就业能力不足

农业转移人口能否在城镇实现稳定就业，不仅关系他们自身的生活状况，而且关系农民市民化的程度。所以，强有力的产业支撑是影响农业转移人口市民化的重要因素。而受外部经济环境、产业结构调整升级等因素影响，河南产业发展面临着一些问题与困难。比如，传统优势产业竞争力受到双重挤压，降低了用工需求；部分高成长性产业增速放缓，对就业带动力明显不足；第三产业尤其是服务业结构不合理，整体层次依然偏低，发展相对滞后、总量不足，制约着吸纳就业的能力。中小城镇产业结构不合理，产业结构支撑能力不强，也不能为大量农业转移人口提供足够的就业机会和就业岗位。此外，农民工在城镇就业还存在一些制度性障碍，就业创业环境不优。

（八）进城农民自身收入、就业能力与素质制约

农业转移人口受教育程度和技能水平偏低成为制约其市民化进程的潜在因素。农民作为河南省社会阶层中的一个弱势群体，受文化、技能、年龄、资本等因素的限制，在城镇就业空间正变得越来越小，就业难度也变得越来越大，在城市就业竞争中处于相对劣势，其就业层次低、稳定性差，收入不高，常常处于流动与半失业状态，属于低收入群体。加之土地、宅基地等固定资产的弱流动性及其价值的不易变现性，导致农民加快转移并实现市民化的物质基础匮乏，与居住城镇后需要承担高昂生活费用之间的矛盾加剧，这就阻碍了农业转移人口在城市长期稳定地就业生活，影响了农业转移人口市民化的进程。同时，农民工大多没有经过完整的教育和专业技术培训，缺乏相关的专业技能与

知识，也缺乏人力资本投资的动力和融入市民社会的意愿。他们长期生活在城市社会的底层，价值观念、就业能力、自身素质与城市生活适应能力等还不能完全适应农业转移人口市民化的需要。

四 加快推进农业转移人口市民化进程的对策与建议

（一）继续深化户籍制度改革

加快推进农业转移人口市民化进程，建设高水平、高质量的城镇化，首先需要改革当前的户籍制度，使农业转移人口在户籍方面受到平等对待。党的十八大报告指出："要加快改革户籍制度，有序推进农业转移人口市民化，努力实现城镇基本公共服务常住人口全覆盖。"这为推进农业转移人口市民化指明了方向。需要注意的是，户籍管理制度改革不是单纯的户口问题，而是一项复杂的系统工程，要认真处理好各方面利益和多方面问题。建立城乡统一的户口登记制度，完善相关配套措施与配套机制，真正把户口从各种附加功能中剥离出来。根据不同城市人口规模和综合承载力，针对大中小城市制定差异化的落户条件，分类有序地推进户籍制度改革，逐步消除农业转移人口市民化的身份障碍，使其享受与城镇居民同等的待遇。在全省各城镇逐步推广实施城镇居住证制度，形成户籍、居住证互为补充、有效衔接的人口管理制度，逐步还原户籍的人口登记和管理职能，为最终消除城乡分割的二元户籍制度奠定基础。积极探索进城落户农民享受国家优惠政策的过渡性措施，可以允许转户农民继续保留其原有的土地承包经营权、宅基地及农房收益权或使用权，并享有原农村集体经济组织对集体建设用地流转收益的分配权利。

（二）深化农村土地管理制度改革

深化农村土地制度改革，对耕地、林权、宅基地、房屋、集体建设用地、自留地和未到户的集体土地进行确权和颁证，建立起归属清晰、权责明确、保护严格、流转顺畅的现代农村土地产权制度，固化农民的土地财产权，疏通土地流转梗阻。坚持把保障国家粮食安全与正确引导农村土地流转结合起来，加强土地流转服务平台建设，实施政府主导、市场运作的中介流转模式，健全农村土地承包经营权流转合同制度与流转程序制度，促进土地承包经营权流转。深化改革农村土地征用制度，真正按照土地的市场价值对被征地的农民进行公平补偿，鼓励地方政府对失地农民采取集体留用地、物业置换、提高补偿标准等办法，让农民直接分享到土地的增值收益，保障失地农民合法权益。畅通农民转移就业的土地退出和保障机制，建立健全市、县、乡镇三级农村土地交易市场体系，省辖市建立农村土地交易中心，县级设立农村土地交易所，乡镇设立土地交易服务站，为农民实现土地财产权创造条件。

（三）建立完善转移农民宅基地有偿退出机制

构建农村宅基地退出机制是农村土地使用制度改革的重要内容，也是促进农业转移人口市民化的重要突破口。按照2013年中央一号文件要求，通过建立起宅基地流转的市场机制，为农业转移人口到城镇安家提供物质基础。首先要推进农村宅基地确权登记工作，为完善宅基地退出机制提供依据。建立政府主导的稳定持续的专项基金，保障对宅基地实施收购、整理及退出补偿等的资金需求，将宅基地退出后结余指标的转让收益纳入专项资金统一管理，专门用作宅基地退出所需各项费用，解决农民补偿、土地开发整理等问题。健全完善分类推进农民宅基地退出的新机制，完善相关配套政策，构建合理的利益分配长效机制。构建城乡统一的宅基地市场体系，建立规范的宅基地交易制度，将农村宅基地与国有土地一样，按照"同地、同价、同权"的原则进入指标交易平台。通过建立农村宅基地流转机制和实施宅基地的整理、复垦，引导农户退出宅基地，有序转移到城镇生产生活。

（四）逐步消除社会保障制度障碍

能否消除相关社会保障制度障碍，为农业人口转移提供强有力的政策支撑，关系着农业转移人口是否能够顺利地融入城市生活。通过建立和完善覆盖城乡的社会保障体系，逐步将农业转移人口纳入城市各项社会保障范围，重点通过在制度方面的全面改革，不断实现新型农村社会养老保险与城镇企业职工基本养老保险之间在制度方面的协调以及新型农村合作医疗与城镇职工医疗保险在政策方面的衔接，实现养老、失业和医疗保险在城乡之间以及跨地区之间的顺畅转移接续，保障农业转移人口社保权转移接续的便捷性。采取有效措施提高农业转移人口在流入地城镇的参保率，逐步解决非正常就业、劳务派遣工、随迁家属的参保问题。把社会保障制度改革与财政体制改革相结合，进一步完善财税制度，以常住人口作为财政分成依据来调整各级政府之间的财政分配关系，对吸纳农业转移人口较多的城市给予资金补助。有条件的地方可以实施过渡性农业转移人口的社会保障制度，在科学测算农业转移人口收益和成本的基础上，明确农业转移人口输入地、来源地和农民自身的责任，建立合理的公共财政分担机制。

（五）不断完善城镇基本公共服务

积极将农业转移人口纳入城市公共服务体系，在就业培训、子女教育、职业培训、计划生育等公共服务方面，逐步实现农业转移人口与城市市民同等对待，为他们真正融入城镇生活创造条件。明确城镇政府对农业转移人口的基本公共服务界限，提高城镇提供基本公共服务的能力，逐步取消根据户籍区别提供不同公共服务的做法。把进城务工人员纳入城镇住房保障体系，为中低收入住房困难家庭提供限定建造标准和销售价格或者租金标准的保障性住房，在条件成熟的地方，尝试取消非户籍常住人口申请廉租房、公租房限制。鼓励企业和社会团体对随迁子女的教育进行资助，支持和引导社会力量办学，因地制宜开拓农业转移人口子女接受义务教育的各种渠道。合理配置医疗卫生服务资源，扩大农业转移人口享受公共医疗卫生服务的覆盖面，推广在农业转移人口聚居地指定新型农村合作医疗定点机构的经验，为农业转移人口在城务工期间就近就医并及时取得补偿提供方便。

（六）优化城镇布局结构，完善现代城镇体系

坚持向心布局，集群发展，科学规划城市规模，统筹城市功能布局，完善城市结构，优化城市形态，为农业转移人口提供空间载体。以大城市为依托，以中小城市和小城镇为重点，综合考虑和优化配置资源环境、公共投入以及产业规划，加大城市主体功能区规划和建设，促进中心城市要素资源高效配置，

逐步形成辐射作用大、人口集聚能力强的城市群，努力建设国家区域性中心城市、地区中心城市、中小城市、小城镇、农村社区等层次分明、结构合理，具有地方特色的现代城镇体系。努力完善中小城市和小城镇的基本功能，加大基础设施和公共服务设施建设的投入力度，逐步引导人口向适宜地区合理流动和分布，促进农民梯次转移并实现市民化。

（七）为农业人口转移提供强大产业支撑

人随就业走，就业随着产业走，这是一条自然而然的发展路径。必须千方百计增加就业岗位，把稳定就业作为着力点，制定科学合理的转移就业战略和产业政策，大力发展相关产业，夯实促进就业的基础。就河南的情况来看，要把就近转移就业和省内市民化提到更加重要的位置，在不牺牲农业和粮食的大前提下，推进农业产业化经营，多层次、多元化发展现代农业，延伸农产品加工产业链，为农民创造更多就业岗位；要发挥好产业集聚区的作用，依托工业园区和城市新区建设，加强农民职业技能培训，促进农民入园区就业，实现农民变产业工人；要引导各地充分发挥现有产业优势，积极承接国内外产业转移，为农业转移人口市民化提供产业支撑，积极促进农业劳动力向第二、第三产业有序转移。同时，要结合主体功能区规划，研究出台培育区域性中心城市的产业发展、要素保障等政策，制订相应行动计划，制定相关的行政和法规措施，协调好引进发展劳动密集与资金密集、技术密集型产业之间的关系，加强对服务业的管理和监督，促进服务业健康发展，增强其吸纳就业的能力和潜力。此外，积极帮助小城镇发展农产品加工业、资源加工业、商贸流通业及其他特色产业，努力实现农业转移人口就地就近多渠道就业。

（八）进一步提高农业转移人口自身素质，增强其就业能力

加大对农业转移人口素养培育的力度，大力宣传普及健康卫生、文明礼仪、法律法规、生活规范等知识，开展多种多样的文化活动，不断丰富和培育健康的精神文化生活，提高农民的思想道德水平、科学文化素质以及生产技术能力，为其融入城市生活提供保障。建立科学管理的公共就业服务机构，积极落实有利于农业转移人口就业的各项政策措施，大力发展职业教育和技能培

训，不断增强农民转移就业的能力，着力培养技能熟练型和技术实用型农民工。建立输出地与输入地联合、机构培训与远程教育相结合的多层次农民转移就业培训体系，形成以市场需求为导向，以订单培训、定向培训和定岗培训为重点的培训机制，针对不同行业、工种和岗位，开展对口职业技能培训。进一步加强转移就业服务，构建和谐的劳动关系。建立面向城乡所有用人单位和劳动者的劳动市场网络，实行城乡统一的就业制度。建立城乡人力资源信息库和企业用工信息库，实现城乡就业资源信息共享。

参考文献

张月瀛：《破除农业转移人口市民化的制度障碍》，《人民日报》2013年4月10日。
张桂文：《农业转移人口市民化的困境与出路》，《光明日报》2013年2月22日。
王敏鸽：《农业转移人口市民化的进程制约因素及对策》，《陕西日报》2013年10月15日。
张北平：《农业转移人口市民化的成本研究》，《山西财经大学学报》2013年第1期。
谢云：《农民工落户城镇意愿及影响因素调查——以湖北为例》，《调研世界》2012年第9期。

B.5
促进农业转移人口就业创业对策研究

李怀玉*

摘　要： 加快新型城镇化，促进农村劳动力向非农产业和城镇转移就业创业，是党中央、国务院从我国现代化建设全局出发做出的重大战略决策部署，也是打破城乡二元结构、缩小城乡差距、促进经济和社会发展的必然要求。当前形势下，河南要加强对农村劳动力的引导和转移就业服务，加强跟踪服务和就业指导，提高转移就业创业的稳定性。

关键词： 农村劳动力　转移人口　就创业

河南是人力资源大省，也是农业劳动力转移就业大省，其城镇化水平远低于全国水平，这已成为影响全省经济社会发展的突出问题。加快推进农村富余劳动力由第一产业向第二、第三产业转移，由农村向城镇转移，既是提高河南城镇化水平的有效途径，也是新型城镇化的内在要求。而就业作为民生之本，是实现农民变市民的根本途径和重要支撑。在促进农业转移人口中，努力创造更多适合农民的就业岗位，创造好的就业机会，既是提高居民收入、扩大内需、维护社会稳定的迫切需要，更是加快河南产业集聚和第三产业发展、满足产业转型升级过程中用工需求、促进产业和城镇融合互动、增强河南经济社会发展的内在要求。

---

* 李怀玉，河南省社会科学院副研究员。

一 河南农业转移人口就业创业基本情况

2012年底,河南省总人口约1.05亿,其中常住人口9406万,农村人口6234万,估算农村富余劳动力约3200万。截至2012年底,全省农村劳动力转移就业总量达2640万人,其中省内转移1510万人,占57%;省外输出1130万人(包括境外就业7万人),占43%;还有600万农村富余劳动力需要进一步转移开发。①

(一)转移就业农村劳动力的基本构成

(1)性别构成。男性多于女性,全省农村劳动力转移就业总人数中,男女比例为1.3∶1。②

(2)年龄构成。以中青年为主力军,年龄在50岁以下的人员占转移总人数的88%,其中30岁以下的占49%。

(3)素质构成。文化素质有所提高,但从整体上看仍然偏低,其中高中及以上文化程度者占39%。

(4)技能构成。总体技能水平较低,河南省已转移的农村劳动力中有近1300万未参加过相应的技能培训。

(二)转移就业农村劳动力的地域分布

转移区域分布以县城为主。目前省内转移就业的1510万人中,52%在本县域内就地就近就业,48%跨市县转移就业。2012年当年新增的105万农村富余劳动力,有80%以上在省内就地就近转移就业。其中,产业集聚区作为承接产业转移的主阵地,在吸纳劳动力转移就业方面的作用逐步增强。2012年,全省产业集聚区规模以上工业从业人员达到299.18万人,同比增长16.4%,占全省规模以上工业企业从业人员的51.5%。另外,省外就业的

---

① 数据来源:河南省人力资源社会保障厅。
② 数据来源:河南省人力资源社会保障厅。

1130万人中，主要集中在东部地区，其中长三角350万人，珠三角350万人，京津地区200万人，东南沿海100万人，中西部地区100多万人。①

（三）转移就业农村劳动力的产业行业分布

河南省农村劳动力转移就业的趋势主要从第一产业向第二、第三产业转移。转移行业以第二产业为主。2012年，河南省转移就业的105万农村劳动力中，有67.8%转移就业到第二产业，主要从事行业仍以建筑业、制造业为主，其中从事建筑业的人数增长较快，同比增长2.9%；有30.2%转移到服务业就业，同比增长6.0%，主要分布在批发和零售业、餐饮业等生活服务业。②

（四）转移就业的求职方式

河南省农业劳动力转移就业以自发输出为主，靠"血缘、人缘、地缘"（亲戚带亲戚、朋友带朋友）实现转移就业的约占70%，通过职业中介机构有组织输出实现就业的人数约占20%，通过政府劳务输出部门组织就业的不足10%。

（五）转移后的就业稳定状况

受农民工工作流动性大等诸多因素影响，目前农民工普遍存在着就业不稳定、就业质量不高等问题。据2012年调查数据显示，农村转移从业人员中，主要以中短期和灵活就业为主，没有与用人单位和雇主签订劳动合同的占68.3%，雇用时间在两年以下的劳动合同签订率约为50%。焦作市68.4%的外出务工人员务工时间为6~12个月，12个月以上的为31.6%；许昌市的调查结果也显示，45.6%的农民工已更换两个以上的企业，在同一企业连续工作1年以上的只占42.3%。就业场所多为无固定单位，在国有和集体单位就业的占比较低，以平顶山为例，在国有和集体单位就业的所占比例仅分别为6.9%、4.2%，无固定单位的农业转移劳动力占78.8%。③

---

① 数据来源：河南省发展改革委员会。
② 数据来源：河南省统计局。
③ 数据来源：河南省统计局。

二 农业转移人口就业创业存在的主要问题与障碍

(一)转移就业难度日趋增大

一是经济下行加大了就业工作压力。受国内国外经济趋缓影响,2013年1~9月,全省城镇新增就业人数同比增长缓慢,仅达到1%,失业人员再就业和就业困难人员实现就业人数同比分别下降0.5%和3.3%,经济增长的放缓影响了就业增长。二是结构性失业现象叠加。河南省钢铁、煤炭和电解铝等传统支柱产业企业改革重组、转型升级、淘汰落后产能、部分行业持续低迷及产能过剩造成的结构性失业和转型性失业以及选择性机会增多造成的摩擦性失业等失业现象交叉并存,增加了做好就业工作的难度。三是大学毕业生人数创新高,就业压力较大。截至2013年9月1日,全省应届高校毕业生就业率80.16%,尚有10多万人未就业,而当前各类企业提供的适合大学生就业的岗位不足。加上高校专业设置与市场需求不完全匹配、部分高校毕业生消极被动的就业观念及经济下行对就业不利等因素叠加的影响,毕业生供需结构性失衡日益突出,高校毕业生就业压力增大。①

(二)产业支撑能力有限,持续吸纳就业能力不足

产业是就业的基础,产业的发展直接影响着就业形势。据测算,近五年来,河南省第二产业平均每年增加就业90万人以上,第二产业增长率每增长一个百分点平均带动近6.9万人就业;第三产业每年平均增加就业70万人以上,第三产业增长率每增长一个百分点平均带动6万人就业。② 由此可见,增强产业支撑能力,提高产业发展水平是挖掘就业潜力、扩大就业容量的首要任务和重要途径。然而,近两年来,受外部经济环境、产业结构调整升级等诸多因素影响,河南经济增长面临较大压力,产业发展与升级转型还面临着诸多问题与挑战。

---

① 资料来源:河南省教育厅。
② 数据来源:河南省发展改革委员会。

（三）县域城市转移就业能力需进一步加强

产业集聚区和城镇服务业是县域城市吸纳就业的主渠道。一方面，相较于中心城市，县域城市在基础设施、社会保障、就业环境、收入、教育、医疗水平等方面还具有明显的差距。这使得一部分就业人员在选择就业去向时偏向于往中心城市转移就业。另一方面，受城乡二元体制制约，转移就业人员无法在就业城市与城镇居民平等享有子女入学、住房、社会保障、技能培训、就业创业等待遇，其转移就业生活成本高，不能融入所在务工城市，也影响了转移就业者的积极性。

（四）公共就业服务体系不完善

1. 公共就业服务设施建设滞后

目前，河南省还有12.12%的乡镇（街道）、76.43%的行政村没有人力资源社会保障服务所。全省2147个乡镇（街道）公共就业和社会保障服务所平均建筑面积为91.7平方米，其中约32%为临时租赁，约8%为乡镇政府所有，需要与其他部门联合办公。大部分乡县农业劳动力转移就业服务平台建设滞后，缺少必要的服务场地和设施，公共就业服务无法延伸到乡村。

2. 公共就业服务信息化程度低

地区之间、城乡之间没有统一规范的就业服务管理软件，就业创业信息不能共享；现有信息统计体系无法掌握灵活就业、农村劳动力就业和失业情况，农村人力资源市场的动态监测需要进一步完善。

3. 公共就业服务体系不能满足各类群体多样化的需求

公共就业服务体系存在服务对象的体制性分割、身份分割、地区分割、管理分割以及公共就业服务信息化发展不均衡等问题，导致出现服务均等化不足、劳动力自由流动受限、资源浪费、市场管理交叉以及服务信息延伸和交流不足等情况。特别是"90后"新生代农村劳动力，对公共就业服务和需求有比父辈标准更高、更多样化的诉求。

（五）自主创业扶持力度需要加大

一是融资困难已成为当前制约农民自主创业的最大瓶颈与障碍。如小额担保贷款，仅限于外出务工返乡创业的农民工，未能惠及所有想直接创业的农民。二是受经营场所限制。经营场所审批手续复杂、审批环节烦琐。三是引导和扶持力度不大，必要的政策支持不多。农民虽有强烈的创业意愿和冲动，但自主创业的经验少，创业知识、信息及技能缺乏，创业人员的文化素质有待提高，创业规模小等。

（六）农村转移劳动力自我发展投入不足

一是外出务工人员自身条件限制自我投资。虽然外出劳动力是农村劳动力中综合素质较高的群体，但对于市场需求而言，受教育年限偏短、文化程度较低仍是制约他们自身发展的障碍，很难应对当前产业转型升级和就业新形势的变化和要求，缺乏制定中长期自身职业发展规划的能力。二是外出务工人员市场概念偏弱。受传统的自然经济思想和小农意识影响，外出务工人员缺乏市场意识、竞争意识和积极健康上进的意识，自我投资比例比重较低。他们更关注当前的工作与经济效益，很少投入一些时间和经费为长远发展去接受学习和技能培训。三是高技能发展培训门槛高。培训质量得到认可的培训项目和培训机构的费用较高，使外出务工人员难以承受；另外，培训质量较高的培训项目对参加培训人员的自身素质要求也比较高，外出务工人员短期内难以达到要求。

三 促进农业转移人口稳定就业创业的对策建议

（一）增强第二产业支撑能力，创造更多就业岗位

一是继续实施就业优先战略和更加积极的就业政策，鼓励产业集聚区特别是传统农区县的产业集聚区在经济结构调整和加快产业转移过程中，重点发展农产品加工、制造业等吸纳就业能力强的劳动密集型产业，壮大传统和优势产业，同时吸引配套企业加盟，拓展上下游产业，创造更多适合农民外出就业的岗位，增强中心城市和县城吸引力和承载力。二是着力发展深加工产品群，带动传统优势产业改造升级。围绕提升化工、有色、钢铁、纺织服装产业整体竞争力，强化技术改造，延伸产业链条，形成以骨干企业支撑、深加工企业集群

发展的产业发展新格局。三是扩大优势新兴产品规模，引领先导产业跨越发展。围绕生物、新能源、新能源汽车、新材料等产业，实施各个领域创新发展工程，着力推进产业示范园区建设，培育具有核心技术龙头企业和产业集聚，努力形成新的支柱产业。

（二）以产业集聚区建设为平台，吸引农业转移人口就近就地就业

一是加快公共就业服务向产业集聚区延伸。建立产业集聚区企业用工联系员制度，及时掌握企业用工需求信息。在产业集聚区内开设公共就业服务窗口，为企业和求职者提供就业信息、技能培训、社保办理等"一站式"综合服务。二是围绕产业集聚区建设和重点项目用工需求，以就业为导向，引导和推动大中专院校、就业培训中心、社会培训机构等与新入驻企业开展全方位、多层次合作，共建生产实训基地，探索培养新模式，积极开展"订单式"培训和定向、定岗培养，实现招商与招工同步，培训与就业同步。三是加快公共租赁住房和公共文体娱乐等基础设施建设向产业集聚区延伸，把进城务工人员纳入公共租赁住房等保障范围，使农业转移人口能留得下、稳得住。

（三）扶持中小企业发展，创造更多就业岗位

一是改善中小企业生存环境，强化中小企业用工指导，重点对招工不足的企业提供政策咨询、业务指导及相关服务，引导企业合理确定薪酬待遇，增强岗位吸引力。二是建立中小企业扶持资金，重点扶持创新型以及大企业协作配套的劳动密集型中小企业，推动中小企业集群集聚发展。三是落实中小企业各项税费减免等优惠政策。开辟小额担保贷款绿色通道、简化小额担保贷款申请程序。对当年吸纳登记失业人员、大中专毕业生、失地农民等达到企业在职职工一定比例的中小企业，按规定给予最优惠的小额担保贷款，并享受财政贴息政策。推进中小企业技术、人才培训、管理咨询、创业辅导、法律服务等社会化服务体系建设。

（四）鼓励转移农民自主创业，以创业带动就业

一是完善充实就业项目库，强化创业服务，为创业农民工提供创业培训、

创业指导、政策咨询、小额贷款等一站式服务。每年完成创业培训计划，不断提高农民创业能力。对入驻创业企业提供店铺或厂房、水电补贴等优惠。二是优化投资环境，降低创业风险，提高创业个人小额担保贷款最高限额，为创业者提高工商、税收、信贷等方面优惠政策，使农村创业人员享受与城市失业人员同等的优惠政策。三是鼓励农民工回乡创业。加大对返乡农民工创办企业的政策帮扶和资金支持力度，积极探索"外出务工—返乡创业—贷款扶持—带动就业"的新模式。

（五）建立资金投入长效机制

各地要调整支出结构，加大就业创业资金投入力度，提前做好全年就业创业资金预算，并确保资金及时拨付到位。加快就业创业资金支出进度，确保各项补贴政策的落实和公共就业服务活动的开展。同时，要加强就业创业资金的使用管理，定期开展专项检查，防止挤占和挪用。

（六）加强就业创业宣传，营造良好社会氛围

要充分利用报纸、网络、电视、广播、街道广告栏等各种媒体，大力开展形式多样的就业创业宣传活动。要重点宣传就业创业政策、就业法规政策、就业服务活动、就业促进措施等。帮助农民和企业了解政策、运用政策、享受政策优惠，树立农民自谋职业、自主创业的先进典型，大力宣传一些优秀创业人员的先进事迹，营造全社会关注农村转移人口就业创业的良好氛围。

B.6 提升城市综合承载能力研究

吴旭晓*

摘　要： 城市综合承载力是城市可持续发展的重要判断依据。在正确把握城市综合承载力内涵的基础上，从环境资源、经济和社会等方面对河南省城市综合承载力的发展现状与问题进行诊断，进而提出进一步提升河南省城市综合承载力的建议。

关键词： 城市综合承载能力　可持续发展　河南省

随着河南省工业化和农业现代化的快速发展，人口飞速向城市集聚，城市规模不断扩张，城市经济社会结构加速转型，人民对基本公共服务的刚性需求快速增长，导致资源环境约束日益趋紧，维持城市化健康发展的成本持续攀升，区域生态环境问题凸显，城市经济社会和生态的可持续发展面临重大考验。因此，准确把脉城市综合承载力的现实情况，找出其面临的主要制约因素，进而提出科学合理的提升城市综合承载能力的对策，是目前必须认真应对的重大理论课题和实践任务。

一　城市综合承载能力的基本内涵

城市综合承载力主要指一定时期和一定空间区域内，一个城市的资源禀赋、生态环境、基础设施和公共服务等条件所能够承载的人口数量及其经济社

---

* 吴旭晓，河南省社会科学院城市与环境研究所助理研究员。

会活动的整体能力。

城市综合承载力是一个复杂的系统。城市综合承载力是包含着城市的资源环境承载力、经济承载力、基础设施承载力和社会公共服务承载力在内的系统，其内容复杂，各类承载力之间互相影响，互相作用。以水资源、土地资源和大气环境等为核心内容的城市资源环境承载力是城市可持续发展的基础条件，是构成城市综合承载力的基本要素，缺少了这些要素，城市综合承载力就是无本之源。经济承载力、基础设施承载力和社会公共服务承载力是一个城市内在的承载力，它们是现代城市综合承载力中的三个核心构成部分，它们与资源环境承载力一起决定着一个城市的发展潜力和未来方向。

城市综合承载能力呈现出动态变化的特征。一般而言，城市综合承载能力与城市所处的环境资源、城市公共基础设施、城市空间布局、产业结构和城镇居民的文明意识密切相关。城市综合承载能力受到各子系统要素的承载力状况和城市发展所面临的外部环境的调整所影响，因而城市综合承载能力的具体状况是根据城市发展所面临的外部环境的调整以及城市内部因素的发展演变而不断变化的。

二 城市综合承载能力的现状与问题诊断

（一）资源环境承载力现状与问题诊断

1. 水资源承载现状与问题诊断

河南省既是我国的农业大省，也是工业大省，更是人口大省。农业现代化水平低下，粗加工型制造业集聚，人口密集，导致对水资源的需求量非常大。河南省人均水资源仅为全国的1/5，水环境容量极为匮乏。随着农业发展，化肥、农药投入品使用量也大幅增长，加上受工业污水、生活污水和医疗污水排放的影响，河南省水质污染所引起的水质性缺水现象越来越严重。2012年，全省83个水质监控的断面中，劣Ⅴ类水质仍占到21.7%；在监控的23座大中型水库中，石漫滩水库、宿鸭湖、孤石滩水库这3座湖泊（水库）出现了富营养化，水体纳污能力超过环境承载力。随着城镇化的快速推进，生活污水排放量不断增加，加上河南省现有污水处理设施和污水处理能力发展滞后，导致目前全省县级以上城市生活污水处理率只有84.38%，而建制镇污水处理率仅为8.79%，管网配套不完全到位。由于河南省工业的重化工化的产业结构比较突出，导致工业用水量大、工业废水排放量大、工业用水效率总体不高，结构性污染问题凸显；2012年河南省的工业用水量为60.5亿立方米，占全社会用水总量的25.4%，而工业废水排放量达到13.7亿立方米，占全社会废水排放总量的34%。目前，全省县级及县级以上医疗机构虽然普遍建立了污水处理设施，但二级以下医疗机构无污水处理设施或者是污水处理设施老化；乡镇卫生院及部分小型民营医院有90%还未建立污水处理设施；农村社区卫生室和个体诊所产生的医疗污水几乎没有经过科学处置。总体上来说，城市水资源承载力面临的形势依然严峻，压力继续加大。

2. 土地资源承载现状与问题诊断

由于河南省原本就是我国人口密集区，人均土地资源较低，可利用的土地资源有限。伴随着中原经济区经济的加速发展，城镇化进程的持续提升，工业化的加速推进，承接国际国内产业转移步伐加快，使得目前可供开发的土地已相当有限，土地资源的稀缺性问题日渐突出，城市建设用地和耕地等其他用地之间的矛盾日益严峻。日渐稀缺的土地资源已成为制约河南省城市经济健康快速发展的重要瓶颈之一（见表1）。

表1　2012年河南省18省辖市土地承载状况

城　市	土地面积（平方公里）	建成区面积（平方公里）	市区人口密度（人/平方公里）	人均公园绿地面积（平方米）	常住人口（万人）
郑　州	7446.20	373	13475	6.03	903
开　封	6444.00	98	7329	7.84	465
洛　阳	15208.00	187	7938	6.94	659
平顶山	7882.00	72	3418	10.24	493
安　阳	7413.00	78	4652	9.44	508
鹤　壁	2299.00	61	3477	14.40	159
新　乡	8629.00	110	6891	10.12	567
焦　作	4071.10	102	7504	9.90	352
濮　阳	4188.00	46	2888	12.36	360

续表

城　市	土地面积 （平方公里）	建成区面积 （平方公里）	市区人口密度 （人/平方公里）	人均公园绿地 面积(平方米)	常住人口 （万人）
许　昌	5260.00	80	5011	10.39	430
漯　河	2617.00	60	5174	14.93	256
三门峡	10309.00	30	10367	15.50	223
南　阳	26600.00	147	2330	17.76	1015
商　丘	10704.00	62	9447	5.81	732
信　阳	18925.00	77	1842	14.14	640
周　口	11900.00	60	3061	10.23	881
驻马店	15083.00	65	2490	9.81	694
济　源	1931.00	38	5416	10.86	70

资料来源：根据《河南统计年鉴2013》计算整理得到。

除了人口多、土地资源有限等客观原因外，导致河南省目前土地资源紧张局面的原因主要还有二：一是土地法规不完善；随着河南省城镇化、工业化和农业现代化的快速推进，农村集体建设用地流转日益活跃，在中心城市的郊区和城乡结合部尤为明显；但现有土地管理改革滞后，在城乡统一的土地市场、农村集体土地有条件入市等方面的具体政策创新跟不上时代的需求，导致土地责权利主体不清晰，在既得利益驱动下，中心城市的郊区农村和城乡接合部的农民大量建房出租，造成了大量的非正式地产，在一定程度上加剧了河南省用地紧张的局面。二是土地节约集约利用水平低。河南省经济发展的粗放型模式依然存在，城市外延式发展现象比较普遍；河南省传统产业园区以大量土地和劳动力的占用为基础，建成区工业用地平均容积率、投入强度和经济产出水平均低于全国水平；部分产业集聚区建设用地闲置、违规圈地、批少占多等现象依然存在；中心城市的一些高等院校用地偏多，土地浪费严重。这些现象导致了河南出现土地资源供需矛盾突出与粗放浪费严重并存的现象。

面对土地资源紧缺的局面，河南省如何有效提升土地资源承载力，实现区域可持续发展，提高中原经济区的城市综合承载力，将直接影响到河南省各城市城镇化的质量和长远竞争力。

3. 空气环境承载现状与问题诊断

近年来，随着河南省经济社会的快速发展，能源消费量急剧上升。由于河南省的产业结构还处于工业化发展的中前期阶段,与发达国家或者东部发达地区相比,经济发展水平还处于中低端层面,加上创新能力不足,导致能源的利用效率较低。目前,河南省的能源使用结构主要以煤炭、石油和电力等传统能源为主,清洁能源所占的比重较低,加剧了河南省的空气污染,导致河南省空气中光化学烟雾、灰霾、酸雨、PM2.5(颗粒物细粒子)等污染物严重超标(见表2)。

表2 2012年河南省18省辖市废气排放情况

单位:吨

城 市	化学需氧量排放总量	氨氮排放总量	二氧化硫排放总量	氮氧化物排放总量	烟(粉)尘排放总量
郑 州	98130.39	12954.65	119453	216123	39007.9
开 封	76838.42	7982	54808	49783	24794.36
洛 阳	69123.06	7186.83	161859.03	170974.25	51035.23
平顶山	61696.08	7316.72	88354.52	95908.68	80865.67
安 阳	69247.7	7686.46	123648.87	92673.1	83946.76
鹤 壁	46406.66	4248.21	39920.85	62004.41	10814.8
新 乡	76685.98	8177.79	65398.49	89634.39	21640.06
焦 作	59983.65	5159.04	73921.86	98968.92	38089.22
濮 阳	60137.52	5840.22	26421.65	59535.81	18132.62
许 昌	61028.15	6535.17	49273.96	80301.89	20374.74
漯 河	43101.12	4838.66	24389.03	25624.6	7236.34
三门峡	27451.76	3213.45	134400	88760.85	27185.39
南 阳	89918.57	11403.74	69172.26	98489.5	23812.26
商 丘	101032.79	8764.78	23731.44	50993.78	27430.47
信 阳	57513.26	7495.63	35652	59008.13	8382.69
周 口	112027.12	12540.6	24323.43	79663.48	18877.81
驻马店	122969.32	13227.36	39705.71	50600	23448.07
济 源	12263.33	1282.13	40855.87	63518.57	13461.49

资料来源:2012年河南省环境统计年报。

河南省空气污染问题严重的主要原因是汽车尾气的大量排放以及工业制造业产生大量的污染物排放。为了有效治理城市空气严重污染的问题,河南省采取了一系列有效措施，如加强对空气质量的监测，增加了 O_3（臭氧）、PM2.5（颗粒物细粒子）等指标，实行 18 个省辖市的城市空气质量日报（API）制度，对城市空气质量实现实时监控，并用空气质量综合指数进行评估，对公民出行提供合理建议；出台了鼓励开发新能源的财政支持政策等。

在这些措施的作用下，近年来河南省各城市的环境质量下滑的趋势有所遏制，在污水综合治理、水环境保护、大气污染控制等方面都取得了一定的成效，但资源环境问题依然突出。为了河南省经济社会的可持续发展，提升城市综合承载力，为亿万河南人民提供一个宜居的蓝天绿水的生活环境，在资源环境承载力的提升方面还有很多工作需要做。

（二）经济承载现状与问题诊断

改革开放特别是 21 世纪以来，河南省经济得到了飞速发展，2003~2012 年的 GDP 年增长率一直保持在 10% 以上。截至 2012 年底，河南省的经济总量达到 29599.31 亿元，居全国第 5 位。虽然河南省整体经济发展形势依然在向着好的方向发展，但河南省占全国 1.74% 的国土面积和 7.79% 的人口，创造的 GDP 占全国的比重只有 5.7%，人均 GDP 只有 31499 元，仅为全国平均水平的 81.9%，城镇居民人均可支配收入仅有全国平均水平的 83.2%，经济发展程度处于中等偏下的水平。实事求是地讲，河南省已经沦落为中国经济相对落后的地区之一。

原有的比较优势日趋弱化，阻碍了河南省城市经济承载力的进一步提高。河南省是我国的人力资源大省，但由于与东部发达地区的发展差距拉大，优秀人才外流的现象依然突出；随着国际和国内产业转移的加速，曾经的人力资源优势正逐步变为人力资本制约瓶颈，更多地表现为低下的劳动力素质无法适应经济发展转型和产业升级的需要。土地资源的短缺也使得河南省土地成本快速走高，土地价格优势日益弱化。随着武汉城市圈和"长株潭"城市群的两型社会等都获得了国家优惠的政策支持，河南省传统的政策优势逐渐消失。河南省各城市如何在越来越激烈的区域竞争中找到新的比较优势，将决定河南省城市经济的整体竞争力。

城乡居民收入绝对差距持续扩大，加上农民市民化的成本越来越高，导致城镇化进程继续滞后，不能有效激活消费需求，拉动经济增长的内生机制仍然不足。河南省是农业大省，却不是农业强省，农业经营缺乏规模经济，阻碍农村剩余劳动力的有序转移，不利于城市第三产业的发展，导致产业结构失衡。工业化水平不高，重化工化的产业特征明显，现代服务业发展水平低，在很大程度上也制约了城市经济承载力的提升。

这些因素相互作用，制约着河南省城市资源配置与整合能力的进一步提升。虽然河南省出台了一系列科学推进城市化的政策措施，如加快中心商务区和特色商务区建设、优化产业聚集区规划、促进产业结构优化升级、促进"产城融合"等，但河南省城镇化外延式发展的方式仍没从根本上改变。河南省如何解决目前经济赶超中所遇到的困境，提高中心城市的经济承载力，将直接决定河南省城市可持续发展前景。

（三）社会承载现状与问题诊断

1. 基础设施承载现状与问题诊断

近年来随着河南省整体经济实力的不断增强，基础设施建设投资不断增加，使得河南省各城市的基础设施条件有所改善，相对完备的基础设施体系初步形成。以郑州为枢纽，铁路、公路、民航等多种运输方式相互衔接，连通全省和全国的综合交通运输体系基本形成，省内与省外、省内各城市之间的沟通与联系日益增强。截至2012年底，铁路营业里程达到4822公里，公路里程为249649公里；随着郑州航空港区的快速发展，民航旅客吞吐量达到1268.8652万人次，民航货邮吞吐量达到15.3万吨（见表3）。

不可否认，目前河南省各城市的基础设施建设取得一定成绩，但也存在一些亟待解决的问题。各城市基础设施共建共享的协调机制尚未完善。由于财政、税收、投资等方面的互相独立，受本位利益的影响，城市间的基础设施一体化水平还很低；加上各自利益的保护，进一步弱化了城市间在基础设施建设方面有效统筹，欠缺改善城市之间互相衔接区域的基础设施的积极性和主动性，从而降低了全省整体基础设施空间布局和结构优化的水平，城市之间基础设施联合共建利益共享的步履缓慢。

提升城市综合承载能力研究

表3　2012年河南省18省辖市基础设施运转状况

城　市	人均城市道路面积（平方米）	城市每万人拥有公交车辆（辆）	邮政业务总量（亿元）	各市私人车辆拥有量（辆）	城市人均日生活用水量（升）	公路线里程（公里）	旅客周转量（亿人公里）	货物周转量（亿吨公里）
郑　州	6.02	13.21	6.26	1203452	87	12695	174.05	414.15
开　封	14.16	10.35	2.12	217847	85	8838	70.12	165.99
洛　阳	7.76	11.88	3.17	413641	105	18331	134.90	416.35
平顶山	11.24	37.80	2.26	243652	111	13467	47.26	228.01
安　阳	13.55	28.03	2.90	318833	136	11808	51.59	926.02
鹤　壁	15.17	17.50	0.46	91801	110	4460	17.37	165.61
新　乡	14.12	17.01	3.68	346722	142	13061	27.95	265.36
焦　作	15.59	8.36	1.81	204676	96	7365	26.16	909.83
濮　阳	13.14	34.25	1.57	279251	129	6452	37.37	126.43
许　昌	12.28	23.22	1.87	226269	105	9287	43.74	464.16
漯　河	14.25	26.93	1.19	107143	143	5250	42.94	74.05
三门峡	9.29	18.01	1.25	147736	114	9512	23.85	92.68
南　阳	12.45	22.80	4.86	346647	103	38002	164.82	504.81
商　丘	9.13	25.42	4.44	335870	106	23052	97.02	837.14
信　阳	17.32	47.26	2.93	191112	131	24691	81.24	166.71
周　口	21.49	54.23	4.12	323795	142	21828	151.83	562.30
驻马店	22.16	33.18	4.19	228259	106	19265	109.87	498.30
济　源	19.66	12.96	0.42	69931	129	2285	7.52	45.09

资料来源：根据《河南统计年鉴2013》计算整理得到。

2. 公共服务承载现状与问题诊断

近年来，河南省各城市不断加大在公共服务方面的财政投入，进一步完善推进全省基本公共服务均等化的体制机制，区域公共服务水平提升的效果显著。在公共服务承载方面，河南省各城市基本公共服务的覆盖面不断扩大；养老、就业、医疗、居民服务、文化和教育等公共服务领域的财政预算支出不断提高；对城乡居民的转移支付不断增加，城乡居民公共服务一体化的格局初步形成。截至2012年底，河南省各城市公共服务供给状况如表4所示。

虽然河南省各城市坚持公共服务的供给数量和质量并重，努力满足城乡居民日益增长的公共服务的需求，在推进公共服务建设方面已取得了不少成绩，但受经济发展水平和行政区划壁垒的制约，公共服务整体水平的发展速度滞后于经济增长的速度，公共服务的供给水平依然存在巨大的改进空间。

一方面，公共服务的总体水平比较低。基本养老保险基金征缴率最高的城市也不到30%；参加失业保险基金征缴率最高的城市不足15%；每万人医生数最多不到30人；各市居民服务从业人数占人口的比例更低，均在0.5%以下；人均公共图书馆藏书量不足100册；每位中学老师平均所带学生数则均在12人以上。

另一方面，不同城市公共服务供给水平不平衡性特征明显。在18个地级市中，郑州的基本养老保险基金征缴率比第二名的济源就高出7.76个百分点，比最差的驻马店市则是领先了22.51个百分点；郑州的参加失业保险基金征缴率领分别先于周口和商丘10.04个、9.72个百分点以上；郑州每万人医生数则是信阳的2倍多；各市居民服务从业人数占人口的比例最高城市是最低城市的6倍以上；人均公共图书馆藏书量最高的城市济源是最差的城市周口的13倍以上；周口每位中学老师平均所带学生数不单远远超过全国平均水平，达到21.24人，而且比三门峡多出8人以上（见表4）。

表4　2012年河南省18省辖市公共服务供给情况

城　市	基本养老保险基金征缴率(%)	参加失业保险基金征缴率(%)	每万人医生数(人)	各市居民服务从业人数占人口的比例(%)	人均公共图书馆藏书量(册/人)	每位中学老师平均所带学生数(人)
郑　州	27.88	14.53	25.90	0.19	35.77	14.92
开　封	13.35	7.36	18.67	0.10	18.27	16.80
洛　阳	15.23	9.23	20.72	0.10	25.04	14.85
平顶山	9.66	9.63	19.27	0.10	19.88	13.89
安　阳	13.30	7.97	20.12	0.14	25.18	14.60
鹤　壁	10.92	9.92	20.26	0.05	28.97	18.09
新　乡	13.43	7.97	19.77	0.10	20.11	14.61
焦　作	14.97	10.07	21.25	0.12	31.82	15.37
濮　阳	7.99	8.63	16.89	0.08	15.57	16.78
许　昌	9.89	6.40	20.20	0.15	24.67	13.96
漯　河	10.83	6.90	16.36	0.09	15.25	15.68
三门峡	12.90	10.41	20.43	0.32	66.31	12.58
南　阳	8.27	6.41	13.09	0.07	14.88	15.58
商　丘	6.91	4.81	15.00	0.03	10.38	18.41
信　阳	9.14	6.20	11.51	0.06	13.91	16.80
周　口	6.30	4.49	14.66	0.03	6.93	21.24
驻马店	5.37	5.61	16.00	0.09	9.80	18.83
济　源	20.12	10.04	16.94	0.09	96.73	14.09

资料来源：根据《河南统计年鉴2013》计算整理得到。

整体而言，受经济发展水平的制约，河南省各城市在基本公共服务供给方面整体呈现出发展速度缓慢、总量供给不足、区域分布不均衡等特征。随着城镇化进程的进一步加速，城乡居民对公共服务需求的日益增长与有限财力之间的矛盾日益凸显，在很大程度上制约了城市公共服务整体承载力的提升。

基础设施的完善水平和公共服务的供给水平是城市综合承载力的核心影响因素，在很大程度上决定了一个城市综合承载的质量和未来的发展潜力。相对完善的基础设施和高质量的公共服务能够促进区域内各类生产要素有序、有效、合理、顺畅地流动，激发出各类要素最大的潜力，从而增强城市经济的活力，跃升城市经济竞争力。因此，为了进一步提升城市综合系统承载力，必须不断强化基础设施建设和加大公共服务的投资力度。

三 提升城市综合承载能力的几点建议

总体而言，河南省各城市综合承载状况不容乐观，承载力水平处于较低水平，如果不及时采取有效措施改变目前的这种不利状况，那么各城市综合承载力提升空间将会变得越来越狭小，各种潜在的危机随时有爆发的危险，河南省各城市的可持续发展前景将会受到严峻的考验。为了解决制约河南省城市化健康发展的瓶颈，有效提升各城市的综合承载力，建议采取以下一些措施。

（一）实施可持续发展的资源环境战略

在考量民众利益的基础上，综合运用经济、行政、法律和技术等方面的手段，推进资源和要素价格改革，改进居民生活用电、用水、用气等阶梯价格制度，促进资源优化配置，实施工业污水和生活污水处理收费制度，加大环境保护的投资，严格控制工业废水、二氧化硫、烟尘等工业污染物和生活污水的排放总量，严格执行排污许可证的市场交易制度，从根本上缓解工业增长和人口集聚所带来的区域生态环境的压力，鼓励使用清洁能源，环境保护与污染治理双管齐下，出台资源税和环境税，发展生态经济和循环经济，从根本上缓解工业化和城市化快速推进产生的区域生态环境的压力，以促进经济和环境之良性循环，实现经济总产值和社会福利水平最大化。增大城市绿化面积，强化对

PM2.5的监控，完善城市空气质量达标规划，制定严格的环境空气质量标准。优化城市土地利用规划，提升单位土地面积的综合产出水平，实现土地资源的集约节约利用。

（二）多维度提升城市的经济承载力

在企业发展层面，通过财税优惠政策引导企业以市场为导向加强创新投入，提升企业产品的科技含量和服务质量，实施企业名牌战略，加强企业的品牌建设，培育出区域性甚至是全国性、世界性的知名品牌。在产业发展层面，积极推进信息化与产业化的深度融合，实现产业信息化、信息产业化；坚持高、中、低端产业协同发展战略取向，既发展知识密集型的先进制造业、战略性新兴产业和高技术产业，又改造提升传统产业；在加快发展技术密集型的生产性服务业的同时，积极发展劳动密集型的现代服务业；不断优化产业结构，在稳步推进农业现代化的同时，加快推进第二产业转型升级，进一步提高第三产业在城市经济中的比重；因地制宜，优化存量，引导增量，科学引导产业的空间布局，以集聚经济引领整个区域的科学发展。在经济发展模式层面，大力发展外向型经济，抓住东部地区和国际产业加速向中西部转移的战略机遇，加大招商引资力度，积极参与国际产业分工；改变传统的粗放型的经济增长方式，培育和完善城市经济增长的内生机制，进一步强化资源集约、环境友好型经济增长方式，提升城市经济承载力。

（三）全面提升城市的社会承载力

在基础设施方面，以郑州航空港为核心，加快完善省内高速公路网和铁路网；加快郑州地铁建设，完善城市之间的轨道交通网络；强化中原城市群内部各城市之间的沟通与联系，增强中原城市群与其他城市之间的合作与交流，实现城市之间在公路和铁路之间的紧密衔接，降低全省范围内的物流和人流成本；优化城市内部公交线路的衔接，扩展城市公共交通的覆盖范围，优化公共交通的空间布局，进一步提升公共交通的承载力。完善全省的邮政服务体系，提升邮政内部管理水平，全面提升邮政服务质量，形成通达便利的邮政网络格局。在公共服务方面，坚持教育优先发展战略，加大基础教育财政投入，完善中等职业教育经费保障机制，促进城乡教育等质化发展，保障城乡居民公平享有教育资源的权利。加大公共医疗卫生的财政支出，构建城乡一体化的公共医疗卫生服务体系，健全疾病预防、救治和控制三大体系，完善应对突发公共卫生事件的应急机制。加快发展公共文化事业，加强对公共图书馆、文化宫、博物馆、美术馆和纪念馆等公共文化基础设施建设，提高居民的业余生活质量。完善城市居民在就业、养老等方面的社会保障，提高城镇居民的基本公共服务享有水平。

总之，提升城市综合承载力是一个复杂的系统工程，在城市区域内，必须协调好资源环境与经济社会之间的关系，从区域整体可持续发展的角度出发，把城市综合承载力当作一个系统来看待，最终实现资源环境、经济、社会各子系统的承载力在城市区域内做到协同共进，才能最终促进河南省各城市的可持续发展和城市综合承载力的跃升。

参考文献

石忆邵、尹昌应、王贺封、谭文垦：《城市综合承载力的研究进展及展望》，《地理研究》2013年第1期。

孔凡文、刘亚臣、常春光：《城市综合承载力的内涵及测算思路》，《城市问题》2012年第1期。

高洪岩、孙立娟、毕轶群：《河北省城市综合承载力分析与"城市病"防治》，《企业经济》2012年第12期。

B.7 农村贫困向城市转移的风险防范及对策研究

李建华*

摘　要： 当前河南正处于城镇化加速发展阶段。在城镇化快速推进过程中，必然伴随着大量农村人口向城市的转移，然而其中有一部分人并没有通过转移脱贫，反而成为新城市贫困人口，严重影响了城镇化的健康发展。党的十八大提出走新型城镇化道路，并把新型城镇化作为扩大内需的最大潜力所在和促进经济社会可持续发展的新引擎。如果不能从根本上解决农村贫困人口向城市的转移问题，有效化解乡村贫困向城市转移带来的风险，那么就不能走出一条高质量的新型城镇化道路，难以发挥新型城镇化对经济健康可持续发展的支撑作用。为此，本文分析了农村贫困向城市转移所带来的潜在风险，并提出化解这些风险的对策建议。

关键词： 农村贫困　转移　风险防范

一　贫困的基本理论认识

（一）贫困的经典释义

贫困是一个复杂的社会经济现象。不同时期、不同国家的人们对它有不同

---

* 李建华，河南省社会科学院助理研究员。

的理解，迄今为止，学术界对贫困也没有一个统一的定义。英国人朗特里在1899年从经济的角度给出了贫困的定义，他认为如果一个家庭的总收入不足以获得维持体能所需要的最低数量的生活必需品，那么这个家庭就是处在贫困状态。世界银行在《1990年世界发展报告》中给贫困下的定义是：缺乏达到最低生活水准的能力。2000年世界银行发布的《2000～2001年世界发展报告》拓展了贫困的范围，把权利贫困也包括在内。报告中提出贫困不仅是物质上的匮乏，而且还包括低水平的教育和健康，包含风险和面临风险时的脆弱性，以及不能表达自身的需求和缺乏影响力。国内的学者对贫困的定义也主要从经济学、社会学的角度去描述，如康晓光（1995）指出，贫困是一种生存状态，在这种生存状态中，由于不能合法地获得基本的物质生活条件和参与基本社会活动的机会，以至于不能维持一个人生理和社会文化可以接受的生活水平。关信平（1999）指出，贫困是由于缺乏必要的资源而在一定程度上被剥夺了正常获得生活资料和参与经济和社会活动的权利，而使生活持续性地低于社会的常规生活标准。由此我们可知，贫困是由于收入水平低而导致的一种低于社会平均水平的生活状态，并且由此引起了在社会生活的其他各个方面，如机会、能力、权利、教育、健康等方面的缺乏。

（二）贫困的基本分类

贫困的分类有多种方法，有的根据贫困的状态结果分类，有的根据贫困发生的原因分类，这里根据贫困的程度及贫困的内容将贫困分类。从贫困的程度来看，可分为相对贫困和绝对贫困，绝对贫困是指不能满足人的生存机能最低需求水准的贫困，也被叫作生存贫困。相对贫困是指不能满足社会认可的人的基本需求或体面生活水准的贫困。从贫困的内容来看，贫困可分为物质贫困、能力贫困、权利贫困。物质贫困就是指缺乏生存机能需要或体面生活所必需的物质生活资料，如衣食住行等个人生活必需品。能力贫困是指缺乏必需的教育、健康等人力资本投资，体质、智力、知识、技能和心理能力低下。权利贫困是指贫困人口作为社会弱势群体，缺乏应有的经济、社会、文化和政治生活的参与权利，处在社会主流生活的边缘，其公民基本权利和国民待遇不同程度地被剥夺，以及不同程度地被社会排斥和歧视。

（三）贫困的标准与比较

要统计贫困人口数量，首先要有一个衡量贫困的标准，这个标准就是贫困线。农村的贫困线和城市的贫困线标准不同。农村贫困线的划定我国目前是采用国际上通用的热量支出法，即首先确定一种营养标准，国家统计局将营养标准确定为每人每天2100大卡。然后根据20%的最低收入人群的消费结构来测定出满足这一营养标准所需要的各种食物量，再按照食物的价格计算出相应的货币价值。这一货币价值即为食物贫困线。然后用食物贫困线找出食品消费低于这条线的人群，再计算这个人群其他各方面的平均支出，其计算结果加总就得出农村贫困线。这种方式确定贫困线就是一种绝对贫困线，只能满足个人最基本的生存需求。城镇贫困的度量和城镇贫困人口的统计在中国目前还没有统一的标准。城市贫困线通常是依据目前各地的城市最低生活保障线，即将人均可支配收入水平低于当地城市低保线的人口作为贫困人口。农村的贫困线有两条。一条是国家划定的贫困线，是国家确定扶贫对象的操作性标准。另一条是地区根据本区域实际情况制定的农村低保线。2011年国家上调了贫困线标准，农民人均年收入低于2300元，即为贫困。在此之前，2009年的标准是1196元。实际上，我国的贫困标准一直偏低。世界银行把人均每天消费低于1.25美元作为贫困标准，我国目前2300元的贫困线标准按人均每天消费标准折算是1.03美元，这不仅低于国际一般标准，甚至低于印度、越南这些发展中国家。

二 河南农村贫困的现状特征

从河南贫困人口的数量和比例上看，河南是贫困人口大省，城乡之间、地区之间、不同群体之间发展不平衡，相对贫困问题日益突出。贫困地区贫困人口的自我发展能力较弱，贫困农村落后面貌还没有根本改变，消除贫困的难度还很大。

（一）河南农村贫困数量多

河南是农业人口大省，也是农村贫困人口大省。至2012年底，全省总人口10543万，常住人口9406万。其中城镇人口4473万，农村人口6070万。

2011年国家上调农村扶贫标准线，将农民人均纯收入2300元作为新的国家扶贫标准，按照这个新标准，到2011年底，全省农村贫困人口达到1150多万，占全省总人口十分之一强。贫困村1万个左右，占全省行政村五分之一强。2012年，经过扶贫项目资助，有113万农村贫困人口实现脱贫。2013年省政府工作报告提出将继续实现115万农村贫困人口稳定脱贫的目标，据此可知，河南农村目前还有900多万贫困人口。

（二）河南农村贫困分布区域化趋势明显

河南农村贫困人口大多数分布在传统农区、革命老区、黄河滩区、豫西深山和石山区。传统农区如地处豫东、豫东南的商丘、周口、驻马店、信阳等黄淮四市，河南省有31个国家级贫困县，其中有15个都位于这4个地区。平原农区人口稠密、资源匮乏，产业单一，过度依赖农业特别是种植业，但是粮食生产比较效益低，造成农民增收缓慢。革命老区由于远离城市和交通干线，地理位置和自然资源条件较差，农村人口受教育程度低，因此贫困发生率高。黄河滩区因为自然灾害多，不断与洪涝灾害做斗争，导致财产受到巨大损害，难以脱贫。豫西深山、石山区由于耕地面积少、土壤贫瘠，干旱缺水，不少地方粮食不能自给自足，加上交通不便，生态环境恶化，成为致贫的重要原因。

（三）河南农村贫困脱贫难度大

经过多年的努力，河南农村扶贫开发成效明显，贫困人口大幅下降，但就全省而言，贫困地区与发达地区之间，贫困农民与全省人民之间，收入差距不断拉大的趋势并没有被遏制，贫困特征出现新的变化，农村绝对贫困与相对贫困并存、物质贫困与精神贫困并存，脱贫工作难度较大。一方面，贫困人口数量大、发展差距大。另一方面，贫困人口集中分布的地区，具有生态脆弱性、政治敏锐性和地域边缘性的特点，再加上金融服务严重欠缺，中小型农产品加工企业和贫困农户很难得到贷款，脱贫难度大，脱贫成本增加。

三 河南农村贫困向城市转移的内在成因

河南目前还有大量农村贫困人口，随着工业化、城市化进程的推进，有很多农村贫困人口流入城镇,其中,有一部分通过自己的劳动摆脱了贫困,但仍有相当多的农村贫困人口在由农村向城市的转移中,其社会地位、身份、生活状态并未发生根本改变,只是改变了贫困的存在形态,即由农村贫困人口变成了在城乡之间流动的贫困人口,并成为生活在城市的贫困群体。导致农村贫困向城市转移的因素主要有以下几方面。

(一)农村不利条件的推力

农村的不利条件主要体现在农村收入渠道单一、就业困难、生活环境差、精神文化生活匮乏。在传统的产业结构中,农业仍然是比较效益低的产业。农村贫困群体多以农业,特别是以粮食种植业为主要收入来源,工资性收入所占比例很小,但是近年来农用物资价格不断上涨,而粮食产品价格增长缓慢,农民依靠种粮增加收入的难度越来越大。随着农业机械化程度的提高,越来越多的农民从土地上解放出来,成为剩余劳动力,然而农村第二、第三产业不发达,缺少就业机会,要打工就只能去城市。农村的生活环境较差,污水排放和垃圾处理都缺乏管理,道路也很狭窄,晴天尘土飞扬,雨天泥泞难行。农村的精神文化生活非常单调,很多地方没有网络,电视、麻将、扑克为主要的娱乐活动。枯燥的农村生活让新生代的年轻人难以忍受,一离开学校就选择去城市打工。农村的种种不利条件推动农村贫困群体进入城市,寻求改变贫困的处境。

(二)城市有利条件的拉力

与农村相比,城市具有就业机会多、工资收入高、物质精神生活丰富、公共服务完善等有利条件,吸引农村贫困群体转移到城市。目前河南正处于工业化、城市化的提速阶段,城市集中了大部分的制造业,并带动了第三产业的繁荣,由此促进了城市的扩张,同时也为农业剩余劳动力提供了大量就业机会。农村贫困群体不管有没有文化,只要肯吃苦耐劳,到城市都能够找到工作机会。目前,尽管农民工的工资还很低,甚至存在同工不同酬或拖欠工资的现象,但相对来说,在城市打工的收入要高于农村务农收入。长期以来,城乡二元经济社会结构造成了以户籍制度为核心的城乡利益差别。城市居民享有的社会福利保障要远远高出农民,这种利益分配的不均衡性使农民,特别是青年一代农民渴望进入城市，并最终沉淀下来。另外，城市在基础设施建设、文化娱乐设施、医疗卫生条件和子女教育环境等方面都要远远优于农村，这对新生代农民工来说具有强大的吸引力，他们迫切希望改变自己的生存环境，希望能够融入城市，成为"城里人"。

（三）农村贫困群体自身的能力约束

农村贫困人口由于受社会资本缺乏、教育水平低、就业技能不足等因素制约，难以在城市实现高质量的就业，因此转移到城市的农村贫困人口有一部分仍然无法脱离贫困。农村贫困人口文化教育程度普遍偏低，河南省早就实行了9年制义务教育，但是农村的贫困家庭仍然无力支付子女的教育费用，有很多年轻人初中毕业就走上了外出打工的道路。这些农村贫困群体的文化资本严重影响着其就业机会、就业能力以及城市生活的各个方面。他们的起点往往较低，因而难以抓住发展机遇，获得具备更高社会地位的职业。他们中大多数外出前没掌握必要的专业技能，不了解工业生产或现代化服务业的基本规范，因而绝大部分只能在劳动密集型的加工业和建筑业、服务业等行业就业，这些行业就业门槛低，相对剩余劳动力过剩，在就业岗位竞争激烈的情况下，他们根本没有和用人单位讨价还价的资本，因此维持低收入的水平。这些农村贫困者由于收入水平低，家庭经济负担重，闲暇时间少，没有能力接受再教育或职业培训，只能陷入"低收入—低教育投入—低可行能力—低收入"的恶性循环中。因此，自身的能力约束是转移到城市的农村贫困群体依然无法摆脱贫困的重要主观因素。

（四）城市制度性的排斥

城乡二元结构使转移到城市的农村贫困群体面临就业、社会保险、教育、住房等方面受到制度性社会排斥而难以融入社会和脱离贫困。农村贫困人口流动到城市以后，社会经济地位从总体上而言还是处于城市社会的底层。城市现存的竞争机制和熟人社会规则的存在，使就业市场并不能完全做到机会平等。很多职业在性别、户籍、年龄、相貌等方面限制过多，上岗条件不合理，导致农村贫困群体就业求职屡遭挫折，职业生涯常常充满不稳定性。农村贫困群体的教育背景使得他们为社会主流群体所排斥，他们缺乏融入城市的路径。虽然他们从事的工作是城市运行发展不可或缺的，却往往受到社会大众的轻视。农村贫困群体与社会主流群体之间存在着难以逾越的鸿沟，他们在经济、文化上均与城市主流群体格格不入，被排斥在主流群体边缘。因此，社会制度设计上的排斥，是转移到城市的农村贫困群体依然不能摆脱贫困的重要客观因素。

四 农村贫困向城市转移带来的风险

转移到城市的农村贫困群体为城市建设贡献了力量，但这一群体在城市的集聚和扩大，也给城市社会经济发展带来了一定的潜在风险，遇到适当的环境条件，这些潜在的风险就会被引发，产生难以估量的社会后果。

（一）容易导致被邪教和迷信组织煽动利用

邪教组织往往冒用宗教、气功或者其他名义建立，通过神化首要分子、散布迷信邪说等手段，蛊惑、蒙骗他人，发展、控制成员，危害社会。他们与各种反动势力合流、制造动乱、危害社会、与政府对抗，是社会的不稳定源。转移到城市的农村贫困人口，由于平均文化水平相对较低，对城市快节奏的生活难以适应，容易在现实生活中感到失落和困惑。另外，他们收入也较低，而且缺乏社会保障机制，如果遇到疾病、意外等情况很容易陷入无助困境。邪教组织及封建迷信分子，对有病无钱医和家庭贫困者乘机大肆宣扬传播邪教能祛病强身、逢凶化吉的歪理邪说。邪教以欺骗的伎俩对这些贫困者施以人文精神的"关怀"，因而很容易被渴求精神关怀的人所接受。2012年河南一些地方出现"全能神"邪教组织，这个邪教组织盗用基督教名义从事非法活动，散布宣扬"世界末日"等谣言邪说，制造多起社会治安案件，引起社会恐慌。该邪教组织的传播，严重干扰了部分群众正常的宗教信仰，蒙蔽吸引了很多不明真相的群众，致使许多原本贫穷困苦的家庭雪上加霜，造成了极大的社会危害。

（二）容易导致城市社会空间分异加剧

不同收入水平和文化背景的各社会阶层选择聚居在不同的空间范围内，在城市内部形成一种居住分化甚至相互隔离的状况,这就是城市社会的空间分异。转移到城市的贫困人口大量自发地聚集在生活成本较低的城市郊区或城乡结合部以及城市内部的城中村。这些地方缺乏城市规划的有序引导,聚居区内人员混杂,建筑密度大,拥挤不堪,治安混乱,公共卫生状况恶劣,住所内配套设施也非常简陋。但是这些地带具有房屋供给相对充足且租金便宜,交通相对便利等有利条件,吸引低收入群体聚居在此。贫困人口在空间上的集聚,使得城市主流群体和贫困群体之间形成各自交往的社会网络,富裕人群和贫困人群相对隔离,容易造成社会分层的极化和断裂。城市空间分异也使城市发展在空间上呈现出不均衡态势,影响城市发展,破坏城市景观。贫困人口聚居区无序发展,造成城市的局部地区土地使用性质混乱、功能定位模糊、建筑布局杂乱、配套设施滞后,城市规划建设管理失去控制。这些贫困阶层聚居区的内部功能、外观形象和空间形态均与其所在的城市存在着强烈反差,严重破坏了城市的整体景观,影响了城市的有序和健康发展。

(三)容易导致贫困阶层固化

阶层固化是最近几年社会普遍关注的问题。阶层固化意味着不同社会阶层的成员构成趋于稳定,社会成员在不同阶层之间的地位流动受阻,社会不平等结构被原样复制,仅靠个人的后天努力难以改变自己的命运,底层群体向上流动的通道被堵塞。对农村贫困家庭来说,改善生活的一条渠道是进城务工。许多农村贫困者也正是怀着这样的梦想来到城市的。但是,由于农民工工资长期维持在较低水平,多数人缺少应有的社会保障,因此其向上流动的空间也非常小。城乡差距的扩大,也进一步减少了他们扎根城市的可能性。农村贫困家庭改善生活的一条渠道是教育。但目前大学高昂的学费,让一些贫困家庭望而生畏。另外,大学生就业难,"毕业即失业",为高等教育支付了昂贵的成本,收益却存在更多的不确定性,甚至还降低了。这使得"知识改变命运"的说法越发不再让人相信。这种现实情况使农村贫困家庭因贫困的代际传递而产生穷 X 代现象,令贫困家庭子女陷入"贫困陷阱"不能自拔。社会贫困阶层继续固化会带来两方面的不良后果,一是整个社会流动陷入僵化,整个社会变成一潭死水,长久下去这个社会将失去生机和活力甚至出现断裂。二是对立情绪日益激化。当贫困阶层失去改变命运的希望,富裕被垄断,贫困被世袭,社会情绪的对立与仇视就难以调和,如果矛盾不能及时有效地化解,社会关系随时可能擦出火花。

(四)容易导致贫困文化蔓延

贫困文化是在社会、习俗、心理等因素共同作用下促成的社会积淀。具有相似社会背景及文化背景的人群往往更愿意居住在一起,并逐渐形成一种彼此了解和共同接受的行为方式、风俗习惯、思维定势、生活态度和价值观。转移到城市的农村贫困群体由于受到城市文明的排挤与歧视,会自然而然地对城市文明产生一定的抗拒心理。出于在陌生环境立足和发展的需要以及对乡土文化的共识,他们会自发形成以乡土文化为基底,以地缘、亲缘为纽带,以聚居空间为载体的贫困文化圈,并自觉选择与城市文化、价值观念、行为规范等方面的隔离。这种贫困文化是贫困者对贫困的一种适应和自我维护,它会使生活在其中的人形成一种消极的价值取向,往往会产生强烈的宿命感、无助感、依赖感和自卑感。贫困文化一旦产生就具有一种生生不息、蔓延发展的态势,其蔓延发展也直接影响到了下一代。在贫困文化影响下成长的孩子容易受到贫困文化的濡染并接受其中的基本价值观和处世态度。在以后的成长过程中即使条件发生了变化,出现了改变自己的机会,但由于心理上的原因他们甚至终其一生都很难再利用新出现的条件和机会来改善自己的境遇。

(五)容易导致暴力犯罪行为发生

贫困虽然并不必然产生犯罪,但贫困、贫富分化问题却是导致暴力犯罪发生的一个重要因素,贫困与其他的不利因素结合在一起就会极大地诱发犯罪。一是经济上的贫困导致犯罪。转移到城市的农村贫困人口大多数由于没有受过良好的教育,经济条件差,他们通过合法手段获得财富的能力也往往较差,在这种情况下,很多人便借助非法的手段,实施抢劫、偷盗等犯罪行为来实现获得财富的目标。二是心理上的失衡诱发犯罪。经济上的贫困加上社会上的一些歧视等各种不利因素影响贫困者的心理,使其心理上承受着很大的压力,超过承受能力的时候就可能导致心理失衡,从而产生犯罪动机走上犯罪的道路。转移到城市的农村贫困者感觉城市生活并没有让他们摆脱贫困,而且还受到城市社会在收入、福利、劳动条件、居住条件、子女入学等方面的歧视,难免会感到社会对自己和自己所属的群体的不公。这种失衡的心理状态,极易导致他们走上犯罪道路,严重影响社会稳定。三是社会贫富差距的扩大、分配不公激化犯罪。目前在一些领域还存在着不公正的现象,特别是政府官员的腐败影响恶劣。权力参与社会的分配引起分配不公,让贫困者产生严重的社会不公正感。权力资本集团的挥霍浪费、巧取豪夺更容易激发贫困群体的敌视心理和被剥夺的屈辱感,最终产生破坏力量。近年来出现的对抗政府事件,及大量的黑社会组织滋生就有这方面的原因。

五 化解农村贫困向城市转移风险的对策与建议

农村贫困向城市转移所带来的风险值得警惕,因此要从提高农村贫困转移人口自我发展能力、适应城市生活能力、应对意外风险能力等方面着手,有效化解农村贫困向城市转移带来的风险。

(一)推进城乡公共资源均衡配置,提高农村生活质量

农村贫困人口之所以向城市转移,很大程度上是因为城乡之间的差距。如果能够推进城乡公共资源均衡配置,提升完善农村公共服务能力,提高农村生活质量,让农民感觉到农村有吸引力,有发展潜力,那么农村贫困人口就不会都涌入城市。党的十八届三中全会也提出,要推进城乡公共资源均衡配置,让广大农民平等参与现代化进程、共同分享现代化成果。推进城乡公共资源均衡配置,一是要统筹城乡基础设施建设。推动基础设施建设向农村倾斜,加大公共财政农村基础设施建设覆盖力度。二是推动农村社会事业发展。统筹城乡义务教育资源均衡配置,提高农村教育水平。健全农村医疗卫生服务体系和新型农村社会养老保险政策体系,整合城乡居民基本养老保险制度、基本医疗保险制度,加快农村社会养老服务体系建设。三是统筹城乡文化发展。推进农村网络化、信息化,架设城乡信息"高速公路",实现城乡信息资源共享。在城乡

信息"高速公路"的带领下,繁荣农村文化,促进农村发展,努力缩小城乡差距。

(二)促进中小城市产业发展,提高其吸纳转移贫困人口的能力

农村贫困人口进入城市,首选的是大城市,就河南来说,首选的就是省会郑州。因为大城市有更多的就业机会,有较高的务工收入。这一群体在大城市局部空间内的高度集聚,更容易引发一些社会问题。如果农村贫困人口分散转移在家乡附近的中小城市,就会减少其中的风险。然而,目前河南一些中小城市就业机会少,吸纳人口能力有限,因此要加强中小城市的产业发展,提高其对农村贫困人口转移就业的吸引力。促进中小城市产业发展,一是要积极培育特色优势产业,不断扩大就业机会。二是要鼓励大城市中心区人口和产业向周边中小城市和小城镇扩散,积极引导农村人口和非农产业向中小城市和小城镇集中,逐步形成集聚规模经济优势,为中小城市和小城镇加快发展以及扩大就业提供强有力的产业支撑。三是要加强基础设施建设,提高公共服务能力和水平。四是鼓励符合条件的县改市、镇改市,为农民进城和产业发展提供载体。

(三)提高农村贫困人口基本素质,增强其自我发展能力

农村贫困人口转移到城市难以摆脱贫困的最重要原因就是受教育程度低,缺乏就业技能,因此要从源头上提高农村贫困转移人口的基本素质,增强其在城市的自我发展能力。提高农村贫困人口基本素质,一是要大力推进基础教育均衡发展,改善农村教学环境,促进教育公平,提高农村贫困家庭子女受教育的程度,减少贫困代际传递。二是要大力发展多层次的教育体系。统筹发展普通教育、职业教育、成人教育等不同层次的教育,提高贫困人口的文化科技素质。目前,农村职业教育生源不足,出现发展萎缩的现象,主要是因为农民对农村职业教育存在偏见,另外农村职业教育本身也缺乏吸引力。因此要增加对农村职业教育的投入,提高在校舍、师资、实验实习基地、教育培训等方面的办学条件,降低学费,减少农民教育成本,为贫困人口接受教育提供条件。三是要大力开展就业技能培训,提高农村贫困人口转移到城市后的就业能力。设置符合农民特点的专业课程,增强培训的针对性。

（四）维护农民生产要素权益，提高贫困人口抵抗意外风险能力

保障农民在劳动、土地、资金等要素交换上获得平等权益，提高其财产收益，使农村贫困人口在城市受到疾病、意外等变故时，有一定的经济能力抵御意外风险，防止陷入绝对贫困。一是要加快完成农村土地的确权颁证工作，保护农民对农村集体土地的承包权、使用权和分配权。尽快完成宅基地、农村集体建设用地使用权的确权颁证工作，为建立统一、规范、公平的要素产权交易流转市场奠定基础。二是要保障农民公平分享土地增值收益。允许集体经营性建设用地出让、租赁、入股，实行与国有土地同等入市、同权同价，改革征地制度，缩小征地范围，规范征地程序，建立兼顾国家、集体、个人的土地增值收益分配机制，提高农民在土地增值收益中的分配比例。三是强化农民资金储蓄投资收入。金融机构要提供适应农民储蓄特点的理财产品，使农民能够依靠自有资金增加收入。

（五）破解城市二元结构，让农村贫困人口能够顺利融入城市

农村贫困人口转移到城市后，在就业、社会保障和社会生活等方面无法享受和城镇居民同等的待遇，在城市内部出现的城市新二元结构，严重阻碍了农村贫困人口融入城市的进程。破解城市二元结构，让农村贫困人口能够顺利融入城市，一是要建立消除歧视、公平竞争、城乡统一的劳动就业政策。加快清理和消除对农村贫困人口进城务工的歧视性地方就业政策，开放城市公共职业介绍机构，免费向他们提供就业信息、职业指导和职业介绍服务。二是要加强安全知识和法律法规知识的教育培训，提升他们的人力资本价值和自觉维权的意识，保证他们的合法劳动权益。三是要完善社会保障政策。建立覆盖农民工的社会保障体系，提高覆盖面和保障水平。完善农民工参加工伤保险、生育保险和大病医疗统筹各类社会保险项目的办法，提高参保比例和保障程度，力争实现工伤保险的全覆盖。加大住房保障体系建设，通过廉租房建设、城乡接合部改造、棚户区危旧房改造，增加低收入群体的房屋供给，以满足贫困人口的需求。四是为贫困人口建立临时性、应急性的社会救济，将符合条件的贫困人员纳入城市最低生活保障覆盖范围。

参考文献

关信平:《中国城市贫困问题研究》,湖南人民出版社,1999。
方晓玲:《论城市流动人口的贫困文化》,《青年研究》2004年第6期。
张欣:《贫困转移现象研究——以政府治理为视角》,贵州大学,2006。
杨冬民、党兴华:《中国城市贫困问题研究综述与分析》,《经济学动态》2010年第7期。
芦伟:《河南农村贫困地区的贫困现状与对策》,《河南教育学院学报》2011年第3期。
黄德金:《河南农村贫困人口脱贫工作的难点与对策研究》,《市场论坛》2011年第7期。
《河南统计年鉴2013》,中国统计出版社,2013。

B.8 农业转移人口市民化与中小城市功能提升关系研究

郭小燕*

摘　要： 有序推进农业转移人口市民化是河南省科学推进新型城镇化、提高城镇化质量的重要任务，而中小城市是推进农业转移人口市民化的重要载体，但是由于河南省中小城市功能不完善、综合承载能力不强、制度和政策缺失等原因，农业转移人口市民化的进程缓慢。在此背景下，本文深入分析了农业转移人口市民化与中小城市功能提升的相互关系，剖析了河南省二者关系的现状特征，以及制约二者形成良性互动关系的深层次原因，最后针对推进农业转移人口市民化的需求条件和需求特征，提出了推动河南省农业转移人口市民化与中小城市功能提升互动发展的对策措施。

关键词： 市民化　中小城市　功能提升

党的十八大报告指出，要"加快改革户籍制度，有序推进农业转移人口市民化，努力实现城镇基本公共服务常住人口全覆盖"。2012年中央经济工作会议又明确提出，要"把有序推进农业转移人口市民化作为重要任务抓实抓好"。党的十八届三中全会进一步提出，要"推进农业转移人口市民化，逐步把符合条件的农业转移人口转为城镇居民"。可见有序推进农业转移人口市民化已成为我国积极稳妥推进城镇化、提高城镇化质量的重要举措。在我国城镇

---

* 郭小燕，河南省社会科学院副研究员。

化发展实践中，人口大量涌向大城市，从而造成了一系列的"大城市病"问题，亟须发挥中小城市承载作用，促进人口向中小城市转移。然而，中小城市又面临着功能不完善、人口承载能力不强的问题。作为传统的农业大省和人口大省，河南省推进农业转移人口市民化，加快新型城镇化的任务更为迫切。因此，有必要对河南省农业转移人口市民化与中小城市功能提升的关系进行研究，探索提出促进二者形成良性互动发展关系的政策建议。

一 农业转移人口市民化与中小城市功能提升的相互关系

在当前中国国情和河南省情下，推进农业转移人口市民化的关键在于中小城市，提升中小城市功能是有序推进农业转移人口市民化的前提和基础条件，也是农业转移人口市民化促进和倒逼的结果，农业转移人口市民化是促进中小城市功能提升的动力因素，二者存在着相互促动、良性互动发展的关系。

（一）中小城市是吸纳农业转移人口的重要载体

农业现代化对农业劳动力的需求日趋减少。发展现代农业、推进农业现代化是提升农业质量、农业效益和农业竞争力的必然选择，是促进农业增效、农民增收、农村发展的根本途径，是河南省全面建成小康社会的一项重要任务。但是，农业现代化发展对农业劳动力存在着挤出效应。随着农业现代化的发展，农业规模化、标准化、科技化、机械化等水平不断提高，使得现代农业对农业劳动力产生了挤出效应，所需农业劳动力越来越少。同时，由于农业的弱质性，农业比较效益较低，越来越多的农业人口倾向于离开农村向城镇转移。加上河南省人多地少，人均耕地面积仅有0.07公顷的现实省情，过多的农业富余劳动力必然要向城镇转移，并通过市民化进程成为城镇人口。

大量农业人口向中小城市转移是现实选择。从农业人口转移目的地来看，主要有三种，即就地转移、向大城市转移和向中小城市转移。就我国农业人口转移的实践来看，通过农业产业化经营和村办、乡办企业等途径促进大量农业人口就地转移出现了种种弊端而显得不太现实。向大城市转移是我国目前农业人口的主要转移模式，但大量的农业人口涌向大城市也造成了一系列的"大城市病"问题。诸如交通拥堵、住房紧张、资源短缺、环境恶化、城市内涝等,使得大城市的人口承载压力巨大。同时,由于基础设施和公共服务设施不完善,大量农业转移人口不能实现市民化、完全融入城市引发一系列的社会问题。而中小城市是沟通城乡的桥梁和纽带,拥有就业容易、进城落户门槛低、各种社会关系稳定等独特优势,这也决定了中小城市是现阶段我国有序推进农业转移人口市民化的主要载体。

综合考虑河南省基本省情、河南省城镇化发展阶段、河南省经济社会发展基础,有序推进中小城市农业转移人口市民化,促进农业人口向中小城市转移是河南省适应国情省情和新型城镇化发展要求,科学推进新型城镇化,提高城镇化质量,促进城镇化健康发展的必然选择。

(二)中小城市功能提升是推进农业转移人口市民化的前提条件

中小城市是吸纳农业转移人口,推进农业转移人口市民化的重要载体和必然选择。但是中小城市要吸纳大量的农业转移人口并使其市民化,也必须拥有相对完善的城市功能作为支撑。完善的产业发展功能、集聚辐射功能、宜居功能、服务功能、环境功能等是中小城市吸纳农业转移人口,推进农业转移人口市民化的前提条件。这是因为,完善的产业功能,为农业转移人口提供充足的就业岗位;较强的集聚辐射功能,吸纳劳动力和资金、技术等生产要素向这些城市集聚;完善的宜居功能,为农业转移人口提供居住服务;完善的服务功能,为农业转移人口提供教育、医疗等各类社会服务;良好的环境功能,提供良好的基础设施和生态环境等。

但是,多数中小城市的城市功能不完善,制约着农业转移人口市民化的进程。例如,多数中小城市产业基础薄弱,产业功能不强,一方面导致提供的就业岗位不足,满足不了农业转移人口的就业需求;另一方面导致城市的经济实力和财政实力薄弱,从而对基础设施和公共服务设施的投入不足、设施滞后。而水电气暖、交通、通信等基础设施滞后,以及教育、医疗、住房和社会保障等公共服务不完善又会造成农业转移人口难以融入城市、不能实现市民化等一系列的问题。从这个角度来分析,中小城市功能提升是提高其对农业转移人口的吸纳能力,从而有序推进农业转移人口市民化的前提条件。

（三）中小城市功能提升是农业转移人口市民化促进和倒逼的结果

大量的农业富余劳动力向中小城市转移并实现市民化将促进和倒逼中小城市功能提升，是促进中小城市功能提升的动力因素。究其原因，一方面，大量的农业富余劳动力向中小城市转移，将为该城市的产业发展提供充足的劳动力资源，从而促进城市产业的发展，进而提高该城市的综合经济实力和地区财政实力，使得该城市有财力也有实力来加强城市水电气暖等各项基础设施建设，并逐步完善教育、医疗、社会保障等公共服务体系，从而提高中小城市的综合承载能力，完善中小城市综合功能。另一方面，大量的农业富余劳动力向中小城市转移并实现市民化，需要中小城市具备较高的综合承载能力和较为完善的综合功能，这就倒逼中小城市去提升城市功能。

总之，中小城市功能的完善和综合承载能力的提升，在为农业转移人口创造条件的同时，也将进一步促进农业转移人口和产业向中小城市集聚，使得产业结构调整和产业升级步伐加快，增强区域创新能力，带动人口就业结构的变化，形成更为合理的人口就业结构。相应的，合理有序的人口就业结构和较强的区域创新能力反过来又会促进当地承接产业转移加快产业升级的步伐，进一步增强中小城市的综合经济实力和财政实力，使其进一步完善城市的各项基础设施和公共服务设施，提高公共服务水平，加强生态环境保护，营造宜居生活环境等，从而达到提升城市功能的目的。更为重要的是，当地有能力把所有农业转移人口纳入城市公共服务体系，使其享受到均等化的公共服务，真正实现市民化。

（四）农业转移人口市民化与中小城市功能提升的互动发展机制

综合分析，中小城市是吸纳农业转移人口、推进农业转移人口市民化的重要载体，中小城市功能提升能够加快农业富余人口向城镇转移并实现农业转移人口市民化进程，而推进农业转移人口市民化反过来也促进和倒逼了中小城市功能的提升。农业转移人口市民化与中小城市功能提升存在着相互促进、互为因果的良性循环。其互动发展机制可以简单地用下图来表示。

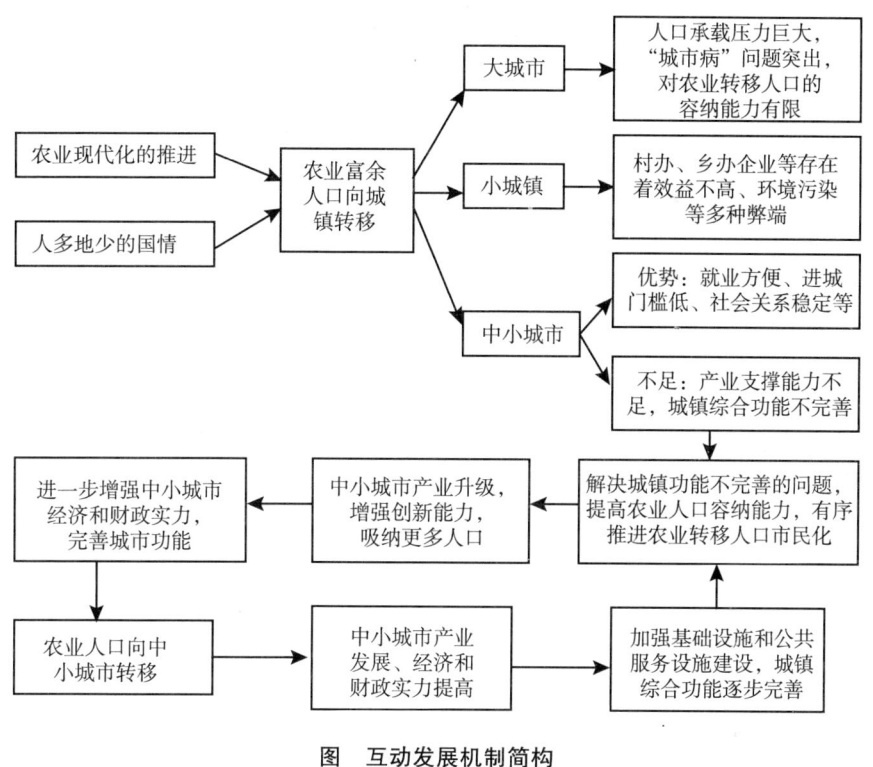

图　互动发展机制简构

二　河南农业转移人口市民化与中小城市功能提升关系的现状分析

河南省是传统的农业大省和人口大省，2012年全省常住人口达到9406万人，占全国总人口的7.0%，居全国第3位。而同年河南省城镇化率仅有42.4%，居全国倒数第5位。促进农业富余劳动力向城镇转移，推进农业转移人口市民化的任务更为迫切。而河南省中小城市普遍发育不足，缺乏产业支撑，功能不完善，综合承载能力不强，制约着农业转移人口市民化的步伐，农业转移人口市民化与中小城市功能提升尚未形成相互促进、互动发展的良性循环关系。

（一）农业转移人口市民化的现状特征

农业转移人口市民化就是指农业转移人口转变为市民的过程，具体地说，是指农业转移人口在城市工作的同时,能够获得城镇永久居住身份、平等享受城镇居民各项社会福利和政治权利成为城镇居民的过程。

推进农业转移人口市民化必须满足一定的社会条件和个人条件。就社会条件来说,要求城市拥有较为完善的城市功能和较强的城市综合承载能力,能够容纳足够多的人口,以及较强的综合经济实力,能够承担增设基础设施、提供公共服务、增加公共管理等农业转移人口市民化的公共费用。就个人条件来说,一是要能够实现就业,获得稳定的收入,足以支持自己及家人在城市的居住、教育、医疗等各项生活成本;二是能够获得与城镇居民平等的身份,实现由农民到市民身份的转换;三是能够与城镇居民平等地享有教育、医疗、社会保障等公共服务;四是要有较高的市民化意愿和适应城市生活的各项素质条件。综合而言,推进农业转移人口市民化主要受到当前经济社会发展推进的影响,具体地说,包括较好的产业基础和经济实力、较为完备的城镇基础设施和公共服务设施、均等化的公共服务体系、与时俱进的社会观念和意识、较为健全的制度和政策体系等条件。

从河南农业转移人口市民化的现状来看,近年来,河南省城镇化以每年1.8个百分点的速度快速发展,其中农业转移人口进城就业是支撑城镇化快速发展的主要力量。农业转移人口"家庭化"转移和居住稳定性趋势明显,举家外出、完全脱离农业农村的情况较为普遍。多数新生代农业转移人口长期在城市生活,市民化意愿强烈。户籍制度和公共服务制度改革加快推进,农业转移人口市民化的政策环境逐步放松。农业转移人口的素质水平不断提升,收入水平持续提高。但是,在农业转移人口市民化过程中,也存在着一些问题:一是在城市落户定居难,享有的公共服务水平低,社会参与和融入程度低,新的城市二元结构问题突出;二是大城市人口过于集中,资源环境压力日益加大,容纳不了过多的人口,而中小城市和小城镇发展不足,功能不完善,不能吸引更多的人口;三是政策体制不完善,地方政府推动农业转移人口市民化的动力不足,而农业转移人口收入水平低,市民化能力不足。

(二)中小城市功能的现状特征

中小城市是我国城镇体系的重要组成部分,在区域中发挥着十分重要的作用，是吸纳农业转移人口的重要载体。近年来，河南省中小城市也取得了快速发展，综合实力有了较大提升，各项城市功能也逐步完善。据《中国中小城市发展报告（2013）》显示，河南省的义马市（第47位）、新郑市（第49位）、禹州市（第55位）和荥阳市（第62位）入围2013年度中国中小城市综合实力百强县市，此次中小城市科学发展评价体系主要是从经济发展、社会进步、环境友好和政府效率四方面对全国中小城市进行的评价。

但是，从总体上来看，河南省中小城市功能不完善，综合承载能力不强。一是城市功能单一，一些中小城市只是发挥生产中心的功能，把经济增长作为城市发展的唯一和首要目标，没有从城市功能角度考虑城市的发展和建设。二是集聚辐射能力不强，城市之间大同小异，缺乏特色，对区域缺乏强大的辐射能力。三是城市基础设施建设滞后，对基础设施和公共服务设施建设的重视程度不够，投入不足，建设标准不高。由此造成了基础设施落后、公共服务缺失，就业渠道狭窄，对产业和人口的吸纳和承载力不强、转移人口融入度低等一系列的问题。

（三）制约二者互动发展的原因分析

如今，农业转移人口市民化与中小城市功能提升之间尚未形成相互促进、互动发展的良性循环关系。对制约二者互动发展的原因进行如下分析。

一是中小城市功能不完善的制约。由于中小城市综合承载能力不强、综合功能不完善，一方面造成中小城市缺乏吸引力，人口和产业不愿意往中小城市集聚；另一方面，通过招商引资等方式吸引产业入驻的时候，薄弱的城市功能又承载不了产业发展和就业人口生活的需要。这是最主要的制约因素，其他几个制约因素都直接或间接造成或影响了该制约因素的形成。

二是经济条件的制约。主要被中小城市和农业转移人口两方面经济条件的制约。从中小城市来看，河南省中小城市农业县（市）较多，经济实力和财政实力普遍不强，缺乏提供完备的基础设施和公共服务设施的能力；从农业转移人口来看，面临着过高的市民化成本，主要包括过高的入户条件、过高的居住支出、过高的就业风险、过高的生活成本等，而农业转移人口素质普遍不高，多从事一些制造业、建筑业和服务业等行业，收入普遍较低，难以承担市民化的过高成本。经济条件的制约是根本的制约因素。

三是制度和政策条件的制约。与全国一样,河南长期以来实行的是城乡分割的二元体制。近年来,河南省在破解城乡二元结构方面进行了一系列的体制机制创新。但是在传统体制机制的惯性作用影响下,城乡统一的户籍、教育、医疗、就业和社会保障等制度体系仍然尚未形成,加上政策等因素,已出台的政策落实困难,严重阻碍着农业转移人口市民化的进程。制度和政策条件的制约是内在的制约因素。

四是社会和环境条件的制约。从农业转移人口自身来看,由于与城市人口在身份限定、经济地位、行为方式等方面的差异性,一定程度上会受歧视和排挤,对城市缺乏心理认同和归属感。从城市方面来看,地方政府和城市人口对农业转移人口存在着认知偏差,存在着一定的排斥心理,城市管理主要采取的是防范式、管制式的管理。由此造成农业转移人口成为城市社会的边缘群体,城市的二元结构问题凸显。社会和环境条件的制约是直接的制约因素。

三 推动农业转移人口市民化与中小城市功能提升互动发展的对策措施

推动农业转移人口市民化与中小城市功能提升互动发展,要针对河南农业转移人口市民化的需求条件,通过构建现代产业体系、公共服务体系、基础设施体系和住房保障体系,不断完善中小城市经济功能和社会功能;通过构建现代城镇体系,优化人口空间布局,形成人口、产业与城镇互动融合发展的局面;通过体制机制创新,形成推动农业转移人口市民化与中小城市功能提升互动发展的长效机制。

(一)加快中小城市发展,提升中小城市功能

中小城市功能是否完善是关系农业转移人口市民化与中小城市功能提升是否能形成良性互动关系的关键因素,因此必须要加快中小城市发展,提升中小城市功能。城市功能主要包括生产、贸易、金融、物流、信息等经济功能和居住、生活、交通、教育、文化、医疗、就业和社会保障等社会功能。其中,经

济功能是城市形成、存在的前提和基础，也是城市的核心功能，制约和推动着城市的形成和发展。提升中小城市功能，首要的就是强化经济功能，为中小城市容纳更多的农业转移人口提供产业支撑和就业支撑，为基础设施的完善、城市功能的优化和提升提供一定的财力基础。社会功能是城市存在和发展的基本内容，也是城市的基本功能，决定着城市的发展水平和质量。推进农业转移人口市民化，必须要强化中小城市的各项社会功能，为农业转移人口在城市生活、居住、交通、教育、文化、医疗、就业和社会保障等方面提供基本的公共服务。

（二）构建现代城镇体系，优化人口空间布局

中小城市是吸纳农业转移人口的重要载体，但河南人口大多集中于省会城市郑州，致使郑州交通堵塞、环境污染、住房紧张等"大城市病"问题凸显，而中小城市人口集聚能力不足。因此，要加快构建现代城镇体系，实行不同的人口集聚政策，优化人口的空间布局促使人口分布与城镇等级体系相一致。坚持中心城市带动战略，按照统筹城乡发展的要求，加快形成大型中心城市、中小城市、小城镇各具特色，竞相发展的城镇体系。根据各个城市的不同定位，实施不同的人口集聚政策，促进人口合理分布。省会城市郑州要实施条件准入限制政策，有条件、有批次、有序推进农业转移人口市民化；洛阳、安阳、南阳、商丘等重要中心城市要结合发展实际，实施相对宽松的农业转移人口市民化政策，着力提升就业吸纳能力和人口承载能力，提高对周边地区的辐射带动能力。中小城市作为农业转移人口的主要承接地，要实施积极的人口准入政策，提高城市综合承载能力和人口吸纳能力，促进人口集聚。小城镇要放开落户条件，吸纳农村人口就近转移。

（三）构建现代产业体系，提高产业支撑能力

雄厚的产业基础是推动农业转移人口市民化与中小城市功能提升的重要基础条件。一方面，产业发展是农业转移人口解决就业问题的前提和基本条件。另一方面，产业发展与城市功能提升之间存在着相互促进、动态提升的关系，产业的发展和产业结构的调整、优化、升级是促进城市功能提升的基础和主要因

素。当前，中小城市要围绕产业基础再造、产业转型升级、提供就业需求等加快产业发展，构建现代产业体系，提高产业支撑能力。一是着力扩大产业规模。通过招商引资、承接产业转移、加快产业集聚区建设、营造良好发展环境等多种途径，加快产业向中小城市集聚，扩大产业规模，优化城市和产业空间布局，促进产城融合互动发展。二是着力促进产业结构调整和优化升级。通过改造提升传统产业、加快培育新兴产业、大力发展服务业等途径，优化产业结构，提升产业能级。三是着力依托当地优势培育特色产业。中小城市要依托当地的经济基础、资源优势，以及其他一些独特优势，培育发展特色优势产业，提高产业竞争力。此外，要加快服务业发展，为农业转移人口向中小城市集聚提供条件。

（四）完善公共服务体系，提高公共服务水平

构建均等化、覆盖全部常住人口的公共服务体系，不仅是推进农业转移人口市民化的重要方面，也是促进中小城市功能提升的重要内容，对形成农业转移人口市民化与中小城市功能提升良性互动发展关系具有重要意义。因此，必须要围绕方便居民生活和公平正义构建均等化、覆盖全部常住人口的公共服务体系，满足农业转移人口在城市的居住、教育、医疗、就业和社会保障等基本需求，保障其能够在城市定居生存下去。在居住方面，一是要围绕满足低收入家庭住房需求构建包括公共租赁房、廉租房、经济适用房等在内的多层次住房保障体系，提高住房保障能力；二是要出台政策，把农业转移人口纳入城镇住房保障体系。在教育方面，要保障农业转移人口随迁子女享有平等的义务教育权利。在医疗方面，要把农业转移人口纳入城镇基本医疗保险体系内，保障其能够享受到基本医疗服务。在就业方面，要保障农业转移人口获得平等的劳动收入，并依法享有各项劳动权益。在社会保障方面，逐步将农业转移人口逐步纳入城市社会保障体系内，保障其公平享有各项社会保障权利。

（五）完善基础设施体系，提高设施保障能力

完备的基础设施是中小城市容纳更多的农业转移人口的基本硬件条件，也是该中小城市功能的基本组成部分。然而，由于地方经济基础薄弱、财政实力不强、规划建设管理滞后等多种原因，多数中小城市基础设施薄弱，综合承载

能力不强,是制约中小城市功能提升,加快农业转移人口市民化的重要原因。为此,要加强基础设施建设,构建完善的基础设施体系,提高基础设施对居民生产生活的保障能力。一方面,要加大政策和资金支持力度,全面加强中小城市道路、通信、水电气暖等各项基础设施建设,着力解决城市内涝、垃圾污染等问题;另一方面,提升城市基础设施规划、建设和管理水平,切实提高中小城市基础设施的综合利用效率和保障水平。此外,要完善中小城市基础设施建设的投融资体制,坚持以市场为导向,推动投融资主体多元化,着力解决基础设施建设资金不足的问题。把一些经营性基础设施项目推向市场,鼓励企业和个人投资,形成政府、企业和个人多元化投资机制。

(六)完善各种制度体系,提供有效制度保障

体制机制是加快推进农业转移人口市民化与提升中小城市功能的重要保障。要抓住中原经济区建设被赋予的先行先试权利,加快体制机制创新,在农业转移人口市民化、推进土地节约集约利用、城市建设投融资等方面先行先试,形成推动农业转移人口市民化与中小城市功能提升互动发展的长效机制。一是要探索建立促进农业转移人口市民化的体制机制。加快中小城市户籍制度,以及附着于其上的住房、教育、医疗、社会保障等配套制度改革,着力推进农业转移人口向中小城市集聚并实现市民化。二是要探索建立土地节约集约利用的机制。走内涵挖潜和集约节约用地的路子,推动农村集体土地使用权流转等制度创新,积极开展城乡建设用地增减挂钩试点工作。三是要探索建立城市建设多元化的投融资机制。实施积极的政策支持措施,建立城市建设投融资平台。积极争取国际政策性银行、商业银行等贷款,吸收社会资本参与城市基础设施建设。

参考文献

孙志刚:《城市功能论》,经济管理出版社,1998。

刘传江、徐建玲等:《中国农民工市民化进程研究》,人民出版社,2008。

米永平:《城市化进程中农民市民化的困境与出路》,《生产力研究》2012年第9期。

城市形态篇

Urban Morphology

B.9 河南城镇化空间布局优化研究

王新涛*

摘　要： 城镇化空间布局优化是推进新型城镇化健康可持续发展，发挥新型城镇化引领作用的前提和基础。河南城镇化空间布局特征，既有支撑新型城镇化加快发展的积极因素，也有迫切调整优化的制约因素。依托主体功能区划和资源环境承载能力差别，完善交通等基础设施支撑体系，建立健全城镇化区域综合协调机制，引导城镇化空间的网络和轴线扩展，能够有效解决河南城镇化空间布局中存在的区域发展不平衡、城镇化形态不优等问题。

关键词： 河南　城镇化　空间布局　路径选择

---

* 王新涛，河南省社会科学院助理研究员。

优化城镇化空间布局，推进大中小城市和小城镇、城市群科学布局，与区域经济发展和产业布局紧密衔接，与资源环境承载能力相适应，是加快新型城镇化、加快生态文明建设的重要举措。河南在推进新型城镇化进程中，需要进一步完善和优化城镇化空间布局，以中原城市群为主形态强化城镇功能互补和内在联系，形成与省情相符合的城镇空间格局，提高产业和人口集聚能力。

一 河南城镇化空间布局的特征

在省委、省政府高度重视并强力推进下，河南全省城镇化水平稳步提高，2012年城镇化率达到42.4%，县城及以上城市建成区面积达到3562平方公里，共有设市城市38个，县城88个，建制镇876个，城镇体系逐步完善，呈现出较为典型的"金字塔"式结构，在此过程中，河南城镇化空间布局逐渐凸显出以下几方面特征。

（一）交通指向的轴线空间扩展

2012年，郑州市城区常住人口达到515万，洛阳达到243万，南阳、平顶山、商丘均超过100万，开封、安阳、新乡等10市都在50万以上；县城和县级市城区平均人口达到15.5万，其中，固始、禹州、潢川、鹿邑、商水等5个县城人口超过30万，项城、巩义、永城等15个县城人口在20万~30万，人口在15万~20万的有30个，10万~15万的有33个，10万人以下的有23个，镇区平均人口达到8800人。这些城镇在空间上的分布，呈现出典型的交通指向性特征。其中郑州、洛阳、开封、商丘、三门峡、巩义、永城等城镇密集带集中分布在陇海铁路、连霍高速公路、310国道以及高速铁路构成的东西向综合交通运输大通道的轴线地带，安阳、鹤壁、新乡、许昌、漯河、驻马店、信阳等城镇密集带集中分布在京广铁路、京港澳高速公路、107国道以及高速铁路构成的南北向综合交通运输大通道的轴线地带。同时，新乡—焦作—济源、漯河—周口、许昌—平顶山—南阳也沿高等级公路和省道形成了局部区域的城镇密集带。就省域中心城市和地区性中心城市而言，据统计，京广线上的城市占河南区域性中心城市的41.2%，陇海线上的城市占23.5%，焦枝线上的城市占17.6%，这三条运输大通道的城市合计占全省城市数量的82.3%。

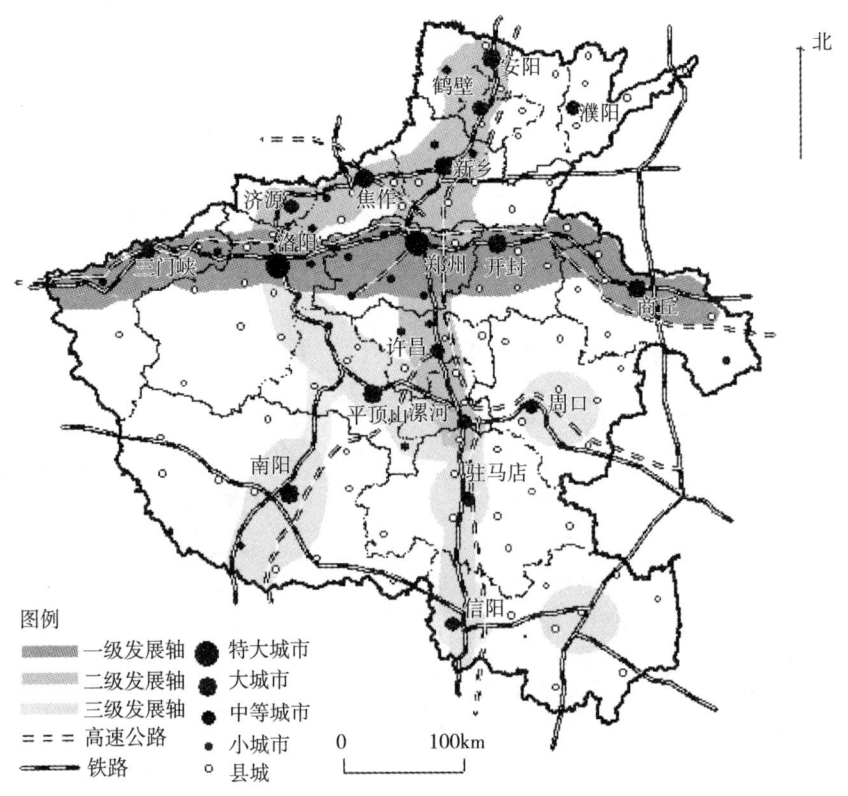

图1 河南主要城镇密集带与交通干线空间分布

（二）单核心牵引和腹地分割的空间格局

河南城镇化空间布局中第二个显著特征是郑州单核心增长的速度持续加快。郑州作为河南省域城镇体系的首位城市，城市集聚作用仍在加强。根据官方发布的数据，截至2012年底，郑州市的流动人口登记数为323万，按建成区面积计算，流动人口密度大约为每平方公里9000人，流动人口密度居全国第二位。①

---

① 《郑州流动人口密度全国第二》，新浪网，http://henan.sina.com.cn/city/csyw/2013-11-05/175-32527.html。

近年来，中原经济区规划、国家粮食战略工程河南粮食生产核心区规划和郑州航空港经济综合实验区规划一起，构筑形成了新时期河南三大国家战略框架。郑州作为支撑三大战略实施的最重要城市和受益城市，虽然焦作、新乡、洛阳、许昌、开封等邻近城镇承接了郑州转移的部分项目，建立了与郑州产业配套的项目，但是郑州在其集聚、辐射和扩散过程中，一直处于集聚效应占主导地位的发展阶段，扩散效应较弱，辐射过程进展非常缓慢，导致两个问题日渐突出：第一，郑州城市继续扩张同城市综合承载力瓶颈制约的矛盾显著加剧，交通拥堵、房价飞涨、环境恶化、基础设施和公共服务不堪重负等"大城市病"日趋严重；第二，中原城市群进程中解决城市间有机联系的制度障碍难以逾越。由于郑州的集聚效应持续增强，造成虹吸效应也日渐明显，各城市之间的相互联系并不紧密，城镇体系职能分工不强，竞争远大于联合，大中城市只对其周围的邻近县城和县级市有较强的吸引和辐射作用，城镇化布局显现出明显的腹地分割的空间形态。

（三）城镇空间分布的区域不平衡

按照地形分类，河南城镇可以划分为平原型城镇、丘陵型城镇和盆地型城镇，不同的城镇在地理位置、资源条件和交通区位等方面存在着明显的差异，与之相对应，城市的发展也表现出明显的地域差异。从整体上看，河南特大城市、大城市、中等城市和小城市主要分布在沿南太行的新乡、焦作、济源、洛阳以及京广铁路沿线的新乡—郑州—许昌—漯河，20万～50万人的小城市只有四个，分布在豫北、豫西、豫西南和豫东南地区。京广铁路以东包括濮阳、商丘、周口、驻马店、信阳的大部分地区以及安阳、鹤壁、新乡等地区的东部，均是中心城市和规模相对较小的县城，均质离散地分布在广大平原地区，城市之间尚未形成有效的轴线和网络式联系通道。同样均质离散的空间布局形态，还存在于南阳、平顶山大部分地区以及三门峡和洛阳南部地区。而合理的区域城市体系要求具有完整的城市规模等级；各规模等级城市之间保持合理的金字塔结构比例关系，中间不发生断层，上下不缺层；城市的职能作用能够通过城市网络依次有序地逐级扩散到整个体系。当前，河南城镇空间分布的区域不平衡，主要是黄淮地区和豫西南地区30万～50万人的中小城市数量较少，中小城市的缺失，使得整个城市体系既无法在空间上优化布局，也无法使得城市职能结构与城市规模等级结构相匹配。

（四）城市整体协调发展能力尚未明显改善

从横向作用方向上看，河南特大城市、大城市和中等城市构成的城市等级规模结构趋于优化，但是各城市之间空间关联性不强，为满足城市内部及周边地区的需要，各城市就会建立比较完整的功能体系，城市体系相对也比较封闭。在城市经济由封闭走向开放的过程中，"弱而全"的功能体系，与邻近城市之间产生了激烈的竞争。从河南城镇化水平和提高的速度看，当前河南城市的极化效应有降低的趋势，但是整体上城市协调发展的能力并没有明显改善，产业同构和经济结构雷同现象仍然比较严重，互补性差，经济联系弱，城镇体系处于一种松散状态，在很大程度上制约了整个区域经济的发展和社会效益的提高。从纵向作用方向上看，以中心城市的集聚发展为主，各市域中心城市和县域中心城市还处于集聚发展阶段，仍以吸收要素为主，还没有发挥对外围腹地的辐射扩散作用，城镇发展的进程仍然缓慢，这是城镇化空间布局不优导致城镇之间空间联系性差的重要体现。

（五）城镇引领区域发展的方式差异明显

总体上看，河南城镇化空间已经形成了核心密集、外围稀疏的城镇化空间形态，中部是以郑州为核心的城镇密集区，其城镇化发展水平和综合实力都很强，城镇通过网络式促进新型城镇化进程和城乡一体化发展，而西部、西南、南部、东部较弱，河南的东部和南部，经济活动主要是农业，人口密集，城镇稀疏且规模较小，矿产资源相对匮乏，要素在广大空间中仍然呈均匀分布状态。信阳、驻马店、周口、商丘、南阳等城市在大片区域中的辐射带动能力非常有限，处于点直接辐射面的极点式发展阶段。北部地区城镇的发展速度快于全省平均水平，相对于全省来说较快。这既反映出河南生产要素的流动趋势，由经济相对不发达的东部、南部城市，向省内部分竞争力较强的城市进一步集中的态势，城镇化空间布局的重点将进一步向北部移动，也反映出中心城市在引导区域发展的过程中，中部和北部城市由于空间联系较为密切，能够带来整个区域的加快发展,信阳、驻马店、商丘、南阳、周口等地区的中心城市,与其他中小城市之间的空间作用较小,无法从整体上发挥城镇体系对区域的引领作用,导致生产要素加速向城镇密集区流动。

二 河南城镇化空间布局优化需要重点解决的问题

从当前河南城镇化空间布局的特征来看,尽管河南推进新型城镇化已经取得了一定的成效,城镇体系日趋完善,轴线发展步伐加快,城镇网络局部形成,但是,要实现城镇化空间的优化布局,还需要着力解决以下几个问题。

(一)增强城镇化空间布局优化的内生动力

从河南城镇化空间布局的情况看,已经初步形成了核心密集、外围稀疏的城镇化空间形态,核心区域城市之间的经济联系强度较大,但是外围地区的城市与城市之间、外围地区城市与核心密集区城市之间的经济联系相对较弱,这也在一定程度上反映出了影响河南城镇化空间布局优化的三个因素:一是城市之间的城际快速交通设施建设相对滞后,影响城市流强度;二是城市的外向功能相对较弱,产业同构性较强,互补性较弱;三是城市的职能分工不科学、不合理,城市相互联系的动力不强。为此,优化河南城镇化空间布局,首先是要增强城市之间的产业互补性,构建快速交通支撑体系,形成城镇化空间优化的内生动力机制。

(二)促进城市密集区的网络化发展

城市密集区的形成与发展,既是现代城市化进程的重要特征,也是世界区域经济和城市化发展的重要趋势之一。河南中部地区城市密集区已具雏形,分布了较多的城镇,核心区和空间发展轴线已经形成,但城镇整体规模较小,发展水平较低;中心城市辐射功能较弱,仍处在以集聚为主、不断扩展之中;地域发展差异较大,城市之间仍存在大片的非农化程度不高的地区,城市化地域分散,主要沿空间发展轴线相连,总体上处于形成阶段。要带动河南城镇化空间布局优化,需要以郑州为中心,包括洛阳、新乡、焦作、许昌在内的中部城市密集区率先形成网络化的发展态势,加强区域功能整合和空间整合,引领和带动黄淮地区、豫西南、豫北地区的城镇化空间布局的优化发展。

(三)培育黄淮地区和豫西南地区战略支点城市

河南城镇化空间布局一个较为突出的问题就是区域发展的不平衡,这个不平衡体现在部分中心城市的影响力范围较小和战略支点城市缺失两方面。和中部城镇密集区相比,黄淮地区和豫西南地区城镇化空间布局最迫切需要解决的问题就是中心城市的辐射带动能力较弱,无法带动广阔腹地的发展,其中南阳、信阳、驻马店、周口地区表现得最为明显。可以从两条路径来解决这一问题:一是增强中心城市的辐射带动能力。主要是加快生产要素集聚,提高产业发展水平,加快中心城市到县城交通等基础设施建设。二是挑选发展基础较好、交通区位优越、人口总量较大的县城,加快将其发展成为30万人甚至是50万人以上的大中城市,如项城、潢川、固始、镇平等县城,提高大中城市空间密度,从而带动附近中小城镇发展,推动城镇化空间布局优化。

(四)半城镇化地区小城市的发展

城镇化是一个过程,一些地区由于自然条件的限制和生产方式的制约,在城镇化过程中有可能难以最终演进为城镇化地区,但城镇化过程依然是推动这些区域现代化进程的主要动力。① 由于河南处于我国第二阶梯向第三阶梯过渡地带,地势西高东低,北部为太行山脉,西部为秦岭余脉,南部为大别山脉、桐柏山脉,中南部自西北向东南横亘800里的伏牛山脉,同时,拥有汝州、永城等分散的能源和矿产资源开发地区,也有一些城郊边缘地带和近邻大都市的周边乡村区域、具有良好的旅游休闲资源的非城镇化地区、农副产品加工为支撑的乡村工业发达地区以及通过经营方式转型而形成的林业工人工作和生活区域等,这些区域如果形成人口、产业、基础设施高度集中的城镇,则资源环境承载能力严重超载,对生态环境的破坏也不可逆转,而适宜通过产业结构的非

---

① 樊杰、刘毅、陈田等:《优化我国城镇化空间布局的战略重点和创新思路》,《中国科学院院刊》2013年第28(1)期。

农化、就业结构的非农化、生产方式的城市化、社会文明的城市化、公共服务和社会保障的城市化,促进就业的主体形态、收入来源构成、公共服务与基础设施条件、生活方式与社区文化等与城镇化人口和城镇化地区接近,将其打造成为城镇化空间形态的一种补充形式,缩小城乡差距,使全社会更多地从城镇化过程中直接受益。

三 河南城镇化空间布局优化的路径选择

河南省城镇化空间策略要把握区域城镇化特征与问题,解决区域发展问题;依据主体功能区划和资源环境承载能力差别,确保区域可持续发展;强化中心城市的辐射带动能力,引导城镇化空间的网络和轴线发展;完善交通等基础设施支撑体系,强化城镇空间联系。

(一)根据各类主体功能区,明确城镇化空间优化策略

城镇化空间布局要和主体功能区划有机结合起来,特别是主体功能区划的划分是根据区域的现有开发密度、资源环境承载能力和发展潜力,而城镇化地区是城镇、产业、人口、基础设施的高度集聚,将会对资源环境承载能力造成一定的压力。为此,城镇化空间布局要有利于发挥各城市的资源优势,形成各具特色、功能互补的区域分工格局,促进生产力布局优化,加快重点开发地区和优化开发地区的新型工业化、新型城镇化与农业现代化的协调发展。2012年,河南整体上城镇化水平落后于全国10.2个百分点,并呈现出区域发展不平衡、区域资源环境承载力大的特点。具体到每个区域,郑州、洛阳、焦作、新乡、济源等省辖市市域范围内的整体开发密度较大,城镇集中,人口众多,经济基础相对较好;安阳、三门峡等豫北、豫西等部分地区的开发业已经进入相对饱和状态,开发密度较大;此外,商丘的永城是河南传统四大板块黄淮地区、豫西南地区开发密度较大的县域。这些地区由于人口、产业、城镇相对聚集,可以划定为城镇化空间优化开发地区,以完善城镇化空间布局、壮大发展现有中小城市为主战略,在资源环境约束不断加剧的情况下实现可持续发展。禁止开发地区和生态类限制开发地区大多位于北部的太行山区、西部的伏牛山

区、南部的桐柏山区和大别山区，是全省森林资源、动植物资源、涵养水源地相对集中区域。这些地区森林覆盖率较高，不仅为河南中部和东部平原提供了天然的生态屏障，也为重点开发地区的产业发展和农业可持续发展提供了有利条件和屏障。黄淮地区商丘、周口、信阳、驻马店和南阳以及豫北安阳、濮阳、鹤壁等地区可以确定为城镇化重点开发地区，着力将县城打造成为中等城市，提高其大中城市密度，增强大中城市对区域的辐射带动能力，加快形成轴线和网络化的城镇密集带和城市密集区。

（二）以轴带和网络化为发展方向，优化空间发展秩序

河南省城镇和产业空间布局已经形成了联系比较紧密的中原城市群和京广、陇海两条成熟的城镇发展带，依托宁西、大广等重要交通轴线的几条潜力发展轴线也已初步形成，在此基础上，结合各地区的经济发展水平、资源条件、开发强度及整体空间发展秩序等，按照"强化中心、壮大节点、圈层推进、轴带拓展"的思路，全力打造"一极、一群、两圈、三层、四带、五轴"空间布局格局，逐步形成联系紧密、功能协调，开放型、网络化的城镇体系空间结构。突出"一极"，即核心增长极——包括郑州中心城区、郑州新区、汴西新区和郑州航空港经济综合实验区在内的新的郑汴都市区范围；强化"一群"，即中原城市群；打造"两圈"，即"半小时交通圈"和"一小时交通圈"就是以城际快速轨道交通和高速铁路为纽带，实现以郑州为中心，半小时通达洛阳、开封、新乡、许昌、漯河、平顶山、焦作、济源等8个省辖市的"半小时交通圈"和以高速铁路为依托，形成以郑州为中心，一小时通达南阳、安阳、濮阳、三门峡、鹤壁、商丘、信阳、周口、驻马店等9市的"一小时交通圈"的格局。并根据"一极"和"两圈"将其按照"三层"来进行布局，即核心层、紧密层及辐射层。依托主要交通运输通道规划建设"四带"，即陇海城镇发展带、京广城镇发展带、南太行城镇发展带和伏牛东城镇发展带；推动有条件的区域和有需求的区域培育"五轴"，即宁西城镇发展轴、黄淮海城镇发展轴、郑州—焦作—晋城城镇发展轴、郑州—平顶山—南阳城镇发展轴和林州—安阳—濮阳城镇发展轴。

（三）依托综合交通运输体系，增强城市之间的空间联系

城镇化空间布局的调整和优化在很大程度上取决于区域交通运输体系的空间布局，快速便捷、高效安全、互联互通、布局科学的交通运输体系是实现城镇化空间结构优化基础和重要的支撑条件。河南城镇化空间布局应以现代综合交通运输体系、物流和信息基础设施为重点，努力实现共建共享。一是在交通方面，以连通东西、纵贯南北的运输通道和综合交通枢纽为重点，构建"干支结合"的空运体系、铁路网络体系、公路交通网络体系、内河航运通道和智能交通服务网络，推进多种交通方式的资源优化配置和协调发展，形成网络完善、布局合理、运行高效的一体化立体交通网络体系。其中，要突出搞好机场功能整合，尽快通过通航权资源开放和机场经营权开放，实现临空经济的大发展。二是在信息化建设方面，按照构建"数字河南"的总体要求，突破区划、部门、行业界限和体制性障碍，加大信息基础设施建设力度，加快部署新一代移动通信网络，分区域、按步骤推进无线宽带经济区建设，构建"随时随地随需"的中原经济区信息网络。统筹信息网络规划、建设和管理，率先推进电信网、互联网和广播电视网"三网融合"，促进网络资源共享和互联互通。统筹基础地理信息资源的开发利用。三是在物流基础设施方面，根据河南城镇产业结构和空间布局，以交通主干线为主要物流通道，以物流节点建设为重点，按照"物流枢纽—综合物流园区—物流中心"的结构层次进行宏观布局。对区域内重复建设的物流基础设施，注重从物流基础设施整体发展的角度加快既有以及规划的运输设施的整合，使运输基础设施因物流的运作组织而得以更好地发挥相关功能，推进综合运输的发展和社会整体运输效率的提升。

（四）加快体制机制创新，优化城镇化空间布局的政策设计

河南城镇化腹地分割的空间布局形态，要求在行政管理体制和行政区划、基础设施共建共享和生态环境综合治理等方面进行综合协调。一是借鉴国内外推进城镇化空间结构优化的成功经验，根据不同城镇化区域的发展实际，探索城市之间多种形式的、多层面的合作模式，建立行之有效的区域协商机制、发展调控机制和利益整合机制，为区域协调发展提供制度保障。二是围绕加快城

镇化空间布局优化，适当调整城市群内行政区划，完善城市设置，优化空间布局，逐步解决市、县、乡镇规模过大或过小问题。对发展空间过小的城市适时调整行政区划，拓展发展空间。设区市、县同城的要撤县设区，增强城市功能和发展潜力。三是以城镇化空间协调发展为目标，对综合交通运输体系、信息网络、供水系统、能源电力、环保设施、防灾减灾等重大基础设施，进行统筹规划，联合建设，综合协调。四是加快沿公路、铁路的绿化带建设，统筹推进生态城市试点建设工程，形成网络化的区域生态廊道。建立区域环境联防联治体系，建设完善水和大气环境自动监测网络，合作开发区域环境监测信息共享平台，实现环境监测数据的互通和共享。建立完善跨省、市的水、大气等环境预警应急机制和联合惩处机制，加强联合执法检查的力度，实行监测仪器、应急车辆等环境应急设施的紧急共享，提高区域环境应急水平。

参考文献

盛广耀：《中国城市密集区的发展态势及战略构想》，2005年11月17日，http://www.sdpc.gov.cn/tzgg/jjlygg/t20051117_50233.htm。

丁志伟、王发曾、殷胜磊：《基于成长能力评价模型的中原城市群空间发展态势》，《河南科学》2010年第10期。

刘静玉、刘玉振、邵宁宁等：《河南省新型城镇化的空间格局演变研究》，《地域研究与开发》2012年第5期。

车前进、段学军、郭垚等：《长江三角洲地区城镇空间扩展特征及机制》，《地理学报》2011年第4期。

徐哲、陈锦富：《中部地区城镇化空间布局模式探讨——基于中、东部地区比较分析视角》，《规划创新：2010中国城市规划年会论文集》，2010。

樊杰、刘毅、陈田等：《优化我国城镇化空间布局的战略重点和创新思路》，《中国科学院院刊》2013年第28期。

B.10
河南省中心城市组团发展研究

左 雯*

摘 要： 河南省中心城市组团发展全面推进，在规划编制、城市功能、快速交通体系、生态体系建设等方面取得了较大的进展，但是还存在着建设进展不平衡、区域产业格局形成困难、组团协调性不高、共建共享机制不完善等突出问题，在一定程度上制约了中心城市组团发展。为此，下一步的重点工作任务应放在建立完善组团式发展规划体系、加快快速交通体系建设、推动产业分工合作体系建立、提升组团城市功能现代化水平、发挥中心城市组团式发展建设示范工程几方面，通过促进产业集群与城市组团耦合发展、加快中心城市和组团城市配套设施建设、拓宽投融资渠道、完善中心城市组团式发展的制度体系等措施，加快推进中心城市组团发展。

关键词： 河南省 中心城市 组团

2011年8月，河南省委、省政府出台了《关于促进中心城市组团式发展的指导意见》，为中心城市组团式发展明确了总体要求和目标，提出了发展的重点任务。促进中心城市组团式发展，有利于完善河南省城市布局和城市形态，有利于提升中心城市的辐射带动力，有利于加快推进新型城镇化，是中原经济区建设的重要组成部分和实践内容。2013年，中心城市组团式发展全面推进，在取得了显著成绩的同时，也存在着突出问题。要努力破解矛盾，加快推进中心城市组团式发展。

---

* 左雯，河南省社会科学院助理研究员。

一 河南省中心城市组团式发展的现状

自 2011 年全省开始全面启动中心城市组团建设工作以来，各城市组团建设全面快速推进。2012 年 8 月，省政府组织召开了全省城市新区和城市组团建设工作座谈会，对城市组团建设工作进行了专题安排部署，省发改委与省住建厅已共同起草形成了《关于加快建设中心城市组团的实施方案》，着重明确了组团范围、重点建设任务、具体支持政策、考核激励办法等。① 截至目前，初步确定把 64 个县城、县级市市区及符合条件的特定功能区纳入中心城市组团发展范围，其中县城 41 个、县级市市区 14 个、特殊功能区 9 个。按照中心城市组团式发展的要求，加快中心城区与组团间快速通道和重大生态设施建设，组团式发展的态势正在起步，中心城市发展形态不断优化，城市组团产业和人口承载能力不断提升。

（一）规划编制工作有序进行

各省辖市在研究分析组团与中心城区功能分工的基础上，进行了大量前期调研工作和摸底调查，提出了中心城市组团发展的总体布局，并积极开展组团发展规划编制工作。目前，郑州、洛阳、许昌、焦作、新乡等市基本完成了规划编制初稿，其他各市规划编制工作也全面展开。鹤壁、安阳、驻马店等市组团发展规划通过专家评审，虽然安阳、驻马店的组团发展规划在《关于加快建设中心城市组团的实施方案》出台前通过了专家评审，但还需大量的修改和完善。

（二）城市功能不断提升

各省辖市按照《指导意见》和《实施方案》的要求，城市组团以产业集聚区为载体，按照产城互动融合发展的要求，加快基础设施建设，努力提高人口承载能力，壮大城市规模。55 个组团县城（市区）均规划建设了新城区，同步加快老城区改造和产业集聚区建设，产业配套和人口集聚功能不断增强，55 个组团县城（市区）建成区面积达到 1100 平方公里，平均人口已达到 15

---

① 《河南省已确定 62 个城市组团 加速新型城镇化进程》，《河南日报》2012 年 8 月 5 日。

万以上。结合自身实际，9个特殊功能区结合自身发展定位，加强产业载体建设，与中心城区产业功能链接逐步完善。

（三）快速交通体系建设全面启动

各省辖市全面启动中心城区与组团间快速交通体系建设，按照《指导意见》要求，积极推进中心城市骨干道路向城市组团延伸，中心城市组团式发展框架逐步拉开。目前，郑州、洛阳、许昌、安阳等市中心城区与每一组团之间都已经形成一条快速通道连接，其中，郑州市以"两环十七放射"为骨架，建设中心城区连接"六城十组团"的快速通道，全面推动中心城区与组团间交通一体化发展；焦作市按照"八横十纵"的总体构架，将构建有效对接郑州、洛阳、新乡、济源、晋城等周边城市和"中心城市—城市组团"的快速通道及旅游、文化交通大环线，建设"一环""七纵""九横"的城市主干路网和环城快速通道，加强中心城区与组团城市、各组团城市之间的联系。

（四）生态体系建设加快推进

各省辖市积极统筹协调中心城区与组团以及组团之间的生态环境保护，以生态廊道、隔离绿带建设为突破口，打造中心城区与组团间一体化生态网络。郑州对连接中心城区和县、市，新市镇的交通道路两侧建设20~50米的绿化廊道，并建设自行车道、人行步道、公交港湾、休闲驿站，构建沟通中心城区、六城及各组团、各森林公园之间的景观丰富、布局合理、功能稳定、结构完善的生态廊道网络，为中心城市组团式发展提供强有力的生态环境支撑。

二 河南省中心城市组团式发展存在的问题

总体上看，河南省中心城市组团式发展还处于起步建设阶段，各省辖市的发展还不平衡，存在一些突出矛盾和问题。

（一）各中心城市组团建设进展不平衡

受经济实力和自身发展基础的制约，各中心城市组团建设进展存在着较大的不平衡。主要表现在：一是个别地方对城市组团的内涵把握不够全面，在组团范围理解上还存在着一些误区，有的城市把整个县域都作为城市组团规划建设。二是各省辖市对城市组团式发展的紧迫性和必要性不同。如郑州、洛阳、新乡等经济较发达地区，经济发展中心城市已经和距离其比较近的某些县城形成了产业互补、链接顺畅、公共服务共享的城市组团。为了增强中心城市的辐射带动作用，发挥城市集群优势，经济较发达的省辖市及其县城组团发展的欲望更为强烈。而经济欠发达地区，中心城市和组团城市之间没有天然的、经济发展到一定阶段而形成的集群效应，其组团发展动机是政府推动而不是市场需求。三是中心城区与组团间快速交通体系建设进展不平衡，个别地方快速通道建设还处于规划设计阶段。如新乡市基础较好，中心城市与组团城市在《指导意见》出台前，其中心城区与每一组团之间都已经形成一条快速通道。而黄淮四市经济实力较弱，基础设施建设相对滞后。

（二）构建错位发展、优势互补的区域产业格局存在较大困难

中心城市组团式发展的目标之一是构建错位发展、优势互补的区域产业格局，但是这一格局的形成存在较大困难，主要表现在：一是中心城区规划定位较高，但实际产业层次较低。许多中心城市将自身定位为发展商贸、金融、保险、会展、会计、设计、中介咨询、时尚休闲等高端服务业以及高端制造业、高新技术产业，发展总部经济和楼宇经济，限制一般性原材料和初加工项目[①]。而现实是，目前全省中心城市的服务业占经济总量的比重除郑州和开封外均不足50%，仍是工业占主导，且多处于产业链低端和产业链上游，产品附加值较低；另外，为了追求较高的经济增长速度，部分中心城市仍然发展附加值较低的产业，难以实现其高端定位。二是中心城区与组团城市、组团城市之间产业同构性较强，特色不明显。由于中心城区和组团城市间资源禀赋相同，产业发展战略相似，导致区域内产业结构趋同，专业化程度不高，很难形成具有特色竞争力的整体发展优势。各地区抢项目、争资金的现象存在，引进项目多是中低端粗加工制造业，尚未形成自己的特色产业。三是中心城市与组团间的主导产业关联

---

① 《关于促进中心城市组团式发展的指导意见》。

配套尚不完善，没有形成具有高度关联性的产业链条为纽带，资源不能在城市之间实现优化整合，能源不能形成城市互补、协调发展的产业格局。

（三）各中心城市组团协调性不高

各省辖市的地方保护主义依然存在，协调发展的理念尚未真正建立。一是中心城市存在强烈的以自我为中心的意识，河南省规划的 64 个组团城市基本是按照行政隶属关系，中心城市和其下属的区位在 30 公里以内的县城或县级市形成的组团，中心城市与组团城市相比，在经济上或者政治权利上还处于强势地位，在组团发展的总体利益中获利较多，甚至是"超额"利益。比如，将好的项目和资金优先安排在中心城市，使好的项目、资金、人才等在行政管辖范围的资源优势都会优先集中安排在中心城市，使中心城市的虹吸效应增强，辐射效应减弱，这与中心城市组团式发展的目标相悖。二是组团城市之间存在竞争关系，各组团城市在区域优势、资源禀赋、发展历史、发展战略等方面都有很强的相似性，且在区域经济排名、政绩考核等方面存在竞争，导致了各自为政和各自发展，各地方政府的区域竞争意识强于区域合作意识。三是中心城市定位不明确。目前，郑州定位为国家区域性中心城市，洛阳定位为副中心城市，除此以外，其他中心城市均为地区性中心城市，在产业布局、交通体系、城镇空间布局中都处于同等地位。由于各自的角色不明确，各中心城市都想争当区域中心，加剧了各城市之间的无序竞争，造成资源浪费，经济壁垒加剧，阻碍了中心城市的发展。

（四）各中心城市组团共建共享机制不完善

中心城区与组团城市间公共服务、生态等重大设施共建共享机制有待完善。一是项目建设推动力不足。由于各中心城市和城市组团经济发展不平衡，对公共服务、生态等重大基础设施需求不同，在推进重大公共服务和重大生态工程共建共享中，缺乏利益分配与成本分担相协调的共建共享机制，难以协调各方利益。一种情况是，如果每个组团城市都为了追求自身利益最大化，而不给其他城市"搭便车"的机会，其结果是形成城市间公共服务、生态等重大设施区域排斥或者资源不可共享。另一种情况是，一些城市存在着"搭便车"的心理，项目建设推动力不足。二是资金压力使共建共享存在较大困难。共享共建机制需要中城市和组团城市间积极配合、通力合作，由于各城市发展的不平衡，财力不平衡，即使只有一个城市难以承受巨大的资金压力，也会产生"木桶效应"，使项目搁置。此外，公共服务、生态等重大设施投资规模巨大，仅仅依靠财政资金是远远不够的，但目前来看，各城市融资方式单一、资金投入不足，已经阻碍了共建共享机制的推进。三是重复建设现象依然存在。各中心城市和组团城市都从提升自身竞争力、完善自身功能的基础上进行公共服务建设，存在浪费现象。四是环境污染共同治理难度大。各个城市从自身利益出发，愿意将其污染对外排放却不愿承担相应的外部责任，使区域的生态工程共建和污染同治难度加大。

三 河南省中心城市组团式发展的重点任务

围绕优化中心城市形态和空间布局，促进中心城区与组团城市一体化发展、形成整体竞争优势，重点推进以下几方面的工作。

（一）建立完善组团式发展规划体系

加快完成各省辖市中心城市组团式发展总体规划编制工作和组团县城规划修编工作，基本形成与中心城市组团式发展相适应、较为完善的规划体系。一是按照"向心发展、功能互补、整体优化、共建共享"的原则，统筹中心城区和各组团的功能定位、发展规模、产业发展及交通、生态等重大基础设施建设，加强与省辖市、县（市）城市总体规划、土地利用规划相衔接，全面加快各省辖市中心城市组团式发展总体规划编制工作。要充分体现各城市组团的特色和优势，对产业布局、基础设施和公共服务建设进行统一规划和调整，敢于打破原有行政区划界限，实现资源共享、优势互补，真正形成组团式发展合力。二是结合中心城市组团式发展总体规划，加强与城市（县城）总体规划、土地利用规划、产业集聚区发展规划、特色商业区规划的衔接，对组团城市总体规划、土地利用规划、环境保护规划等进行修编和完善，尽快形成配套完善的规划体系。

（二）加快快速交通体系建设

将符合国省道规划和中心城市组团发展总体规划的快速通道项目列入省干

线公路建设规划,并纳入河南省重点项目管理。以国省道扩容改造和中心城区主干道路拓展延伸为重点,加快中心城区至组团城市之间以二级及以上公路为主的快速通道连接,全面推进中心城区与组团间交通设施建设,构建综合性、立体化、网络型的快速交通体系,打造20分钟通勤圈。加快中心城区与组团城市间快速公交系统建设,完善一体化公交网络,支持有条件的中心城市与周边组团城市规划建设城市轨道交通。

(三)推动产业分工合作体系建立

根据中心城区与组团城市的资源禀赋和产业基础,围绕产业集聚区主导产业定位,推动中心城区产业链向城市组团梯度延伸,提高产业配套的关联度,逐步构建集约发展、错位发展、链式发展、优势互补的产业格局。探索建立企业、项目跨行政区转移的利益协调和补偿机制,通过委托经营、园中园、飞地经济等模式,对新引进产业项目进行统一集中布局,实行利益补偿或按比例进行税收分成。结合中心城区第二、第三产业业态调整,在中心城区与组团城市间合理布局建设生产要素交易市场,统筹带动物流、仓储等生产性服务业加快发展。

(四)提升组团城市功能现代化水平

支持55个城市组团以连接新老城区快速通道建设为突破口,加快新区综合连片开发,积极引导教育、医疗等优质公共资源向新城区转移,增强新区集聚人口能力。加快组团城市老城区"内涵式"改造步伐,以棚户区、旧商业街区、城中村和城乡结合部为重点,科学确定老城区更新改造的步骤和时序,提高存量建设用地二次开发效益,促进老城区焕发新活力。按照中心城市标准,全面推进组团内交通、供排水、垃圾污水处理、供热、供气、供电等基础设施建设,结合农业人口转移趋势同步配套完善学校、医院、保障性住房等公共服务设施,全面提升城市功能。

(五)发挥中心城市组团式发展建设示范工程

优先支持新郑、中牟、荥阳、宜阳、鲁山、汤阴、辉县、卫辉、博爱、武陟、清丰、长葛、鄢陵、临颍、镇平、唐河、虞城、商水、遂平、淮阳等与中心城区功能互补性强、产业合作基础好的城市组团，重点在快速交通体系建设、产业链接、生态共建等方面开展先行先试，积极承接和改造提升中心城区外迁产业，完善城市功能，吸引人口集中和产业集聚。形成与中心城区优势互补、联动互动的组团式发展格局，为其他城市组团发展提供示范。

四 推进中心城市组团式发展的对策建议

河南省中心城市组团式发展推动新型城镇化的重要一环，也是一个系统、长期、复杂的过程，需要多方面努力。

（一）促进产业集群与城市组团耦合发展

一要完善城市组团内的产业链条，将产业发展与组团城市发展有机融合，发挥产业集群集聚和辐射作用。发挥各中心城市的区位优势，错位发展主导产业，不断完善产业链条，构建明确的分工与协作体系。在现有产业集群的基础上，扩大集群范围，实现城市组团内的依附产业关联的发展模式，将各组团城市产业发展目标和产业布局纳入到产业集群的产业链中，形成统一的经济体。二要增强各产业间的衔接与配套，优化产业空间布局，实现生产要素在各城市之间的优化组合，以此促进组团城市功能的优化。

（二）加快中心城市和组团城市配套设施建设

一要加大财政投入，提升中心城市和组团城市配套设施的水平和条件。目前，河南组团城市存在配套设施建设远远落后于城市整体发展水平的现象，而基础设施和公共服务配套设施是公共物品，具有共有性，应以政府为主导进行投资。二要整合资源，优化配置。要想短期内提升城市组团配套设施水平，最有效的途径就是提高其利用效率，整合组团城市的资源和设施，减少和避免重复性建设和投资。三要抓住重点，分清主次，优先和集中力量投入重点发展的、对整个城市组团发展起到关键作用的项目和设施建设，争取做到低投入高产出。

（三）拓宽投融资渠道

一要调整财政支持政策。努力争取中央在财税政策上的支持，落实相关优惠政策，用足用好现有国建和河南省相关财税优惠政策。保证财政资金对城市组团建设的必要投入，对重大基础设施和公用设施的建设给予必要的财政倾斜。二要健全投融资机制。鼓励和引导金融部门加大对城市组团建设的信贷支持，争取金融机构对城市组团基础设施项目的融资，特别是要积极争取国家政策性银行在资金方面的支持。三要广泛吸纳各类社会资金。鼓励民营资本投资组团城市的基础设施、公用服务设施和其他项目建设，推进城市建设投资主体多元化、项目运行企业化、设施享用商品化，扩大城市组团建设的资金来源。

（四）完善中心城市组团式发展的制度体系

一是建立相应的绩效考核体系。在现有考核体系下，组团城市的官员可能会忽略经济发展全局的利益而追求自身利益最大化，所以要建立相应的绩效考核体系，达到协调和改善组团城市各政府之间利益关系。而中心城市组团式发展是在统一的规划下各组团城市共同整体综合发展的过程，各组团城市在发展中所充当的角色不同，工作的重点和担负的任务也都不同，要考虑到这些因素合理确定考核指标及各项指标的分值，建立更为科学合理的绩效考核体系。二是建立一体化社会保障制度。中心城市和组团城市要共建共享，逐渐在养老、医疗等方面全面衔接。

参考文献

《中共河南省委河南省人民政府关于促进中心城市组团式发展的指导意见》（豫发〔2011〕11号）。

赵培红、彭中胜：《广西北部湾经济区组团式城市群发展研究》，《兰州商学院学报》2010年2月。

王东东：《促进中原城市群融合发展的对策》，《经济纵横》2013年第4期。

王永亮：《城市郊区化背景下的小城镇组团建设研究》，复旦大学硕士论文，2010。

徐天铁：《组团式城市统筹城乡发展路径研究——以淄博市为例》，《经济与社会发展》2011年11月。

梁志峰：《长株潭城市群"两型社会"建设中基础设施共建共享之湘潭对策研究》，《湖南科技大学学报》（社会科学版）2009年3月。

B.11
提高中原城市群协调发展能力研究

杨兰桥*

摘　要： 近年来，在科学规划引导、交通先行推进、做强核心城市、城乡一体试点等系列措施的推动下，中原城市群协调发展取得了积极成效，但还存在着一些问题。当前和今后一个时期，促进中原城市群协调发展，应在推进郑州市跨越式发展、合理城市间的产业分工、建立区域协调发展机构、完善区域交通体系建设、着力破解区域发展约束等方面着手和努力。

关键词： 中原城市群　协调发展　对策建议

协调发展是城市群发展的核心要义。中原城市群作为河南省区域经济发展的核心增长板块，在全省经济社会发展和中原经济区建设中，发挥着举足轻重的作用。中原城市群能否分工合理、良性互动的协调发展格局，不仅事关城市群的持续健康发展，而且事关中原崛起、河南振兴的发展大计。因此，当前推进中原城市群发展，应把协调发展放在突出位置，通过一系列综合举措，着力形成协调互动发展的新格局，为全面建成小康社会、加快中原经济建设、实现中原崛起河南振兴提供坚实支撑。

一　中原城市群推进协调发展的主要做法

近年来，在推进中原城市群协调发展过程中，河南省紧紧围绕城市群协调

---

* 杨兰桥，河南省社会科学院科研处副研究员。

发展的核心内涵、基本要求和战略部署,通过科学规划引导、交通先行推进、做强核心城市、城乡一体化试点等多种途径,全力推进中原城市群的协调发展,中原城市群呈现出持续快速发展的良好态势。

(一)科学规划引导

科学规划是引导城市群协调发展的重要保障。在推进中原城市群发展过程中,河南省十分重视规划的引导调控作用,相继编制和实施了《中原城市群总体发展规划纲要》《中原城市群旅游发展规划》《中原城市群轨道交通规划》等一批规划,明确城市发展重点,优化城镇空间布局,城市职能合理分工,有效指导城市群的协调发展。如在《中原城市群总体发展规划纲要》中,就对各城市进行了明确的职能分工和功能定位,郑州市要重点打造成为全国区域性中心城市,全国重要的现代化物流中心,区域性金融中心,先进制造业基地和科技创新基地;洛阳市要重点打造成为全国重要的新型工业城市,先进制造业基地,科研开发中心和职业培训基地,中西部区域物流枢纽;平顶山市要打造成为中国中部化工城,中原城市群化工、能源、原材料、电力装备业制造基地;许昌市要打造成为中原城市群高新技术产业、轻纺、食品、电力装备制造业基地,农业科技示范基地和生态观光区;漯河市要打造成为中国食品城,中原城市群轻工业基地,生态农业示范基地,南部区域物流中心等。这些明确的城市功能分工,为各城市加强区域合作和城市群的协调发展,提供了重要基础和保障。

(二)交通先行推进

交通网络是推进城市群协调发展的重要基础。近年来,为促进中原城市群快速发展,增强城市群地区各城市间的区域联系,河南省实施了交通优先推进战略,着力完善中原城市群综合交通运输网络体系,切实提高中原城市群的互联互通能力和对外交通能力。一是积极完善城市群地区骨干交通网络。以建设和完善中原城市群快速运输通道为重点,积极建设郑民高速等高速公路,改造提升京港澳、连霍高速公路河南段,积极推进郑汴快速通道等通道建设,积极谋划中原城市群地区城际快速铁路建设,中原城市群骨干交通网络架构初步形成。二是着力提升中原城市群对外交通能力。在完善区域内部交通骨干网络建设的同时，积极配合国家建成郑西高铁、石武高铁等高速铁路，积极争取启动郑州至重庆、郑州至太原、郑州至合肥等高速铁路项目，积极围绕郑州航空港综合经济实验区的建设，着力提升郑州新郑国际机场的国际枢纽功能，不断提升中原城市群对外交通能力。三是积极提升中原城市群城乡间交通能力。积极加强中原城市群地区城乡交通设施建设，着力推进国道和省道改造提升，积极推进县道和村道建设，积极提升城市群地区城乡间交通能力和通道水平。

（三）做强核心城市

郑州市是中原城市群的核心城市，也是河南省的省会城市和经济发展的重心，在中原城市群建设和河南经济社会发展中发挥着龙头和重心作用。长期以来，河南省一直把郑州市作为全省发展的重点和重心，全力推进其做大做强，不断提高其综合竞争能力和辐射带动能力。一是积极促进郑州航空港综合经济实验区上升为国家战略，并赋予省辖市管理权限，集全省之力全力推进航空港综合经济实验区的建设。二是着力推进郑东新区建设，通过一系列综合举措，全力推进郑东新区尽快出形象、成规模。三是积极推进全省优势资源、重大招商引资项目、重大工程和重大试点项目向郑州市集中布局，富士康项目优先安排于郑州，综合保税区项目布局于郑州等。同时，郑州市积极依托省会城市、综合交通运输枢纽等综合优势，按照"全国找坐标、中部求超越、河南挑大梁"的战略要求，积极谋划和推进郑州都市区建设，全力加强招商引资工作，着力推进产业发展和产业集聚建设，着力增强郑州的综合服务功能和综合竞争能力，全力打造成为全国区域性中心城市，全国重要的现代物流中心、区域性金融中心、先进制造业基地和科技创新基地。

（四）城乡一体化试点

城乡协调、一体化发展是城市群协调发展的重要内容。在推进中原城市群协调发展过程中，河南省一方面突出城镇之间的协调发展，另一方面强调城乡之间的协调互动。为促进中原城市群城乡间的协调发展，河南省先后出台了《关于加快推进城乡一体化试点工作的指导意见》《关于2007年城乡一体化试点重点改革工作的意见》，确定在中原城市群的济源、巩义、新郑、偃师、舞钢等市开展城乡一体化试点工作。各试点市结合城乡一体化试点的有关精神，积极推进城乡基础设施、公共服务等方面的一体化。比如，济源市在城乡发展一体化试点中，对全域进行了通盘考虑、统筹布局，在市域空间战略布局方面，重点构筑形成基本农田保护区、中心城区、新型农村社区、生态保护防治区等功能分区；在城镇体系方面，着力构筑"中心城区+复合型组团+中心镇+新型农村社区"的区域发展格局；在产业发展布局方面，积极打造中心城区、玉川循环经济功能区、虎岭转型发展功能区、东部高效农业示范区、南太行生态文化旅游区、小浪底北岸黄河风景旅游区等六大功能区；在公共服务设施方面，相继实施公路网、供气管网、供水管网、城乡污水处理、生态景观、垃圾处理等一批城乡发展规划。

二 中原城市群协调发展中存在的突出问题

虽然，中原城市群在推进协调发展中，采取了一些有效措施，也取得了一些积极成效，但还存着一些比较突出的问题，应引起我们的高度重视，采取有效措施加以解决。

（一）核心城市辐射带动能力弱

核心城市是城市群快速发展的关键和保证。核心城市发展的快慢、规模的大小以及实力的强弱，对于城市群发展的速度、质量和效益具有举足轻重的作用。与长三角、珠三角、京津冀、山东半岛以及成渝城市群等发展相对成熟城市群的核心城市相比，中原城市群的核心城市郑州市，无论是从经济总量和发展规模，还是从经济实力和竞争能力等方面，与其还有不小的差距。2012年，郑州市实现生产总值5549.8亿元，而同期的上海市、广州市、北京市、青岛市、成都市和重庆市分别达到20181.7亿元、13551.2亿元、17879.4亿元、7302.1亿元、8138.9亿元和11409.6亿元，郑州市仅为上海市的27.5%、广州市的41.0%、北京市的31.0%、青岛市的76.0%、成都市的68.2%和重庆市的48.6%。因此，如何进一步做大做强中原城市群的核心城市，提高郑州市的综合实力和辐射带动能力，仍是今后中原城市群协调发展中必须考虑的重大现实性问题。

（二）产业同质化现象比较明显

城市群发展的核心在于推进区域经济发展一体化，关键在于形成合理的区域分工体系，尤其是要形成合理的区域产业分工。由于受行政区划分割、地方利益驱使等多重因素的影响，中原城市群城市职能定位同化，产业同构、同质化现象比较突出，直接影响和制约着城市群的协调发展。如在主导产业选择和重点产业发展方面，中原城市群所有城市均把装备制造业作为重点发展产业，有8个城市把生物医药产业、新材料作为产业发展重点，有7个城市把食品工业、化工工业、电子信息产业、新能源产业作为发展重点，有6个城市把发展汽车及零配件产业作为产业发展重点，有5个城市把节能环保产业作为产业发展重点，有4个城市把纺织服装产业作为产业发展重点等。这些相似的产业发展重点，极易引发城市间的资源争夺、恶性竞争，进而导致区域间的重复建设和资源浪费，破坏城市间的和谐发展和区域一体化进程。如在新一轮招商引资过程中，各城市为了获取相同的产业发展项目，竞相压低地价，甚至是以零成本或负成本来出让土地，造成城市间的恶性竞争，影响城市群发展的整体效益。

（三）区域协调发展机构的缺失

国内外城市群发展的经验表明，城市群协调机构是解决城市群协调发展问题、调节城市间利益关系的重要保障。然而截至目前，中原城市群尚未建立常设的城市群协调发展机构。虽然其间为了推动中原城市群的协调发展，解决城市群协调发展过程中存在的问题，城市群相继建立和成立了九市与省直有关部门联席会议、九市市长论坛、九市政协主席联席会议等议事机构和制度，但这种相对松散、缺乏约束力的协调议事制度，很难真正起到解决城市群协调发展问题的作用。尤其是近几年，随着河南省区域发展一些新概念的提出和实施，中原城市群发展也常常被"淡忘"和"遗忘"，这几种形式的议事机构和制度也形同虚设，基本处于停滞状态。由于缺乏有力有效的城市群协调发展机构，中原城市群各城市基于地方利益的考虑，往往从本地区的角度来考虑问题和谋划发展，缺乏大局意识和整体观念，从而产生了一些诸如跨区域的基础设施难以建设、区域生态环境问题加剧、区域产业结构同构、区域恶性竞争等问题，造成城市群整体发展质量和效益的降低。

（四）交通体系建设有待加强

构建高效便捷的区域交通运输网络是城市群协调发展的重要内容，也是城市群协调发展的重要基础。近年来，随着中原城市群交通运输设施的建设，城市群综合交通网络已形成一定的基础，体系网络不断完善，区域交通联系日益便捷，但是相对于城市群协调发展，以及城市群区域联系日益增强的态势而言，中原城市群综合交通运输网络体系支撑能力还相对较弱，其中最为突出的表现在三方面：一是核心城市郑州市与除开封市之外的其他城市的快速通道建设相对滞后，特别是与济源市、平顶山市等不在主要交通要道上的城市联系通道建设尤其滞后，直接影响到这些城市与核心城市的交通联系；二是除核心城市外其他城市间的交通联系通道建设还比较欠缺，尤其是各个城市间的快捷通道建设比较紧缺，也影响和制约着这些城市间的交通联系和区域合作；三是小城镇与核心城市、区域性中心城市的联系通道能力比较薄弱，亟须进行改造与提升。因此，加强中原城市群综合交通运输网络体系建设，增强城市群城镇间和城乡间的交通联系，仍是中原城市群未来发展的努力方向和战略重点。

（五）区域发展受到严重约束

近年来，随着中原城市群发展的快速推进，各个城镇建设的不断加快，中原城市群资源要素约束日益突出，生态环境问题日益凸显，城市群可持续发展受到严重约束。以土地资源为例，随着中原城市群城镇化的快速发展，各个城市新城区、商务中心区和特色商业区的建设，以及产业集聚区的发展，将会产生大量的建设土地需求，而面对国家日益趋严的土地政策，以及农业大省保粮的战略要求，中原城市群发展面临着建设用地资源供需矛盾的严重约束。据有关部门测算，未来几年，河南每年用地需求大约60万亩，但是每年新增建设用地指标供给只有20万亩，仅能满足不到三分之一的需求。而这60万亩土地资源需求大多产生于中原城市群，因此如何处理城市群发展与保护耕地之间的关系，成为中原城市群面临的紧迫课题。同时，随着中原城市群的快速发展，区域生态环境问题

日益突出，一些城镇污染不断加剧，生态环境承载能力不断降低，严重影响和制约着城镇质量的提高和功能的正常发挥。因此，如何正确处理城市群发展与生态环境建设的关系，应成为中原城市群未来发展必须关注的问题。

三 提高中原城市协调发展能力的对策建议

中原城市群协调发展是一项复杂的系统工程，需要各个部门、各个方面的共同努力。当前和今后一个时期，促进中原城市群协调发展，应在推进郑州市跨越式发展、合理城市间的产业分工、建立区域协调发展机构、完善区域交通体系建设、着力破解区域发展约束等方面着手和努力。

（一）推进郑州市跨越式发展

要积极创造条件，强化政策支持，集全省之力，以提高郑州首位度和国际化程度为重点，全力推进郑州跨越式发展，着力提升郑州市对中原城市群乃至全省的龙头带动作用。一是要全面推进郑州航空港经济综合实验区建设，以郑州大型航空枢纽为依托，以发展航空货运为突破口，推进高端制造业和现代服务业集聚发展，推进跨境贸易电子商务服务试点，建设全球网购商品集散分拨中心，把实验区建设成为全国航空港经济发展先行区和中原经济区核心增长极。二是提升中心城区的服务功能，通过强化科技创新和文化引领，促进高端要素聚集，优化提升中心城区现代服务功能，增强辐射带动中原城市群和服务全省发展的能力，提升区域性中心城市地位。三是依托郑东新区和郑汴新区，推动向东拓展发展空间，重点发展电子信息、汽车、高端装备等先进制造业和金融、现代物流、文化等现代服务业，壮大总部经济，打造全国重要的先进制造业和现代服务业基地。四是加快推进高新区、经济技术开发区等产业集聚区的发展，不断提升城市发展的产业支撑能力。五是优化城市发展形态，密切中心城区与新郑、新密、荥阳、登封等周边县城的联系，推进组团式发展，加快建设以中心城区为核心、外围城市组团为支撑、小城镇为节点的郑州都市区。

（二）城市间的产业分工合理

形成合理的产业分工体系，是城市群协调发展的关键和核心。推进中原城市群的协调发展,提高中原城市群的协调发展能力,需要城市间的产业合理分工,形成产业合理分工、协调互动发展的新格局。一是要结合各城市的发展状况、发展优势和资源禀赋,参照河南省城镇体系规划、中原城市群总体发展规划纲要等规划,合理选择城市的主导产业和产业发展方向。二是因地制宜地推进城市群产业发展,发挥郑州、洛阳等特大中心城市高端要素集聚、科技创新等优势,积极培育总部经济,大力发展现代服务业、先进制造业和战略性新兴产业;推动其他中心城市培育壮大主导产业,推进制造业与服务业融合发展,提升城市产业能级;发挥中小城市和小城镇劳动力等要素成本优势,因地制宜发展劳动密集型产业和特色产业集群。三是要推动城镇产业结构升级,把发展城市经济与培育新兴产业、改造传统产业结合起来,完善城镇功能,促进要素集聚,实施创新驱动战略,加强新技术、新产品研发及营销,加快发展高成长性产业,改造提升传统优势产业,发展壮大战略性新兴产业和现代服务业。四是继续把对外开放作为根本性举措,创新对外开放的体制机制,持续深入开展大招商活动,积极承接产业转移。

(三)建立区域协调发展机构

区域协调发展机构的缺失,尤其是缺乏具有约束力的常设机构,是中原城市群协调发展面临的最为突出的问题。因此,加快中原城市群的协调发展,要着手建立完善的区域协调发展机构,破解和解决城市群协调发展中存在的重大问题。为此,一是要在省级层面建立中原城市群协调发展常设机构。建议成立中原城市群协调发展办公室,直接隶属于省政府,由省委省政府主要领导兼任,具体负责中原城市群发展规划的编制、区域政策的制定、重大跨区域问题协调等战略问题。二是要建立健全中原城市群各城市参与的协调机制。积极探索建立和健全由中原城市群各城市主要领导参与的区域协调机制,定期不定期举行和召开区域协调发展会议,共商城市群协调发展问题,同时在基础设施建设、生态环境保护、规划对接等方面,展开务实合作。三是要成立由各市主要职能部门(如发改委、交通局等)参与的部门协作机制,具体负责城市间具体问题的沟通与衔接工作。四是成立由专家学者、研究机构和中介组织等参与的区域协调机制,共同研究和探讨中原城市群协调发展的问题。

（四）完善区域交通体系建设

区域综合交通运输体系是城市群协调发展的基础和保障。推进中原城市群的协调发展，要不断加强城市群地区铁路、公路、航空等交通设施建设，不断提高城市间的通达能力，逐渐形成网络设施配套衔接、覆盖城乡、连通内外、安全高效的综合交通运输网络体系。要不断巩固提升郑州综合交通枢纽地位，改造提升区域性综合枢纽，形成适应新型城镇化发展的现代化综合交通枢纽格局。要大力推进郑州航空港经济综合实验区建设，积极发展民用航空，大力发展航空物流。加快推进客运专线建设，构建以郑州为中心的"米"字形网络框架，实现所有中心城市通快速铁路。积极推进中原城市群轨道交通规划实施，逐步实现郑州与中原城市群其他城市的公交化运行，适时推进向群外城市延伸和蔓延。完善高速公路网络，实现中心城市形成多条高速公路通道，所有县城20分钟内上高速。积极推进城市群内国省干线公路改造升级，促进城际之间快速高效连接，县乡道改造和农村连通工程等建设。加快各城市内部交通网络建设和布局优化调整，合理配置各城市主次干道和支路网密度，优化路网结构，着力解决大中城市交通拥堵问题。

（五）着力破解区域发展约束

面对日益凸显的资源环境要素约束，中原城市群要积极创造条件，创新工作思路和举措，多策并举着力破解中原城市群可持续发展的瓶颈约束。一是要在节约集约利用土地资源的基础上，在中原城市群地区探索建立人地挂钩监测监管系统，开展人地挂钩试点，实行城镇建设用地增加规模与吸纳农村人口进入城市定居规模挂钩、城市化地区建设用地增加规模与吸纳外来人口进入城市定居规模挂钩"双挂钩"政策。同时，对于中原城市群的焦作、洛阳、济源、平顶山等山区城市，要积极领会和把握国家土地开发的最新精神，着力开发和利用低丘缓坡土地资源，着力拓展城镇建设和发展新空间。二是要节约集约利用水资源、能源等生产要素和资源，建立健全水资源开发利用有效机制，积极推进工业、建筑、交通、公共机构等领域节能降耗力度，加快循环经济试点省建设，建设一批循环经济重点工程和示范城镇、园区、企业。三是加强污染治理和生态环境建设工作，尤其是要重点加强重点排污企业、小汽车等的节能减排工作，强化城镇绿化和美化工作，不断改善城镇的生态环境，提高城镇的生态环境质量。

参考文献

朱有志：《中国中部地区发展报告（2008）》，社会科学文献出版社，2009。

刘乃全、东童童：《我国城市群的协调发展：问题及政策选择》，《中州学刊》2013年第7期。

航空都市篇

Aviation City

B.12
郑州航空都市驱动型发展模式研究

柏程豫*

摘 要: 航空都市不仅是一种新的城市形态,也能够成为带动其所在城市及区域经济发展的新的增长极。从客观条件看,郑州实施航空都市驱动型发展模式的现实基础较好,应当从统筹规划航空都市与腹地的发展、强化各项设施建设和功能开发、培育特色鲜明的产业集群、营造良好的发展环境等方面入手着力构建航空都市驱动型发展模式,为郑州乃至更大区域的经济发展注入强大动力。

关键词: 航空都市 驱动型发展模式 郑州

航空都市是随着航空业的发展和全球化的持续推进出现的一种新的城市形

---

* 柏程豫,河南省社会科学院城市发展研究所助理研究员。

态。在当今速度经济时代,围绕机场这一核心所形成的航空都市目前正逐步成为全球生产活动和商业活动的重要节点,也成为驱动其所在城市及区域经济发展的又一有力引擎。充分发挥郑州机场的潜在优势,建设航空都市,打造航空都市驱动型发展模式对于郑州市乃至更大区域的经济发展意义重大。

一 航空都市的内涵及典型案例

航空都市(又称航空大都市或航空都市区,英文为 Aerotropolis, aero 与 metropolis 的合成词),由美国北卡罗来纳大学教授约翰·卡萨达(John Kasarda)在 20 世纪 90 年代初期最早提出这一概念,他指出:随着航空业的发展和全球化的持续推进,将会出现一种新的城市形态——航空都市,即以机场为核心,由航空产业吸附相关联的行业在机场以及机场向外辐射的交通走廊周围集聚,协同发展,聚集人气,从而形成的城市新形态。

从驱动区域经济发展的角度看,航空都市不仅仅是一个地理概念、一个区域名称,还包含着经济概念,它是依托机场,由具有明显的临空指向性的产业及相关产业集聚在航空港周边地区,从而形成的具有较大影响力的经济区域,具体表现在以下几方面:一是从机场这一核心来看,航空都市所依托机场的运输量有较大规模,通常认为吞吐量要达到 1000 万人次以上才能对周边区域产生较大的辐射力,从而形成航空经济。二是从机场所能影响到的地域范围来看,根据现有的研究显示,机场周边大致 1 到 10 公里范围内是受机场影响最大的区域,10 到 15 公里范围则是机场的外围辐射区,也会在不同程度上受到机场的影响,此外,还有部分学者认为外围辐射区域甚至可达到 20 公里。三是从产业内容来看,航空都市内的产业具有明显的临空指向性,即科技含量高、附加值高,但是运输量小、时效性要求高、对航空运输依赖性大的产业以及与之相关联的产业,从而形成了各类园,包括写字楼和科技园区、物流园区、商务园区、工业园区、生物医药科技园区、零售中心和批发市场、信息及通讯科技中心;此外,还有高等院校、酒店会议娱乐综合体、大型综合社区等。四是从经济影响效应来看,借助机场的带动和影响,航空都市中的航空经济不断发展、聚集、壮大,在达到一定规模时,开始对所在区域产生较大的经济影响。

在实践中，航空都市的概念已经有很多成功案例。例如荷兰阿姆斯特丹的史基浦机场，通过统筹布局航空、铁路和高速公路等，形成多式联运枢纽，从而由一个单纯的机场演变为航空都市。其周边园区大致可分为三类：物流园区、商务园区和工业园区。其中物流园区是欧洲物流集散中心，商务区则被誉为"欧洲商业界的神经中枢"，机场已成为汇聚人流、物流、观光、展览以及娱乐的商贸一体化"国际空港城"。随着机场客货吞吐量的增长以及政策的支持，史基浦机场地区的产业体现出显著的临空指向性，主要产业类型有：航空物流、航空制造与维修、电子信息、生物医药、时装以及金融咨询业等，并且形成了产业集群。目前，史基浦机场已经成为荷兰经济的两大支撑之一。

又如德国的法兰克福机场，它是著名国际机场，客运量居欧洲首位。机场广场区拥有世界顶级连接式办公楼，从办公楼步行6分钟即可到达机场航站楼。机场周围聚集了大量的高科技公司，众多企业的产品都以出口为主。有数百家物流运输公司，支撑德国成为世界出口冠军。以机械设备行业为例，德国是世界上最主要的机械设备出口国，正是因为借助于以法兰克福为中心遍及全球的空中运输网，再加上高效的配送系统，才确保了德国制造的机械设备在世界各地都能得到及时的配件供应，从而保证了德国产品在国际市场上的声誉及竞争力。同时，机场作为法兰克福市连接世界各地的纽带，为其提供了便利的空中交通优势，从而吸引了众多国际企业在此落户，对法兰克福市会展产业和金融行业发展提供了有力的支持。

再如美国的孟菲斯机场，联邦快递环球运营中心在此落户运营，使孟菲斯机场成为目前全球航空货运吞吐量第一的机场，同时亦成为美国中南部地区交通及经济发展的重要"发动机"。机场周边已经融合了物流、仓储、加工及制造、商务及科研等各类产业增值链。孟菲斯市利用其机场的环球运输网络，实现了同全球市场的快速接入，在航空港的东面发展高科技产业走廊，吸引新的产业及经济活动，西部则主要发展信息及通信科技、生物医药科技及相关的科研教育设施。同时，有大批知名的网络零售商在机场附近建立订购营运中心，由此成功地融合了信息科技、航空港及快递业务三者及所提供的服务网络，带动周边区域相关联的物流业、制造业、医疗服务业、计算机维修、旅游业等产业的迅速发展。

此外，还有迪拜、日本东京成田、中国香港、韩国仁川、新加坡等地的机场都已成为较为典型的航空都市范本，在这里机场绝不只是公共服务设施，而已经能超越自有的地域范围，创造出了可观的经济效益和社会效益，围绕机场所形成的航空都市也已经成为驱动其所在城市及区域经济发展的重要力量。

二 航空都市驱动腹地经济发展的内在机理

在当今速度经济时代，只有通过迅速获得市场信息，才有可能快速占领市场，从而获得较高的利润。与此同时，在世界经济发展全球化这一大趋势下，大量人才、资金、物流和信息等资源在各国和各地区之间高速流动。在这种背景下，高速的交通体系成为经济发展所不可或缺的重要条件。而机场，特别是国际性的大型机场，其作为现代高速交通体系中的极为重要节点之一，在推动区域经济发展中正发挥着越来越重要的作用，以机场为核心所形成的航空都市也随之成为全球生产和商业活动的重要节点，从更广阔的维度思考，其意义已经不仅仅局限于作为一个城市或是大城市的一个组团，而是成为驱动所在城市及区域经济发展的引擎，也就是说机场、航空都市和腹地经济这三者之间存在着互促共进的内在机理。

首先，机场的存在会吸引航空公司、物流企业、油料公司、餐饮企业等服务于航空运输的各类产业的聚集，带动餐饮、娱乐、商贸等为工作人员、过往旅客以及货物配送服务的各类产业的发展。

其次，随着机场各类设施的不断得到完善，其所能提供的航空运输更为便捷高效，由于航空运输能大大地缩减临空指向性企业与其所在区域之外的交易成本，因此将会有大量临空指向性较强的产业，诸如飞机零配件制造、高新技术产业、生物医药科技等加速向机场周边集聚。同时，更多的临空指向性企业为了能够充分利用机场周边地区产业和要素的聚集优势，节约交易费用，会进一步向机场周边地区集聚，从而带动经济增长，促进就业增加，支撑起航空都市的发展。

再次，航空都市中所集聚的大量产业通过强大的前向、后向以及侧向关联,刺激和促进其他更多相关联的配套产业发展,比如金融保险、信息服务等各类现代服务业,形成较为完整的产业链条,再通过乘数效应影响到其所在城市及区域的经济发展,提高地区生产总值,提升地区就业水平。同时,以机场为核心的航空都市为所在城市及区域与区外的交流与合作提供了良好的平台,使城市经济、区域经济能够更紧密地融入到世界经济这一大体系中去,参与全球经济一体化的竞争,从而对改善城市投资环境、增加经济总量引领产业结构调整、提高城市品牌形象将产生更多更显著的影响。

反过来,城市与区域经济现实新发展、区域投资环境不断优化,又会吸引众多新的企业进行投资,同时产生更多的人流、物流、资金流与信息流等,从而为机场及航空都市的进一步发展提供更大的经济总量支撑与更为优化的制度供给,也对机场及航空都市提出新的更高要求。这样航空都市与腹地经济之间通过正向作用的互动循环,不断将区域经济推向前进。

但是,必须明确,以机场为核心的航空都市,其存在只是为区域采取新的发展模式提供了潜在的可能性,但这并不代表区域的经济发展会必然与航空都市相关联。国际历史发展的经验表明:通常航空都市所在区域的人均GDP要达到3000美元以上时,才能保证航空港经济这一特殊经济模式实现稳定和健康发展。也就是说,航空都市与区域经济产生互动影响需要腹地经济的经济支撑和制度供给这些必要条件。

三 郑州构建航空都市驱动型发展模式的现实基础

从客观条件看,郑州的现实基础较好,具备了较为充足的条件,围绕机场建设航空都市,并实施航空都市驱动型发展模式带动郑州市乃至更大区域的经济发展。

一是从航空都市的核心——机场来看,目前郑州机场的旅客吞吐量已超过1000万人次,货邮吞吐量快速增加,2012年行业排名分列全国第18位和第15位,虽然相比北京、上海、广州等航空经济先进区域还存在着较大差距,但郑州机场发展条件较好、发展潜力很大。一方面,郑州机场的区位条件比较优越。郑州地处我国内陆,位于航线网络中心的位置,按照目前的航线进行设计,可以有1000多条航线从郑州经过。① 机场腹地开阔,按照民航700公里/小时的平均飞行速度计算,以郑州机场为圆心,2小时航程内可覆盖人口和GDP约为12亿人和43万亿元,分别占全国的90%和95%。② 空域条件较好,方便接入主要的航路航线,通过衔接东西南北航线,开展联程联运,更好地对接京津冀、长三角、珠三角、成渝等国内主要经济区,具备发展航空运输的独特优势。另一方面,郑州的综合交通优势能够确保实现陆空运输的高效衔接。郑州机场是国内干线运输机场和国家一类航空口岸,2008年被国家民航局确定为全国八大区域性枢纽,规划建设有4条跑道,发展空间很大。同时,郑州是全国铁路网和高速公路网的重要枢纽之一,通过高速公路在8小时之内能覆盖我国大部分市场,再加上铁路开通运输班列后,可以更便捷地把大宗物品运送到全国各地。目前郑州规划的航空枢纽、高速铁路、城际铁路、高速公路等客运零换乘和物流无缝衔接的综合交通枢纽建设已进入实施阶段,陆空对接、多式联运的现代交通运输体系日益完善,依托陆空运输的高效衔接,可以使物流成本大幅降低,资源配置效率大幅提升,更好地发挥航空港的作用。两方面优势的结合,使郑州机场的竞争力大大提升。

二是从航空都市的起步基础来看,郑州航空都市的发展已经具备了一定的产业支撑。2012年,郑州机场货邮吞吐量突破15万吨,增幅全国第一,发展势头迅猛强劲。随着富士康的落户,有上百家富士康协理企业也在航空港区及周边入驻,并带动100多个产业、400多个配套企业陆续落户河南。目前,航空港产业集聚区内已初步形成智能手机生产基地,2012年集聚区的工业总产值达到了1265亿元,成为河南全省首个年产值超过千亿元的产业集聚区。③ 此外,一批电子信息、生物制药、航空运输等企业也正在加速向机场周边布局,航空关联产业发展态势良好,与郑州机场这一航空枢纽的建设呈现出良性互动的格局。

三是从腹地经济的经济支撑和制度供给来看,郑州市作为航空都市的经济腹地,其经济发展水平近年来不断提升,与航空都市的空港经济实现互动的初步条件已经具备。2012年,郑州市人均GDP接近1万美元(人民币62054

---

① 数据来源:河南省人大常委会副主任张大卫关于郑州航空港经济综合实验区专题报告会。
② 赵振杰、杨凌:《建设"航空经济实验区"时机已经成熟》,《河南日报》2012年8月9日。
③ 李凌:《航空港区的前世今生 富士康带来400多配套企业》,《东方今报》2013年10月10日。

元），远远超出前文中所提到的3000美元的标准；GDP达5547亿元，已跻身"5000亿俱乐部"，占全省GDP的近五分之一，在全国排名第20位。而且，郑州的开放活力也在不断增强，全国跨境贸易电子商务服务试点项目的启动和海关快件监管中心的开通，大大强化了郑州机场的竞争优势，同时机场周边还集中布局有综合保税区、保税物流中心、出口加工区、铁路集装箱中心站等，通过对航空、铁路、公路口岸功能的不断完善，初步建立起了航空港与各类园区之间的联动机制，开放型经济发展势头十分强劲，2012年郑州航空港经济综合实验区进出口总额已达到294亿美元。

四是从国家政策支持来看，2013年3月7日国务院正式对《郑州航空港经济综合实验区发展规划（2013~2025）》（以下简称《规划》）做出批复。这是国务院批准的我国第一个以航空经济为主题的综合实验区。实验区包括郑州航空港、综合保税区和周边产业园区，计划到2025年建成。根据《规划》，郑州航空港经济综合实验区将依托建设竞争力强的国际航空货运枢纽，形成高端航空港经济产业体系，打造绿色智慧的航空都市，通过三者联动推进内陆开放性的航空港区建设，努力打造全国重要的航空港经济集聚区和中原经济区的核心增长极。为保障规划目标的顺利实现，国家将在航线航权、口岸通关、财税金融、土地管理、服务外包等方面给实验区以政策支持，并强化组织实施，要求国务院有关部门按照各自职能加强工作指导，加大对实验区基础设施、自主创新和生态建设的支持力度，要求发展改革委同有关部门协调解决有关重大问题，要求民航局积极支持实验区建设和在民航管理领域先行先试。

四 郑州构建航空都市驱动型发展模式的对策建议

构建航空都市驱动型发展模式，必须统筹规划航空都市与腹地的发展，强化各项设施建设和功能开发，培育特色鲜明的产业集群，还要营造良好的发展环境。

一是统筹航空都市与大郑州都市区的规划。依托机场发展航空港经济打造航空都市，是大都市区多中心化发展的一种新模式。航空都市作为郑州大都市区多中心化发展的一个新的增长极，其快速、高效的发展不仅需要依托催生其产生的核心驱动力——机场，同时也离不开作为腹地的中心城市在政策、要素、资源等方面的供给，因此要将航空都市的发展规划融入到整个大郑州都市区的发展战略目标中去，理顺航空都市与整个郑州大都市区两者之间的增长极—腹地这样一种发展关系，在支持航空都市自身发展的同时，要充分考虑其对整个区域经济的辐射带动，从区域发展战略的高度对以机场为核心的航空都市发展进行定位：一方面针对航空都市的特殊性给予相对独立而完整的规划，同时又要统筹航空都市与郑州大都市区的规划，在基础设施及公共服务设施、产业结构与内容、区域定位及空间布局等方面做好衔接，制定航空都市与郑州大都市区的一体化发展战略总体规划，并且要密切关注市场变化，及时做好策略的动态调整，不断完善规划，形成航空都市持续驱动区域经济发展的长效机制。

二是强化各项设施建设和功能开发。良好的设施是经济社会发展的基础要素，构建航空都市驱动型发展模式，必须强化以机场为核心的一系列各项设施建设，完善各项功能。以大型航空枢纽建设为目标适度超前地推进郑州机场建设，建设机场货运枢纽，逐步扩建跑道和航站楼，建设实现客运零换乘目标的机场综合交通中心，大力建设航空货运仓储设施，积极完善快件集中监管中心、海关监管仓库等设施，全面提升郑州机场的航空货运保障能力。优化拓展航线网络，把连通国际枢纽机场作为重点，着力发展全货机航班，积极打造联系全球的空中快速通道；进一步完善国内航线网络，提高与国内枢纽机场和支线机场之间的通达性，发展联程联运，从而强化郑州机场的集散中心功能。大力完善陆路交通运输体系，加快推进航空都市对外连通的铁路、公路建设，建设陆空联运体系，强化陆空交通衔接，打造航空与公路、铁路高效衔接、互动发展的联运格局，构建运行高效的航空货运集疏系统。高水平、高规格规划建设绿色智慧航空都市，为航空港和产业发展提供服务支撑，强力推进产城融合发展。

三是培育特色鲜明的产业集群。产业是区域发展的根本支撑，构建航空都市驱动型发展模式，最核心、最关键的问题就是依托机场发展航空产业，不断延伸产业链条，培育特色鲜明的产业集群，从而发挥航空都市作为区域经济增长极的作用，引领腹地经济发展。要在符合郑州大都市区的总体发展目标和区域产业总体布局要求的大前提下，充分发挥郑州航空港这一核心优势，不断吸引各种具有临空指向性的生产要素向此聚集，形成围绕航空产业这一核心、各种功能互补、协调发展的产业结构。积极发展航空服务业，比如航空物流、航空维修、仓储堆场、物流离岸金融、商贸服务等；大力发展临空指向性较强、知识技术密集的高新技术产业、现代制造业的价值链高端环节以及现代服务业，比如航空制造、电子信息、生物工程、生物制药、精密仪器、信息咨询、会展等；发展部分传统服务业，比如餐饮、酒店、娱乐、购物等，以满足航空都市内职员和旅客的生活需求。政府应发挥引导调控作用，依据距离航空港区的远近、利于产业间的相互协作、形成集聚经济效应等原则，将航空都市划分为多个不同功能的产业集聚区，提高航空港经济发展的整体效率，在选择产业时适当限制不具备临空指向性的传统产业进入，以为航空都市未来发展留下充足的空间。

四是营造良好的发展环境。构建航空都市驱动型发展模式关键是促进产业繁荣发展，而产业的培育需要良好的环境。由于郑州机场处在城市的边缘地区，经济发展水平尚低，各项配套设施亦有待完善，发展环境相对不够成熟，需要一定的政策支持，营造宽松的发展环境来吸引企业入驻，例如提供财税、土地、融资等优惠政策，同时更要充分发挥国家赋予郑州航空港区先行先试的有利条件，通过海关监管制度创新，形成港区制度优势，形成航空经济和航空都市的生长基础。而从更长远的角度看，还必须着力转变政府工作方式，建设服务型政府，为企业提供高效的政府服务，营造有利于航空经济发展的软环境，以激发经济增长的内生活力。

参考文献

吕刚、唐德善：《基于航空都市区理论的空港新城建设研究——以南京市为例》，《经济师》2008年第7期。
鲁飞：《浅议机场在临空经济中的主导作用》，《空运商务》2012年第24期。
王旭：《空港都市区：美国城市化的新模式》，《浙江学刊》2005年第5期。
薛江伟：《空港建设与地区经济发展研究——以成都空港为例》，西南财经大学，2008。
练振中、马剑：《当前我国大力发展空港经济的对策与建议》，http://ccuaer.cuew.com/jl/2013/31.html，2013-04-13。

B.13 郑州绿色航空都市建设研究

王景全*

摘　要： 建设集约、智能、绿色、低碳的现代航空都市，是国务院对郑州航空港综合经济试验区的五大战略定位之一。要坚持以人为本，以党的十八大和十八届三中全会关于建设生态文明的精神为指导，以国务院批复的郑州航空港综合经济发展试验区发展规划为蓝图，把生态文明理念和原则融入城市规划、建设与管理的各方面和全过程，加强生态建设与环境保护，构建资源节约环境友好的产业体系，建立健全促进绿色发展、循环发展、低碳发展的体制机制，全面推进郑州绿色航空都市建设。

关键词： 郑州　绿色航空都市　研究

绿色城市是资源节约、环境友好、经济高效、充满活力的宜居宜业城市。建设绿色低碳、生态宜居的现代航空都市，是国务院对郑州航空港综合经济试验区的重要战略定位。要以党的十八大和十八届三中全会关于建设生态文明的精神为指导，以国务院批复的《郑州航空港综合经济发展试验区发展规划》（以下简称《规划》）为蓝图，把生态文明建设放在优先地位，把生态理念贯穿于经济建设、政治建设、文化建设、社会建设的各方面和全过程，全面推进绿色航空都市建设。

---

* 王景全，河南省社会科学院研究员。

一 绿色城市的内涵与特征

(一)"绿色城市"概念辨析

关于绿色城市的概念,目前学术界尚无广泛公认的定义。一种观点认为,生态城市是比绿色城市更加高级的城市形态。生态城市都是绿色城市,而绿色城市未必是生态城市。另一种观点主张,绿色城市就是生态城市,"生态"是"绿色"的本质内涵,"绿色"是"生态"的形象化表达。笔者认为,绿色城市在内涵与外延上与生态城市有诸多重合之处。其最核心、最本质的内涵都是"生态环境友好、资源能源节约型的城市"。"生态环境友好、资源能源节约"是绿色城市的实质和灵魂,"绿色"则是"生态环境友好、资源能源节约"的表征或标志。"绿色"包含着节能、环保、低耗、低碳、无污染等含义。绿色城市也大抵涵盖上述特点。简言之,绿色城市是生态环境友好、资源能源节约、经济运行高效、社会充满活力的宜居宜业的城市。

生态城市与绿色城市两个概念的区别主要在于,生态城市偏重于对达成"生态环境友好、资源能源节约"这一目标的途径进行揭示和界定。例如,我国国内最具权威的百科全书和许多教科书对生态城市的定义是:按生态学原理建立起的社会、经济和自然协调发展,物质、能量、信息高效利用,生态良性循环的人类聚居地。这个定义就是偏重于从"过程""途径"的角度进行界定。而绿色城市则偏重于对"生态环境友好、资源能源节约"结果和目标特征的描述。例如,苏联生态学家 O. Yanitsky 认为,生态城市是技术与自然充分融合、人的创造力和生产力得到最大限度的发挥、居民的身心健康和环境质量得到最大限度的保护、物质能量和信息高效利用、生态良性循环的人类居住区。美国生态学家 Richarregister 认为,生态城市即生态健全的城市,是低污染、节能、紧凑、充满活力并与自然和谐共存的聚居地。上述两位学者关于生态城市的定义被广为引用,这两个定义主要偏重于从目标特征的角度对生态城市进行界定,这样的生态城市在内涵与外延上均与绿色城市高度契合。

（二）绿色城市的特征

1. 紧凑型的城市形态

紧凑型城市模式体现在以下几方面：一是住宅建设的高密度；二是公共交通的高分担率和对私家车的低依赖；三是规划城市边界，防止城市摊大饼式的无序外延扩张；四是土地多功能利用。其中土地多功能利用是建设紧凑型、内涵式城市的基础。土地多功能利用，就是将居住、就业、商业、文娱场所混合设置，实现土地集约利用，功能集合构建，在提高土地利用效率的同时，减少居民的日常通勤距离和通勤量，实现资源能源的节约，促进居民生活工作和城市运行中的节能降耗，降低碳排放。

2. 公交优先模式和交通的绿色化

交通对城市的资源消耗和环境影响具有很高的贡献度。绿色城市建设着眼于降低交通的资源消耗、环境影响以及居民出行的高效便捷畅通，积极实施公交优先的交通发展战略，着力发展绿色低碳的运输方式与交通结构。公交分担率高和提倡低碳出行是国际上绿色城市的重要特征。例如，世界公认的公共交通模范城市巴西库里蒂巴市，坚持优先发展公共交通的原则，公交分担率达到75%以上。丹麦首都哥本哈根则高度重视非机动出行，全市规划建设了300多公里长、与机动车一样宽的自行车专用道，为居民低碳出行提供了优良的道路条件。该市有三分之一的人口骑自行车上班，既减少了温室气体排放，又锻炼了身体。

（三）全方位的城市绿化

绿化是绿色城市的基础。包括各种园林绿地和城市森林在内的绿色植被作为城市"绿肺"，为城市提供最基本的生态服务功能。重视绿化，建设各种园林和城市森林，是绿色城市的共性特征。例如，美国十分重视城市森林建设，很多城市掩映在森林植被之中，从天空俯视城市，三分之一是树冠、三分之一是花草、三分之一是建筑。澳大利亚首都堪培拉素有"森林之都"的美誉，整个城市与森林融为一体。俄罗斯首都莫斯科则坐落于茂密的森林之中。早在20世纪30年代，莫斯科就把其周围50公里的森林作为城市生态屏障。如今，莫斯科市区有100条林荫大道、98个市（区）级的公园、800多个街心花园。

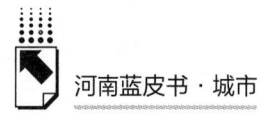

莫斯科郊外的18万公顷防护林带以及森林公园从8个方向楔入市区，将城市公园与周围森林相连接，构成城市内外贯通一体的森林体系。欧洲国家在重视建设城市森林的同时，还十分重视屋顶绿化、墙体绿化等各种立体绿化方式，在有限的空间里最大化增加城市绿量。

（四）绿色技术的推广利用

绿色技术是低碳经济与绿色城市的技术支撑。通过立法和实施专项计划等方式推广节能环保的绿色技术、开发利用绿色能源，是绿色城市的通行做法。美国的《政府采购法》规定，政府必须采购节能认证产品。德国《能源节约法》规定，消费者购买或租赁房屋时，建筑商必须出示"能耗证明"，对现有建筑进行节能改造，对无法改造的老建筑实行强制报废。德国环保局还实施了节能环保的城市灯光改造计划。丹麦利用绿色新能源技术建设绿色社区，社区以太阳能、风能等可再生能源作为主要能源。此外，绿色技术还广泛应用于交通运输以及城市管理等。

二 建设绿色航空都市的重要意义

（一）绿色城市是城市生态文明建设的重要载体

党中央国务院高度重视生态文明建设，党的十八大和十八届三中全会对建设生态文明和美丽中国进行了重要部署，强调把生态文明贯穿于经济建设、政治建设、社会建设和文化建设的全过程和各方面。绿色城市建设是城市生态文明建设的重要抓手和载体平台。只有牢固树立"绿色"是"第一环境、第一基础设施、第一生态要素、第一景观要素"的理念，着力发展低碳环保的绿色经济，营造生态宜居的绿色环境，大力弘扬人与自然和谐的绿色文化，才能为城市生态文明建设提供坚实的基础与保障。

（二）建设绿色航空都市是以人为本的科学发展观在城市建设中的集中体现

城市的科学发展必须以人为本，以人为本说到底是以增进居民幸福、提高群众的生活质量为本。城市有多种属性，但最根本、最重要的属性是人民群众居住的家园。城市建设与发展的根本宗旨是让居民生活得更美好。而绿色健康的人居环境是美好生活的基础和前提。随着经济的发展和物质生活水平的提高，人民群众对生态环境质量有了更高的期待，绿色宜居的城市环境越来越成为城市居民的普遍诉求。建设绿色城市，改善环境质量，确保生态安全，是城市政府必须为全体居民提供的基本公共服务。

（三）建设绿色航空都市是完善城市功能、提升城市品位和美誉度的基本路径

城市综合服务功能包括生产性服务功能和生活性服务功能。绿色健康、生态宜居是城市生活服务功能不可或缺并且日益重要的元素。国务院批复的《郑州航空港综合经济发展试验区规划》专设一章对建设绿色智慧航空都市提出具体要求，强调要坚持高起点规划、高标准建设，高效率利用土地，加大自然生态系统和环境保护力度，完善城市基础设施和公共服务，打造宜居宜业的城市环境。绿色航空都市建设直接关系到城市的品位、知名度、美誉度。绿色宜居不仅是城市生活服务功能水平的综合体现，同时也对城市生产性服务功能的完善具有重要促进作用。城市的绿色宜居水平直接影响第三产业的发展与繁荣，是旅游业、会展业、总部经济、研发中心等现代服务业发展的基础和条件。

（四）建设绿色航空都市是提升高端要素聚集能力的基础性工程

郑州航空港的建设目标是，建成富有生机活力、彰显竞争优势、具有国际影响力的实验区，形成引领中原经济区发展、服务全国、连通世界的开放高地。郑州航空都市要在中原经济区发展中发挥高端引领的龙头作用，其自身首先必须成为高端要素的聚集之地。绿色健康、生态宜居的环境越来越成为城市吸引力的基础和核心要素。高端人才、高端产业、高端企业越来越重视和青睐高品质的人居环境。为此，国际上一些著名的航空都市十分重视绿色宜居环境建设。例如，韩国的松岛航空城为了吸引欧美的高端人才和企业，把打造绿色宜居的人居环境作为首要的基础性工程，根据绿色城市的理念和标准进行设计

和建设，参照纽约中央公园的规模和格局建设公园和高尔夫球场。根据《规划》，郑州航空港综合经济发展试验区有五大战略定位，而要实现这些战略定位和战略目标，营造绿色健康、生态宜居的人居环境是基础。"栽下梧桐树，引来金凤凰。"优良的环境品质，有利于吸纳高端要素，从而促进高端产业和现代服务业的发展，促进产业结构的升级和发展方式的转变。

三 建设郑州绿色航空都市的有利条件与制约因素

（一）郑州建设绿色航空都市的有利条件

1. 国家区域发展战略强力支持

2013年3月国务院正式批复了《郑州航空港综合经济试验区发展规划》。郑州是首个上升为国家战略的航空经济发展先行区。规划明确指出，郑州航空港综合经济发展试验区要"树立生态文明理念，坚持集约、智能、绿色、低碳发展，优化实验区空间布局，以航兴区、以区促航、产城融合，建设具有较高品位和国际化程度的城市综合服务区，形成空港、产业、居住、生态功能区共同支撑的航空都市"。国家战略的大力支持，为绿色航空都市建设提供了良好的发展环境和政策支撑。

2. 区位交通条件优越

郑州航空港地处内陆腹地，空域条件较好，从郑州机场出发，一个半小时航程可覆盖中国三分之二的主要城市和五分之三的人口，两小时航程可覆盖中国90%的国土和90%以上的人口。良好的区位特点使郑州机场具有经停率高、中转率高、绕航率低的优势。航空港二期工程建成后，郑州将形成陆空对接、多式联运的综合立体交通枢纽，再加上综合保税区、保税物流中心、出口加工区、郑州跨境贸易电子商务服务试点等综合服务体系日益完善，为发展现代物流产业、临空经济、航空金融、旅游产业、总部经济等高端产业提供了极佳的载体平台和软硬环境，将有力促进产业结构的高端化演进，推动资源节约、环境友好、经济高效的绿色经济体系的形成和发展，从而为建设绿色航空都市提供坚实的产业支撑。

3. 生态建设基础较好

近年来，郑州市高度重视生态文明建设，在获得国家园林城市、国家卫生城市、全国绿化模范城市、全国创建文明城市先进城市等称号的基础上，又被有关部门批准建设国家生态园林城市、国家森林城市和国家水生态文明城市。郑州市把生态廊道建设作为建设生态园林城市的重要抓手，确立了"生态、景观、健身、休闲、文化、旅游、科技、示范"八大功能定位和"高密度、大绿量，多节点、多功能，乔灌木、四季青，既造林、又造景"的目标要求。包括区县在内的郑州全域推进生态廊道建设，在广度和深度上拓展了城市的生态腹地，强化了城市的生态屏障。生态廊道的建设既为绿色航空都市建设奠定了重要基础，也为绿色航空都市的生态建设提供了可资借鉴的宝贵经验。

（二）郑州建设绿色航空都市面临的制约因素

（1）城市大气环境不容乐观。2013年1~10月，在全国74个城市中，郑州市空气质量排名居后。除3月、8月、9月外，郑州市排名均处在倒数十名之列，其中4月排名倒数第一。

（2）固体废弃物污染严重，违规倾倒垃圾屡禁不止。尤其是随着旧城改造步伐加快，建筑垃圾急剧增加，部分单位和个人甚至把建筑垃圾倒入黄河，威胁黄河水质和防汛安全。

（3）水资源匮乏，水污染严重。相关资料显示，郑州市水资源总量13.23亿立方米，人均水资源占有量178立方米，仅为全省人均水资源占有量的二分之一、全国人均水资源占有量的十分之一。① 近年来，郑州市城市规模和人口迅速膨胀，城市工业污水和生活污水排放量急剧增加。过量使用化肥农药导致农业面源污染严重。根据数据显示，在郑州市监测的9条河流29处监测断面中，有27处监测断面低于国家规定的功能区水质标准。

（4）交通拥堵愈演愈烈。随着城市发展、人口增多和居民生活水平提高，郑州市机动车连续数年快速增长。截至2013年10月13日，郑州市机动车已突破234万辆，其中市区车辆122万辆，高峰期出行量达70万辆。郑州市区

---

① 资料来源：《大河报》2012年3月22日。

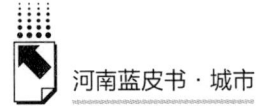

的交通已突破路网临界承载量。2013年1~9月，郑州平均每个月新增机动车2万辆，增速在中部地区城市名列榜首。① 与此同时，郑州的交通规划、设施建设和交通管理却相对滞后。交通拥堵不仅严重影响出行效率，还加剧了汽车尾气污染。

四 加快推进绿色航空都市建设的若干建议

（一）全方位加强生态建设，夯实绿色航空都市的生态基础

1. 大力推进城市森林建设

以创建生态园林城市、森林城市为载体，以生态廊道建设为重点，进一步提高城市绿化水平。着力打造景观林、生态林、产业林"三林共建"的城市森林体系，实现林网、水网、路网"三网融合"，营造"城在林中、路在绿中、房在园中、人在景中"的生态宜居环境。按照《规划》要求，着力加强"两廊"建设。一是沿南水北调干渠建设生态防护廊道，充分利用干渠两侧宽防护林带，建设沿岸森林公园、水系景观、城市绿道，打造体现航空文化内涵、集生态保护和休闲游览于一体的都市景观带。二是沿新107国道两侧，规划建设防护林带，形成高品位的生态景观长廊。在生态廊道建设中，要重视航空港与郑州主城区、郑东新区的联动发展。坚持统筹规划、统一建设、相互支撑、协同合作。把航空港的生态廊道纳入全市绿道网络，实现大范围的互联互通和资源共享。

2. 高度重视立体绿化

城市空间寸土寸金，为了在有限的空间内最大限度增加绿化面积，要在确保城市地面绿化的同时，大力发展屋顶绿化、垂直绿化。建议借鉴杭州、南京等地的经验，把立体绿化纳入城市绿化管理条例，出台促进立体绿化的政策法规。各类新建项目必须设计建造能适应屋顶绿化的屋面结构，同时制订和实施屋顶绿化方案。已有建筑则应区别不同情况，因地制宜逐步推进立体绿化。

---

① 资料来源：《河南商报》2013年10月25日。

3. 加强城市生态水体建设

以全国"水生态文明试点城市"建设为载体，加强城市生态水体建设，打造集生态、审美等多种功能于一体的城市水体景观。南水北调为郑州市缓解水资源匮乏、建设生态水城提供了重要机遇。南水北调中线工程自南向北从郑州航空港经济综合实验区穿过，全程约28公里。工程建成通水后，每年能分给郑州5亿多立方米的水，为郑州增加700万平方米的水面。要充分利用这一资源优势，重点营造一批水生态景观和人文景观，把滨水生态休闲带打造成为绿色航空都市生态文明建设的亮点。航空港的生态水系建设要与郑州老城区、郑州新区以及黄河生态休闲带联动发展，实施河湖水系连通工程、河道生态修复工程、湿地保护工程，加快推进水生态文明建设，打造人水和谐的绿色"水城"。

4. 积极推广绿色建筑

绿色建筑是绿色城市的重要载体，推广绿色建筑是建设绿色城市的重要抓手。建筑是城市资源能源消耗大户，也是各类污染物排放大户。相关资料显示，全世界50%的能源用于建筑，50%以上的物资材料用于建筑，固体废弃物中40%来自建筑垃圾。降低城市建筑的资源消耗与环境影响，大力发展节能减排的绿色建筑，对于建设绿色航空都市具有重要的意义。

把发展绿色建筑纳入绿色航空都市建设的总体规划。作为国家明确定位的绿色宜居航空都市，郑州航空港应当在推广绿色建筑方面走在前头、率先发展。要认真贯彻落实国家财政部和住建部《关于加快推动我国绿色建筑发展的意见》、国务院办公厅《关于转发发展改革委与住房城乡建设部绿色建筑行动方案的通知》《郑州市人民政府关于加快发展绿色建筑的意见》和《郑州市可再生能源建筑应用推进方案》，结合航空都市建设的实际编制绿色建筑发展规划，确定目标任务、明确主攻方向，纳入考核体系。

政府投资项目要率先执行绿色建筑标准，发挥示范带动作用。要以建设绿色机场为重点，按照国家有关政策规定，确保政府投资建筑的机关、学校、医院、博物馆、体育馆等建筑，以及其他单体建筑面积超过2万平方米的大型公共建筑，全面执行绿色建筑标准。

制定优惠政策，鼓励市场主体开发绿色建筑，积极引导商业房地产开发项目执行绿色建筑标准，鼓励房地产开发企业建设绿色住宅小区。在财税、融资、土地等方面出台相关政策，明确绿色建筑奖励标准，制定容积率奖励、用地优先等方面的具体政策，最大限度地激发市场主体参与绿色建筑开发的积极性。

5. 大力发展绿色交通

一是坚持公交优先战略，加快实施"公交都市"计划。公交优先是指城市客运交通以大容量、快速度的公交系统为主，其他交通工具为辅的交通发展战略。公交优先是方便市民出行，减轻道路压力，缓解交通拥挤的最佳途径。优先发展城市公共交通、实施公交优先战略，是提高交通资源利用效率，缓解交通拥堵的有效手段，也是改善人居环境，建设绿色航空都市的内在要求。西方发达国家十分重视发展城市公共交通。英国伦敦、法国巴黎、美国纽约等城市公交化率均在70%左右，日本东京的公交化率高达87%。我国城市的公交化率仅为20%。私家车保有量和出行率高、公交分担率低，是我国城市大气污染和交通拥堵的重要原因。建设绿色航空都市，必须把公共交通的发展放在重要位置，努力增加公交运量，提高公交分担率。建议借鉴太原等地的经验，坚持"规划建设优先、政策优先、路权优先和政府投入优先"的四优先原则，大力发展公共交通。二是有序发展有轨电车。有轨电车具有节能、环保、占地少、容量大、安全、便捷的特点，既能有效提高单位面积的道路运输能力，又可减少污染。建议把有轨电车纳入航空都市交通规划，作为公共交通的重要组成部分。借鉴欧洲国家的成功经验，在人口密集的商业街区采用"步行街+有轨电车"的交通模式，适度控制机动车通行。三是积极推广电动汽车。认真研究借鉴电动汽车运营的"新乡模式"，以公共交通为重点，逐步在公务车和出租车领域推广电动汽车。将电动汽车纳入政府采购目录，逐步实现公务用车电动化。航空港区要率先推广使用电动汽车。鼓励支持环卫、邮政等公共服务单位使用电动车。要加强充电站点等相关基础设施建设，为电动汽车的推广创造条件。四是合理规划建设自行车道和人行道，为市民低碳出行创造道路条件。

（二）加强环境保护与污染治理，确保航空都市环境质量

1. 大气污染防治

一是加大机动车尾气污染治理力度。通过严格检测、淘汰黄标车、提高油

品质量、实施阶梯油价、推进油改气工程,以及推广生态驾驶①、适度限行等多种措施,有效治理机动车尾气污染。二是加大燃煤锅炉改造力度,实现集中供热,热电联产,最大限度降低燃煤对大气的污染。三是有效治理城市建筑扬尘。严格对施工现场实施围挡防护、物料覆盖、洒水清扫、建筑垃圾密闭运输,有效控制建筑工地扬尘污染,做到垃圾不落地、黄土不裸露、工地不扬尘、渣土不散落。同时,要在大风天气,对施工区采取洒水等降尘措施。四是严格控制城市餐饮服务业油烟排放。新建餐饮服务业要安装油烟治理设施,现有餐饮服务业应限期安装。

2. 水污染防治

坚持集中与分散相结合的原则处理城市污水,提高污水处理率。将城市水污染防治与废水资源化相结合。郑州属于水资源严重匮乏的城市,在考虑城市水污染防治对策时应高度重视废水资源化再利用。重视高标准的城市下水道建设。借鉴国内外的成功经验,建设雨污分流制下水道系统和雨水收集系统。加强城市饮用水源地的保护,确保城市居民饮用水安全。加强执法检查,打击各种违法排污行为。

3. 固体废弃物污染防治

进一步加强对固体废弃物的监督管理,使固体废弃物最大限度实现资源化、减量化、无害化。建设防淋、防渗、防流失的固体废弃物暂存场所。按照危险固体废弃物处置标准要求,收集、处置各类废弃物。当前,尤其是要高度重视城市建筑垃圾的处理和资源化利用。建筑垃圾被称为城市矿产资源。相关资料显示,欧盟国家建筑垃圾资源化率超过90%,韩国、日本建筑废弃物资源化率已经达到97%以上。建议借鉴国内外成功经验,尽快制定实施城市建筑垃圾处理的地方法规,对建筑垃圾的排放、运输、消纳、监管进行规范。采取制度激励与技术创新双轮驱动,大力发展建筑垃圾循环利用产业,实现垃圾变废为宝,破解"垃圾围城"的困境。

4. 噪声污染防治

航空噪声是指由航空器及其所属物发出的噪声污染,其声源包括发动机的

---

① 资料来源:国际节能环保网,车载生态辅助驾驶系统能提早向驾驶员预告信号灯变化状况,帮助驾驶者提前加减速,以实现车路协同。实验表明,生态驾驶可令油耗与排放降低50%。

声音和飞机飞行过程中空气摩擦产生的气流。由于航空运输的持续增长，航空噪声成为航空港备受关注的环境问题。西方发达国家针对航空噪声的民众抗议活动时有发生。随着郑州航空港建设和航空经济发展的提速，航线航班将大幅度增加，航空噪声污染有可能成为航空港突出的环境问题。必须把预防和治理航空噪声放在重要位置。目前，欧洲已经开始采取措施限制航空噪声污染，欧洲委员会于2011年12月出台了较为严格的噪声管理规章。要借鉴国内外的成功经验，把预防和治理噪声污染纳入航空都市建设的总体规划和环境保护的专项规划，把航空噪声污染降低到最低程度。

（三）大力发展服务业为主导的绿色经济，强化绿色航空都市的产业支撑

服务业是无烟工业，具有资源消耗低、环境污染小、附加值高、就业容量大等优势，服务业比重是衡量绿色城市的重要指标。要把发展现代服务业为主导的绿色经济作为郑州航空都市可持续发展的重要支撑。

1. 充分发挥区位和交通优势，大力发展物流产业

相关研究表明，世界经济已进入"速度经济"时代。航空物流以其高速、安全等优势，成为区域经济持续增长的重要引擎。要根据郑州航空港综合经济试验区的战略定位，把航空物流打造成为整个物流产业体系的龙头，加快建设全国重要的现代物流中心，使之成为郑州以及中原经济区融入全球经济体系的快速通道。提高物流产业的信息化和标准化水平。重视利用现代网络信息技术对物流企业运营和行业管理进行改造升级，积极发展电子商务、物联网、网络配送等网络物流业。以信息化、网络化、智能化、标准化提升物流运作效率和行业管理水平，降低物流产业的能耗、物耗和环境污染。大力推广绿色物流，最大限度降低物流产业的资源消耗与碳排放。选择绿色运输工具，合理规划网点和配送中心、优化配送路线与运输方式，坚持循环经济的"4R"原则，推广绿色包装。

2. 积极推进会展业发展，打造国内外具有重要影响力的会展名城

着力培育航空类展会。明确航空展会发展定位及思路，加强与中国民航等相关部门和单位的合作，建立航空类会议暨展览长期合作机制，密切与国内外

会展业协会及著名会展企业的联系,定期举办航空类展会及论坛。高起点打造特色知名会展品牌。充分发挥河南省旅游和文化资源优势,重视旅游业、文化产业与会展业的融合发展,形成以旅游促会展,以会展促旅游的良性互动格局,提升郑州会展的品牌知名度和影响力,把郑州打造成为国际化、专业化、规模化及特色化的国内外著名会展中心。积极发展绿色会展。推广使用数字模式、积木式、可重复使用的标准化展台,展览材料要尽可能减少环境污染和资源消耗。

3. 加快发展总部经济

制定优惠政策,优化发展环境,积极吸引大型跨国公司将区域性总部、研发中心、结算中心落户郑州航空都市区,支持国内外大型企业集团或公司总部在航空都市区设立投资性公司。

4. 重视发展高端商贸业

积极引进国际著名商贸企业入驻,打造集购物、文化、餐饮、休闲娱乐于一体的多功能综合性高端商贸业态。借鉴上海自贸区的经验,探索构建机场综合保税区"前店后库"经营模式,创新海关监管方式,实现免税区外实体店与区内保税仓库的联动运作,打造具备保税展示、免税和完税销售功能的综合试验商场。重视航空港高端购物中心与郑州商贸城建设联动发展。郑州是传统的商贸城,商贸业拥有良好的发展基础和巨大的发展潜力。充分发挥郑州的区位优势和发展基础,做大做强航空港高端商贸业。

5. 发展壮大文化旅游产业

依托中原文化资源优势,大力发展文化产业。实施文化精品工程,把航空都市打造成为展示中原文化的窗口和名片。全面提升旅游业发展水平。依托航空港组建郑州旅游集散中心。重视航空都市建设与河南旅游文化产业发展的相互促进、相互支撑、良性互动,使航空都市成为驱动河南旅游文化产业走出去的重要引擎,河南省丰富的旅游文化资源成为航空都市文化产业的重要资源支撑。

6. 重视发展都市农业和环都市乡村休闲产业带

注重生态环境建设方面的城乡统筹,坚持经济效益、生态效益、景观效果相统一的原则,发展集物质经济功能、生态环境功能、审美体验功能于一体的都市农业和乡村休闲产业。把发展都市农业和环城市乡村休闲产业带，作为扩展城市生态腹地、提升城市宜居乐居水平的重要举措。

（四）加快推进智慧城市建设，强化绿色航空都市的智能支撑

智慧城市与绿色城市有着密切的内在关联。包括物联网、互联网、云计算等在内的现代信息网络技术，在绿色低碳城市的规划、建设与管理中扮演着日益重要的角色。建设智慧城市，充分利用信息数据技术、互联网技术，提高城市管理的信息化水平，是节约资源、保护环境、建设绿色航空都市的重要途径。在绿色航空都市基础过程中，要高度重视"绿色城市"与"智慧城市"的融合和联动发展，推动经济社会各领域信息化。以信息化促进城市的绿色发展、低碳发展和循环发展。加强信息基础设施建设。积极发展电子商务，推动信用服务、网上支付、物流配送等支撑体系建设。加快推进电子政务建设，推进政务信息系统互联互通、信息共享和业务协同，实行网上一站式行政审批。全面构建智慧交通、智慧管理、智慧健康、智慧社区、智慧教育等信息应用系统，提升城市管理的信息化智能化水平。

（五）加强制度建设，完善促进绿色发展的长效机制

党的十八届三中全会强调，建设生态文明，必须建立系统完整的生态文明制度体系，用制度保护生态环境。推动绿色航空都市建设，必须结合航空港的实际，借鉴国内外的成功经验，建立健全促进绿色发展、低碳发展和循环发展的长效机制。

1. 实施绿色新政，充分发挥政府在建设绿色航空都市中的引领、管理和服务作用

政府在实施可持续发展战略、建设绿色航空都市中具有重要作用。尤其是在制定城市发展战略、发展规划以及城市管理等方面，政府的作用举足轻重。一是要进一步改革完善政绩考核评价体系，纠正长期以来单纯以GDP评价发展成果和干部政绩的做法，加大资源消耗、环境损害、生态效益等指标在评价

体系中的权重,激励和督导各级政府切实推行可持续发展的绿色新政,把节约资源、保护环境放在更加重要的位置。二是高度重视以绿色规划引领绿色城市建设。科学规划是最大的城市资源。建设绿色城市,规划是基础、是起点、是导向。要按照中央加强生态文明建设的基本精神,从城市资源禀赋和环境承载力的实际出发,制定城市发展总体规划、城市详细规划和各专项规划,按照集约紧凑、产城融合的发展模式,推进节约型、环境友好型城市建设,保障城市的可持续发展。

2. 构建市场机制起决定性作用的绿色经济运行机制

建立和完善促进绿色发展、低碳发展、循环发展的政策保障体系。积极探索建立反映市场供求关系、资源稀缺程度、环境损害成本的生产要素和资源价格形成机制,推行排污权、水权交易制度,建立市场起决定性作用的绿色经济运行机制与产业体系。

3. 建立健全相关法规,强化节约资源保护环境的法律保障

要加快推动与绿色发展密切相关的地方立法。进一步建立健全环境保护制度,确保环保部门独立监管和严格执法。及时、准确向全体居民公布环境信息,健全举报制度,加强社会监督。完善污染物排放许可制,实行企事业单位污染物排放总量控制制度。对造成生态环境损害的责任者严格实行赔偿制度,依法追究刑事责任。

4. 建立健全公众参与制度,调动全社会参与绿色航空建设的积极性

绿色城市建设,人人有责。"公众参与"是可持续发展的重大战略原则。制度化的公众参与是生态文明建设的根基。要在全社会开展绿色教育,提高居民的生态意识,培育资源节约环境友好的生态文化和绿色生活方式。积极开展绿色社区、绿色家庭、绿色企业的建设。建立健全公众参与的制度,保障社会公众在决策、过程和末端等所有环节拥有法定参与权,使社会公众能够有效地参与政策、规划和计划的制定以及建设项目的立项等方面的决策,有效地参与环境法律、法规、政策、规划、计划及开发建设项目实施过程中的环境监督,有效地参与环境污染和生态破坏发生之后的处理与问责。通过制度建设,提高公众参与的广泛性与有效性,为郑州绿色航空港建设奠定坚实的社会基础。

参考文献

江泽慧：《加快城市森林建设　走生态化城市发展道路》，《人民日报》2003年9月15日。

《国家发展改革委关于印发郑州航空港经济综合实验区发展规划（2013~2025年）的通知》（发改地区〔2013〕481号），国家发改委网站。

〔美〕约翰·卡萨达：《航空大都市》，曹允春等译，河南科学技术出版社，2013。

B.14 郑州智慧航空都市建设研究

高 璇[*]

摘 要： 智慧城市是一场以技术创新引导城市经济社会发展、生产生活方式的变革，是城市发展的高级形态。航空大都市是以机场为核心的具有重要经济意义的特定地区，是主导21世纪经济社会发展形态。从智慧航空都市发展条件来看，郑州航空港已初步具备建设智慧航空都市的信息基础、产业基础和政策保障。由于郑州智慧航空都市建设尚处于起步阶段，还存在信息化水平比较低、自主创新能力差、公共服务平台建设落后等问题。为此，要深入推进郑州智慧航空建设必须要实现电子信息产业建设与智慧城市互动发展、坚持技术创新和金融创新双驱动战略、推动基础信息设施建设与公共服务平台建设相结合、构建市场需求调节和政府引导共同作用机制、实现城市差异化发展和特色发展。

关键词： 郑州智慧航空都市　信息化　产城融合

智慧城市是一场以技术创新引导城市经济社会发展、生产生活方式的变革，是城市发展的高级形态。航空大都市是以机场为核心的具有重要经济意义的特定地区，是主导21世纪经济社会发展形态。智慧航空都市理念不仅应反映在城市经济发展上，还应渗透到城市管理和生活方式中，从而体现全方位的

---

[*] 高璇，河南省社会科学院助理研究员。

"智慧"。当前郑州航空港建设正面临重要发展期，建设智慧航空都市赋予港区发展更多的活力和智慧，可以说，智慧航空都市这一新兴发展形态为郑州航空都市建设指明了方向。

一 郑州智慧航空都市建设的重大意义

（一）顺应城市发展新趋势的内在要求

城市发展在经历了绿色、生态、可持续发展等主题阶段后，吹来了"智慧"风。据世界银行测算，一个百万人口以上的智慧城市建设在投入不变的情况下，实施全方位的智慧管理，将能增加城市的发展红利2.5~3倍，这意味着"智慧城市"可促进实现可持续发展目标，红利更多，投入不变，损耗更小。智慧城市已被越来越多的国家或地区纳入城市发展的长期战略，已成为城市发展的必然趋势。郑州正处于城市化高速发展时期，随着城市化进程的不断推进，城市化发展也出现了资源匮乏、环境污染、生态退化、基础设施薄弱等一系列问题。郑州航空都市建设必须改变原有的发展道路，避免城市不可持续发展。而智慧城市发展恰好能有效缓解"大城市病"，提高城市化质量，实现精细发展和可持续发展。可见，郑州航空都市推进智慧城市建设是其必然选择。

（二）契合经济转型发展的必然选择

粗放型的经济发展模式为城市建设构建了基本框架，面对日益严峻的生态环境和生产要素稀缺问题，郑州城市发展需要转变经济发展方式，郑州智慧航空都市建设有助于实现经济转型发展。首先，智慧航空都市建设有助于产业发展转型升级。智慧航空都市建设将以临空为特点，以区域内的资源禀赋、信息化发展水平、经济社会发展程度、人的素质发展水准等软环境为支撑，结合物联网、云计算、移动互联网等新技术，打造现代化的航空智能产业，并将成为郑州经济发展新的增长点。其次，智慧航空都市建设有助于提升城市经济发展质量。智慧航空都市建设促使城市发展和产业升级换代，促进整个港区经济发展由粗放型方式向知识型、创新型方式转变，提升整体经济发展质量。

（三）创新河南社会治理模式的题中之义

美国学者 Andrea Caragliu 认为智慧城市是一种参与式治理，主要通过智慧交通、智慧医疗、智慧治安等智慧公共服务平台的建设来实现对社会的科学管理，这种新的社会管理方式为港区社会治理模式创新寻找到出路。其一，智慧城市有助于公共权力透明化。信息化的公共管理服务平台使得公共管理信息共享，城市结构扁平化发展，有助于市民了解政府公共服务，并对其进行有效的监督。其二，智慧城市有助于市民实行"自治"。如在智慧交通中，市民可以随时了解城市交通信息，并决定其出行方式，最大限度地避免交通拥堵和停车难现象，自觉成为城市交通秩序的维护者。其三，智慧城市建设有助于政府职能转变。智慧城市发展使得政府管理城市更加人性化，政府和被管理者形成良好的互动关系，有效促进政府职能转变。

（四）推进河南生活方式变革的现实需要

智慧城市让生活更美好。智慧城市将改变人们的生活环境，交流方式，影响到人们的生活、工作、社交等方方面面，这种新的城市发展模式为港区人们生活方式带来变革。其一，智慧港区建设有助于营造良好的生活环境。随着城市粗放型发展模式的不断延伸，城市生存环境日益恶化，智慧港区建设有利于改变日益恶化的城市生存环境。如智慧平安应急体系能够有效监控城市治安状况，及时有效处理突发事件，有助于营造和谐、平安的城市发展环境。智慧产业发展，能够有效地监控能耗情况和排污情况，有助于城市生态环境保护。其二，智慧港区建设有助于提高生活质量。随着城市经济发展，"城市病"越来越影响到人们生活质量的提高，智慧港区模式的建立，有利于缓解"城市病"，提高人们的生活质量。如通过智慧医疗，人们可以及时查阅就医信息，破解目前就医难、医疗资源分配不均的情况；通过智慧食品供应链，人们可以及时跟踪食品信息，保障食品安全，破解目前食品安全系数不高的难题等。

二 郑州智慧航空都市建设的现实基础

党的十八大明确提出了实现信息化融合发展，推进各领域、全方位的信息化，这就迫切要求郑州智慧航空都市加快信息化建设，推进智慧港区发展。目前，郑州智慧航空都市发展的技术支撑和产业基础已基本形成，政策环境也在不断改善，构筑了郑州智慧航空都市发展的现实基础。

（一）城市信息化水平不断提高，信息化升级条件基本具备

城市信息化是智慧城市建设的基础。随着郑州航空港经济综合实验区的获批，航空港信息化水平有了显著提升，信息化升级条件基本具备。围绕富士康公司生产生活区的航空港建设区已经全部实现光纤入户、移动电视入户；在港区 3G 网络全覆盖的基础上，优先在航空港区部署 4G 移动通信网络，目前已建成 41 个 4G 移动通信基站；在三网融合业务上先行先试，推动移动互联网、IPTV、手机电视、网络购物、移动支付等新应用。

（二）智慧平台建设日益加快，智慧产业不断发展

智慧城市平台是智慧城市建设的主要构成部分，智慧产业的形成是智慧城市发展的生命线。一方面，航空港区智慧平台建设不断加快。随着智慧航空都市战略定位的提出，港区智慧平台建设步伐加快，推动了智慧管理、智慧健康、智慧社区、智慧教育等信息应用平台的建设，推进了电子政务、"网上一站式"服务平台的建设。另一方面，港区智慧产业发展迅速扩张。智能手机生产基地建设稳步推进，到 2014 年将形成集研发、设计、生产、销售、服务于一体的全球最大的智能手机生产基地。此外，随着信息技术的广泛应用以及港区临空经济不断发展，信息产业与临空产业重组、融合发展，派生出了一些新兴业态，如港区跨境 E 贸易服务业的发展、现代物流业的延伸，推动了港区特色的智慧产业发展链的不断完善和延伸。

（三）政府支持力度逐渐加大，政策支撑不断完善

政府支持智慧城市发展的推动力。近年来，随着世界智慧城市发展的兴

起，我国智慧城市发展也受到了高度重视。从国家层面来看，出台了《国家中长期科学技术发展纲要》（2006~2020）、《国家信息化领导小组关于我国电子政务建设指导意见》《国务院关于加快培育和发展战略性新兴产业的决定》等一系列促进信息技术和智慧城市发展的政策，为我国智慧城市发展目标的实现指明了方向。从省级层面来看，河南省出台了《河南省物联网产业发展规划》《河南省"十二五"科技发展规划》《河南省电子信息产业行动计划》《河南省"十二五"战略性新兴产业发展规划》《关于加快全省数字城市地理空间框架建设与应用工作的通知》等政策，对河南智慧城市建设目标、任务做出了明确规定，为河南智慧城市建设提供了政策保障。从港区政府层面来看，编制了《郑州航空港经济综合实验区通信基础设施专项规划》等，为港区智慧化发展提供了政策支持。

郑州智慧航空都市建设虽然取得了一定进步，但从智慧城市建设目标来看，还有不小差距，其具体发展瓶颈主要有以下四方面。一是缺乏整体规划。到目前为止，郑州航空港区还没有形成智慧航空都市的整体规划。二是信息化水平依然很低。随着4G网络的试点，港区信息化能力有了大幅提高，但仍难以满足经济社会发展中对信息通信的需求。三是自主创新能力明显不足。智慧航空都市建设虽有智能手机、E贸易等新兴产业强有力的支撑，但自主创新能力明显不足，对外技术依存度依然很高，核心技术、关键技术还受制于人。四是智能平台建设有待于进一步提高。随着电子政务平台建设的不断推进，电子公共服务平台建设的加速发展，电子信息共享体系已初步具备，但资源利用效益、集约化程度以及协同利用效率都有待进一步提高。

三　郑州智慧航空都市发展重点与难点

随着智慧航空都市功能定位的不断明晰，郑州智慧航空都市将着力打造成为以集约、智能、绿色、低碳为发展理念，发展高品质公共服务、培育智能空港、智能产业、智能生活共同支撑的智慧航空都市。

（一）打造智慧产业发展基地

产城融合是未来航空都市区的最大特点，产城融合首先是要推进智慧产业发展。一是要推进传统产业优化升级。应用新技术、新工艺，对机制瓦、水泥等传统制造业进行改造提升，增强传统产业竞争力。二是要大力发展新兴产业。运用物联网、云计算、大数据等新一代信息通信技术，大力培养信息服务、电子商务、跨境E贸易、现代物流、网络金融等新兴服务业，提升航空港新兴产业发展能力。三是要推进智能手机产业的进一步发展。依托富士康等龙头企业，打造集设计、研发、生产、销售、服务于一体的全球最大的智能手机生产基地。

（二）构筑智慧公共服务示范平台

完善的智能化的公共服务平台是保障社会公共服务效率最优化的重要支撑，构筑智慧公共服务示范平台是智慧航空都市的又一重要问题。一是要推动电子政务示范平台建设。围绕政务效能，重点支撑行政权力、联合审批、智慧治税等方面的应用，形成智能化的政务平台。二是要加强智慧公共服务平台建设。围绕城市管理，重点支撑智能城管、智能环保、智能交通、智能管线等应用。围绕民生幸福，重点支撑智慧医疗、智慧社区、智慧教育、智慧食品溯源等方面的应用，形成智能化的公共服务平台。

四 推进郑州智慧航空都市建设的对策建议

针对上述郑州智慧航空都市建设的问题偏向与发展重点难点，郑州智慧航空都市发展，要形成与智慧产业互动发展的良性循环，要构建公共服务智慧平台，要着眼城市特色，走异质化发展道路，要以市场为导向，构建市场需求调节和政府引导共同作用机制，要以技术创新和金融创新双驱动，全面推动郑州智慧航空都市发展。

（一）推动电子信息产业与智慧城市互动发展

智慧城市是以物联网为核心的新一代信息技术对城市自然、经济、社会系统进行智能化改造的结果。郑州智慧航空都市发展应以智慧技术创新为依托，以智慧产业——电子信息产业为支撑，促进城市产业升级，进一步推动城市发展动力机制的转换，实现智慧产业与智慧城市互动发展。一是推进电子信息产业创新发展。大力发展跨境 E 贸易电子商务产业，打造以智能手机为核心，上下游智能手机协同配套的电子信息产业链和创新链。二是不断完善电子信息产业发展平台建设以及中介服务平台建设。推进电子信息产业共性技术研发平台建设、创新服务平台建设、人力资本保障平台建设，解决电子信息产业高端化发展的后顾之忧。三是完善电子信息产业发展的配套服务。推进教育、医疗、商贸等优质资源进驻郑州航空都市，形成产城融合发展的和谐局面。

（二）坚持技术创新和金融创新双驱动战略

创新是推动智慧城市持续发展的主要驱动力。郑州智慧航空都市应依托信息技术的创新和金融体系创新，促进金融资本与产业技术的有效对接，从而形成对智慧城市发展强有力的驱动力。在技术创新方面，要优化技术创新环境，进一步完善集研发、试验、生产、销售、服务于一体的公共服务平台建设，着力推进产学研政合作，优化智慧航空港建设的软硬环境；要加快智慧技术发展，形成一批具有自主知识产权的技术，不断改变智慧技术对外依存度高的问题；要完善人才制度，为智慧航空港建设提供强大的智力支持；要积极整合国内外研发力量，加强针对智慧航空都市建设的关键技术研究，引进和培养一批具有智慧技术的专业性人才队伍，应在人才引进、项目支持、创新奖励、住房福利等方面出台更有竞争力的激励政策。在金融创新方面，要设立创业专项基金。在现有金融体系基础上，建立以政府天使投资基金为引导的风险投资模式，构建起完整的创业融资链条，强化智慧产业的要素集成，推进产业孵化与培育。推动港区分支银行建设。积极协调四大国有银行及股份制银行在港区设立服务港区企业的银行分支机构，缓解港区企业贷款难的问题；完善多层次信用担保体系。构建以政策性信用担保为主体，商业担保和互助担保相互支持的多层次信用担保体系，解决企业融资过程中的担保难和抵押难问题。

（三）加快信息基础设施建设与公共服务平台建设相结合

完善的信息基础设施是发展智慧城市的基础条件，资源共享的信息服务平台是智慧城市建设的价值所在，郑州智慧航空都市建设亟须发展城市信息基础设施建设和公共服务平台建设。一是要不断增强城市信息基础设施建设。重点推动物联网、E贸易平台、4G网络等信息网络平台建设，形成宽带、互动电视、无线等为载体的安全、融合的信息基础设施体系。二是要建立具有航空港特色的智能化公共服务平台，打破各系统独立建设、条块分割和部门分治的局面，通过连点成面的方式对医疗、教育、金融、农林、水利、环保、交通、市政、公安、企业、社区等部门信息进行整合，建立面向业务管理、领导决策、行业监管、公众服务的云计算数据中心，搭建信息共享服务平台，促进信息共享并互联互通，实现城市智慧协调发展。

（四）构建市场需求调节和政府引导共同作用的机制

市场需求导向是推动智慧城市持续发展的动力源泉，政府引导是推动智慧城市建设顺利进行的基本保障，郑州智慧航空都市持续健康发展需要市场和政府共同作用。一是以市场需求为导向，完善市场机制。将市场机制引入智慧产业建设，企业的"经济人行为"会驱使企业根据市场实际需求调整开发项目，使智慧产业符合市民实际，将智慧产业发展与保障民生结合起来，如开发市民迫切需要的智慧交通、智慧医疗、智慧社区等方便市民生活的智慧产品，使市民享受到智慧城市的实惠。二是要政府正确引导。智慧城市建设大多属于基本公共服务项目，由于企业逐利天性，紧靠市场机制很难将企业投资吸引到公共服务项目上来，需要政府的正确引导，多渠道、多种方式增加对公共服务项目投资的吸引力，并将智慧城市建设与民生需求有效对接，使智慧城市建设不再是"政绩工程"的牺牲品。

（五）实现智慧城市差异化发展和特色发展的模式

差异化发展、特色发展是智慧城市持续充满活力的关键点。一是完善顶层设计，智慧航空都市建设应根据城市发展功能、特点、历史定位进行顶层设计,为郑州航空都市持续发展提供制度保障;二是推动郑州智慧航空都市建设与郑州航空港协调发展,在智慧产业项目引进上,应发挥临空经济优势,确保智慧航空都市持续、健康发展;三是形成与其他城市的错位发展,郑州智慧航空都市建设,要结合自身优势与其他城市建设思路和目标,错位定位,以此为切入点,推进智慧航空都市建设,使其在长期竞争中占据主动地位。

参考文献

辜胜阻、杨建武、刘江日:《当前我国智慧城市建设中的问题与对策》,《中国软科学》2013年第1期。

辜胜阻、王敏:《智慧城市建设的理论思考与战略选择》,《中国人口·资源与环境》2012年第5期。

巫细波、杨再高:《智慧城市理念与未来城市发展》,《城市发展研究》2010年第11期。

史璐:《智慧城市的原理及其在我国城市发展中的功能和意义》,《中国科技论坛》2011年第5期。

Andrea Caraliu, Chiara Del Bo, Peter Nijkamp. Smart Cities in Europe[C]. 3nd Central European Conference in Regional Science, 2009.

B.15 郑州航空都市建设的政策支持研究

郭志远　安晓明*

摘　要： 在全球范围内航空经济飞速发展的今天，郑州航空都市的建设对于中原经济区崛起、河南新型城镇化战略的实施以及1亿河南人民"中原梦"的实现具有十分重要的现实意义。但是在航空都市的建设过程中依然存在着产业结构层次不高、土地资源紧张、建设资金缺口巨大、生态环境脆弱等问题，在一定程度上束缚了航空都市建设的步伐。为此，郑州航空都市建设需要从产业、土地、资金、环境、体制、规划等方面给予相应的政策支持。

关键词： 郑州　航空都市　政策支持

航空大都市是由以机场为中心的商业核心（机场城市）及其外围的交通走廊及与航空有关的商业和相应的住宅项目集群构成的城市经济区。以郑州航空港经济综合试验区为核心的郑州航空都市建设刚刚起步，在建设过程中仍存在一些单靠市场机制难以调和的矛盾和问题，亟须从政策上寻求更多的支持。

一　郑州航空都市建设的背景

（一）世界范围内航空港经济的飞速发展

在现代社会中，随着经济全球化程度的提高，生产要素的流动速度越来

---

* 郭志远，河南省社会科学院助理研究员；安晓明，中国人民大学经济学院博士研究生。

快,"速度经济"愈发重要。航空运输与公路、铁路、海运等传统运输方式相比,所需时间更少、效率更高,正在成为继海运、河运、铁路、公路之后拉动区域经济发展的第五轮冲击波。像运河、铁路和公路等传统运输方式带动城市的形成和发展一样,机场正在为城市发展注入新的活力。

随着越来越多的航空偏好型工商业活动被吸引到机场地区和其辐射的交通走廊沿线,机场被赋予更多的功能,机场及其周边地区逐渐演变为区域经济活动的重要集聚区,航空港正在受到越来越多的国家和地区的重视,并作为带动区域经济发展的引擎进行规划建设,依托机场发展而来的空港经济区或者空港城市作为一种新的经济组织方式正在全球范围内遍地开花、迅猛发展。比较著名的像德国的法兰克福,荷兰的阿姆斯特丹,美国的丹佛、达拉斯,韩国的仁川等;国内目前发展较好的有北京、天津、杭州等。

(二)国家区域支持政策的密集出台

河南古称"中原",是中华民族和华夏文明的核心发源地之一,地理位置十分重要,地处全国腹地,起着承东启西、连南接北的交通枢纽作用,自古有"得中原者得天下"之说。然而由于各种历史和自然因素的制约,中原地区经济社会发展水平长期以来一直落后于沿海发达地区,在国家区域战略层面也缺少相应的政策支持,处于"不东不西"和"中部凹陷"的尴尬局面。

2012年11月国务院《中原经济区规划(2012~2020)》的出台标志着中原经济区建设正式上升到国家战略层面。随着国家中部崛起战略的推进,河南省,特别是中原经济区的龙头——郑州市更应该抢抓历史机遇,快速发展壮大,抢占国家中部战略的制高点。《中原经济区规划(2012~2020)》中将郑州航空港经济综合试验区作为国际航空物流中心、中西部地区对外开放的高地和中原经济区核心增长极正式提出。2013年3月7日,国务院正式批复了《郑州航空港经济综合试验区发展规划(2013~2025)》。作为全国首个上升为国家战略的航空港经济发展试验区,郑州航空港被赋予在航空经济发展领域先行先试的重大责任。

（三）河南省城镇化进入加速发展期

河南是一个拥有1亿人的人口大省，同时又是全国粮食产量第一的农业大省，农业在经济结构中占有特殊的地位，长期以来农村人口占全省总人口的绝对多数，如图1所示。近年来，随着国家和河南省对城镇化战略的重视，以及在工业化动力的推动下，河南省的城镇人口快速增长，城镇化率快速提高，到2012年末，河南省的城镇人口总数已经达到4473万人，城镇化率达到42.4%。据测算，河南省的新型城镇化目标2013年有望提高1.5个百分点，到2015年有望达到52%。河南省城镇化率每提高1个百分点，需要转移大约100万农村人口到城镇。近年来，郑州市随着经济总量的提升，对周围要素的吸引力不断增强，城市人口迅速增加，集聚作用凸显。郑州航空港经济综合试验区的设立，为河南省的城镇化战略提供了一个重要的载体，在今后一段时间内，将会有大量的外来人口来此就业和生活，从长远来看，郑州航空都市大约能容纳400万人口。郑州航空都市的建设和河南省的城镇化战略相得益彰，互相促进。

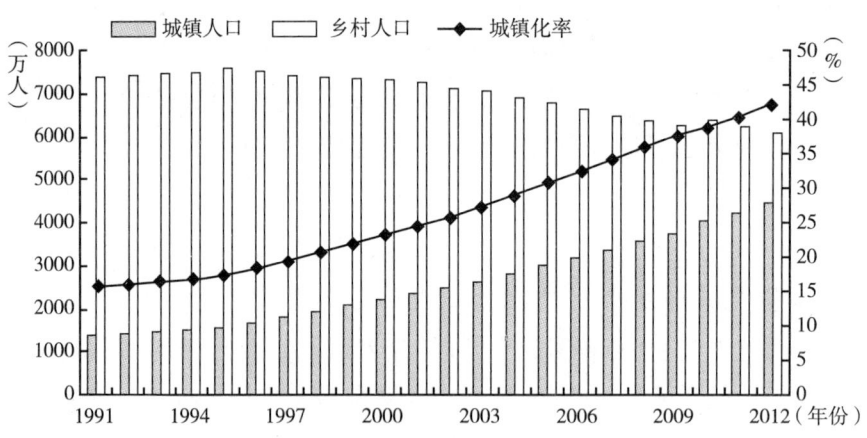

图1　1991~2012年河南省城镇化发展轨迹

资料来源：《河南统计年鉴2013》。

（四）郑州航空港经济综合试验区的发展壮大

2007年10月，为加快郑州国际航空枢纽建设，河南省委、省政府批准设立郑州航空港区。2010年10月24日，经国务院批准正式设立郑州新郑综合保税区。2011年4月，根据中央编办批复精神，经河南省委、省政府批准设立郑州新郑综合保税区。郑州航空港区管理委员会，为省政府派出机构。2012年11月17日，国务院批准《中原经济区规划（2012～2020）》，提出以郑州航空港为主体，以综合保税区和关联产业园区为载体，以综合交通枢纽为依托，以发展航空货运为突破口，建设郑州航空港经济综合实验区。2013年3月7日，国务院批准《郑州航空港经济综合实验区发展规划（2013～2025）》。《中原经济区规划（2012～2020）》中对郑州航空港经济综合实验区的发展战略目标定位是：力争到2020年基本建成全国重要的航空港经济集聚区，成为生态、智慧、和谐宜居的现代航空都市和中西部地区对外开放的新高地、中原经济区的核心增长区域。

郑州航空港经济综合试验区位于郑州市东南20公里，按照"三区两廊"的空间规划进行布局，包括航空港区、北部城市综合服务区、南部高端制造业集聚区、沿南水北调干渠生态防护走廊、沿107国道生态走廊五个组成部分，规划面积415平方公里。2012年全地区生产总值完成190.7亿元，同比增长77.6%；工业总产值达1265亿元，同比增长168.2%；地方财政收入达26亿元，同比增长153%；固定资产投资完成116.2亿元，同比增长44%；外贸进出口总值完成280亿美元，同比增长214.3%，进出口总值占郑州市的83%，占河南省的55%。

郑州航空港经济综合试验区的建设对于河南来说，是一个千载难逢的历史机遇，把握和利用好这一机遇，河南的经济社会发展将会迈上一个新台阶，在国家区域经济版图中的地位将会更加突出。对于郑州市来说，抓住这一机遇，可以将郑州市打造为国际航空大都市，作为区域经济发展的引擎引领中原城市群快速发展。

（五）区域交通条件日渐改善

航空都市建设依托河南省得天独厚的区位和交通条件。所在地郑州地处中原腹地，自古以来就是全国重要的交通枢纽，为"中国铁路心脏"之城。郑州是全国铁路的大动脉、京九铁路和陇海铁路的交会之处，也是规划中的全国高铁交会的中心，拥有亚洲最大的列车编组站——郑州北站和中国最大的零担货物转运站——郑州货运东站。郑州是河南省城际铁路网的中心，以郑州为中心的郑洛城际铁路、郑许城际铁路、郑开城际铁路、郑焦城际铁路、郑平城际铁路、郑新城际铁路、郑州至新郑机场城际铁路等正在规划建设。同时，郑州还是国家公路交通网主要枢纽之一，河南的高速公路通车里程数达到5800公里，排名全国第1，高速公路密度31公里/平方公里，排在全国第7位，中西部地区排名第1。

从区位上看，郑州航空港经济综合试验区处于河南省和中原经济区的中心位置，从机场到郑州市区直线距离29公里，到开封直线距离50公里，到许昌直线距离60公里，到焦作直线距离90公里，到洛阳直线距离130公里，到河南最南端的信阳直线距离265公里。以新郑国际机场为圆心，以200公里为半径的圆基本可以覆盖河南省所有的地级市。城市发展交通要先行，功能日益强大的新郑国际机场和不断延伸的高铁、高速公路是航空都市可持续发展的基础和源泉。

二 郑州航空都市建设过程中存在的主要问题

（一）产业结构层次不高，产业支撑能力不强

从历史数据看，河南省第三产业发展一直比较缓慢，如图2所示，河南省产业结构中，第三产业在生产总值中所占比重长期在30%左右徘徊，有些年份甚至还呈下降趋势。2012年河南省第三产业所占比重31%，比全国平均水平还要低13.6个百分点。

从航空都市所在地郑州市产业结构来看，2012年郑州市第一产业在国内生产总值中的比重为2.6%，第二产业在国内生产总值中的比重为57.8%，第三产业在国内生产总值中的比重为39.6%。另外从产业内部结构来看，2012年郑州市全部工业企业完成增加值2874.7亿元，其中重工业完成增加值1972.2亿元，轻工业仅为641.6亿元；七大主导产业完成增加值1671.4亿元，总量占规模以上工业增加值的63.9%，其中汽车及装备制造业完成增加值

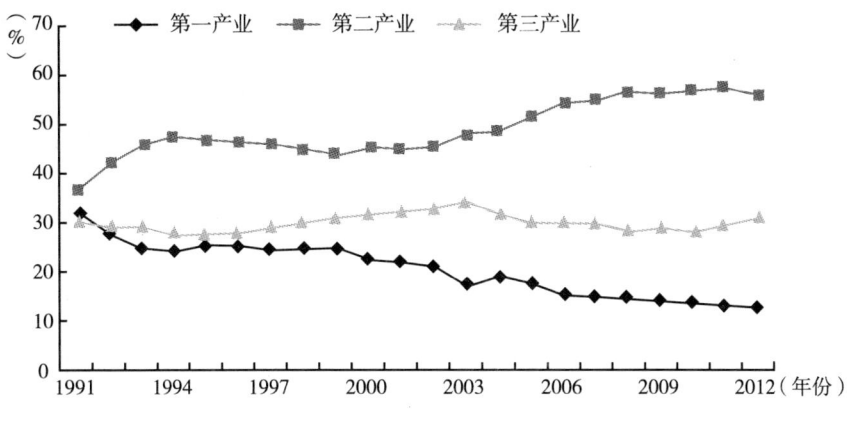

图2 1991~2012年河南省三次产业比重

资料来源:《河南统计年鉴2013》。

419.7亿元,电子信息产业完成增加值228.4亿元,新材料产业完成增加值374.3亿元,铝及铝精深加工产业完成增加值118.7亿元,现代食品制造业完成增加值446.8亿元,家居和品牌服装制造业完成增加值51.1亿元,生物及医药产业完成增加值32.4亿元。

航空港试验区内虽然已经有了富士康IT产业园、台湾科技园、"好想你"枣业工业园和薛店工业园四个产业园区,但是各个园区之间产业缺乏分工与协作机制,各个园区互为孤岛。虽然也已确立了航空经济发展的主导产业,但是产业引进和培育尚处于起步阶段,目前仍以传统产业居多,航空偏好性的高新技术、特色产业较少。新郑国际机场规模较小,对相邻区域的辐射带动能力较弱,对先进的生产要素聚集作用较小,产业结构不合理、产业层次较低。航空都市建设缺乏航空产业体系的支撑。

按照经济发展规律,航空都市所在地应为航空物流业发达、航空服务业完善、现代服务业高度聚集,第三产业所占比重远超第一、第二产业。但是,目前河南省以及郑州市第三产业在生产总值占比过低,现代服务业发展滞后是制约航空都市建设的一个重要因素。

(二)对外开放程度不高,外向型经济发展受限

河南地处内陆,对外联系一直不强,经济对外开放度不高,河南省的进出

口总额一直较低，占全国外贸进出总额的比重常年在1%以下，近几年受富士康落户郑州、电子产品出口额度大幅增长的影响，货物进出口额才有了较大幅度的增长。

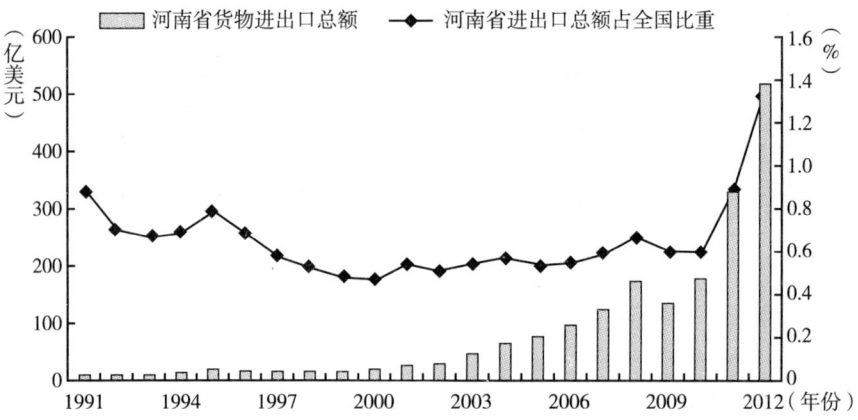

图3 河南省1991~2012年货物进出口总额及占全国比重

资料来源：《河南统计年鉴2013》。

航空都市建设对外贸活动高度依赖，没有对外贸易支撑，航空都市建设是难以维持的，河南省对外贸易发展严重滞后是郑州航空都市建设面临的一个巨大挑战。

（三）可用土地资源紧缺，供需矛盾日益突出

土地是城市经济布局和居民生活的基本要素之一，土地对于城市来说是一种不可再生的稀缺资源。河南属于典型的人多地少的平原地区，虽然耕地总面积1.2亿亩，排名全国第二，但是人均耕地面积仅为1.21亩，比全国平均水平1.4亩还要低。此外，河南省作为全国第一的产粮大省，中原经济区的首要战略定位就是国家重要的粮食生产和现代农业基地。为保证粮食生产，必须确保耕地资源的基本稳定，必须保证耕地面积的占补平衡。

随着经济规模和城市面积的扩大，郑州市建设用地增长速度惊人，仅2012年就新增建设用地2331公顷，而且据实地调研，郑州市新增建设用地有相当一部分为耕地转化而来。郑州市农用地面积约为4.6万公顷，占土

总面积的61%，耕地的后备资源非常有限。近年来郑州市域范围内已经难以满足耕地占补平衡，需要跨市域调拨才能实现全省范围内基本农田的占补平衡。

为确保粮食生产必须保证耕地总量不能减少，而为保证建设项目和城镇化又需要不断提供建设用地指标。在全省新型工业化、新型城镇化建设快速推进的大背景下，郑州航空都市建设难以避免地需要增加大量的建设用地，稀缺的土地资源与快速增长的用地需求的矛盾将愈演愈烈，土地问题将成为制约郑州航空都市建设的瓶颈。此外，粗放式的土地资源利用方式也势必会加剧保护耕地和保障发展之间的矛盾。

（四）财政收支不平衡，建设资金缺口巨大

自1994年分税制改革后，中央财政收入比重约为70%，地方财政收入比重约为30%，财政收入向中央倾斜严重。随着河南省经济发展和城镇化进程的加快，基础设施建设投资越来越多。如图4所示，长期来看，河南省财政收入增长速度明显低于财政支出增长速度，这直接导致财政收入和支出的缺口越来越大。2012年河南省地方财政公共预算收入为2040.3亿元，而公共财政预算支出高达5004.6亿元，两者相差2964.3亿元。

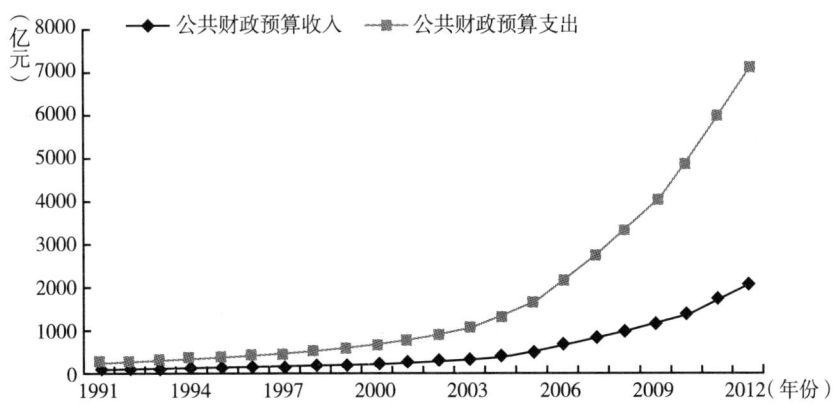

图4　河南省1991～2012年公共财政收支状况

资料来源：《河南统计年鉴2013》。

郑州航空都市建设基础薄弱，需要巨量的资金持续投入。据有关专家研究，每增加一个城镇人口需要至少 10 万元的固定资产投资，另外还需要大量的教育、医疗、社保等方面的资金投入。郑州航空都市远期的发展目标是 400 万人，在未来需要至少 4000 亿元的城市固定资产投入。郑州航空都市的建设需要大量的建设资金投入，没有资金保障航空都市的建设就难以顺利进行，资金短缺是困扰和制约郑州航空都市建设的重要因素。

（五）人均资源量很少，环境承载能力较弱

工业革命以来，随着人类活动范围的扩大、改造自然能力的提高，人对于生活在其中的自然环境的影响越来越大，人与自然环境如何和谐共存成为全世界范围内的难题。经济总量的提升、城镇化水平的提高一方面提高了人们的生活水平，但另一方面，随着人们生活方式的改变，带给自然环境更多的压力。

在河南这样一个人口密度高的地区，人均资源占有量极为有限，生态环境承载能力较弱。比如，河南的水资源总量为 413 亿立方米，排在全国第 19 位，人均水资源占有量仅有 400 多立方米，为全国人均水资源量的 1/6，全世界人均水资源量的 1/25。河南省的森林面积为 337 万公顷，排在全国第 20 位，人均森林面积只有 0.4 亩，仅为全国平均水平的 1/5。为了满足经济发展和城市建设需要，必然要大量地占用和消耗土地、森林绿地和各种自然资源，产生大量废水、废气和固体垃圾。对自然环境自身循环造成压力，自然环境的生态功能也必然受到影响。如果不能找到城市建设和环境直接和谐相处的平衡点，势必会造成城市和周围生态环境的恶化，生态环境的恶化反过来又会制约城市发展。脆弱的生态环境是未来郑州航空都市健康可持续发展的最大制约因素。

三 郑州航空都市建设的政策支持

（一）高端布局，强化航空都市建设产业支撑

产业是城市发展的基础，没有产业支撑的城市只能是"空城""鬼城"。郑州航空都市的建设也必须以产业的培育和发展壮大作为支撑和动力。国内外

航空都市发展的经验表明，航空都市主要是依托机场的交通优势、口岸功能以及便捷、高效的运输优势发展而来，航空都市区内的产业普遍具有临空指向性、技术先导性、时间敏感性和空间圈层性的特征。

坚持以开放促进发展的理念，内引外联，不断扩大对省外、对国外开放的领域，进一步提升河南省外向型经济发展水平，充分发挥郑州航空港经济综合试验区的优势，积极同国内外临空型企业、高新技术企业开展战略合作。在产业选择和定位上应当充分考虑空港经济试验区的战略定位、区域经济发展水平、产业基础确定优先发展的重点产业，以此加强航空港与区域经济之间的互动发展。

根据航空都市特点并结合河南省、郑州市产业发展，调整产业结构和产业布局。做好并用好发展规划，在项目引进上有所侧重，科学布局，大力发展航空物流、航空偏好型高端制造业和现代服务业，并积极推进跨境电子商务业，打造全球网购商品集散分拨中心。首先，围绕新郑国际机场，着力发展航空运输服务业；其次，依托优越的交通网络，大力发展现代物流业；再次，依托航空港综合试验区，全面发展电子信息、汽车高端配件制造、生物医药、医疗器械、高端服务业、高附加值食品加工等优势特色产业。力争在2020年建设成为现代航空都市和中西部地区对外开放的新高地、中原经济区的核心增长区域。

（二）多策并举，化解航空都市建设土地难题

多策并举，保障用地需求。按照航空都市发展的实际需求，制定和实施差别化的土地政策，国土资源部门争取一定的政策倾斜和照顾，在需要的时候可以适当增加一些用地指标。长期以来，郑州市在土地资源的利用上基本上是粗放式的，土地使用过程中浪费现象到处存在。通过用地结构和布局的调整，增加土地储备和供应，解决航空都市产业和建设用地需求。坚持节约集约用地原则，提高存量土地利用率。目前，航空港周边地区土地节约利用的潜力巨大，产业结构调整过程中关停、破产企业有大量闲置土地；一些企业为贪大求多，大建规模化工厂，厂区内大量土地未能充分利用；随着城镇化进程的推进，通过村庄合并、集中整治，原来的农村集体建设用地有很大潜力可挖。

严格项目准入，加强项目建设用地审批，对符合航空都市未来发展方向的项目优先安排用地，对不符合航空都市发展的项目，限制或者禁止供给。此外，还应完善土地供后监管制度，改变过去"一供了之"的做法，加强供地后对受让方有关土地利用方式、开发时间等的监管，对那些圈占土地改为他用或者长期闲置的土地，应当跟踪监管，在需要时可以进行回收处置。郑州航空都市的建设，要把土地节约集约利用放在重中之重，全力破解土地资源短缺的瓶颈制约。

（三）开拓创新，加强航空都市建设资金保障

航空都市建设的产业发展、基础设施和公共服务设施建设都需要大量的资金投入，在政府财力有限、投入不足的状态下，应当积极开展多元融资渠道建设。一方面争取财政支持，另一方面对符合产业政策的企业给予税收减免。积极吸引民间资本投资，扩宽融资渠道。依托航空试验区作为国家航空经济先行先试的优势，积极争取国家、省财政专项资金的支持，对机场实施建设以及重点产业、重大项目予以资金支持和政策倾斜。

航空都市建设过程中，城市基础设施和公共服务设施建设、临空产业发展、产业园区建设等呈现不同的融资特征，可以分别进行融资创新。基础设施和公共服务设施建设具有投资规模大、投资周期长、投资回收慢和外部效应等特点，这一部分资金需要政府发挥主导作用，建立政府财政支持的长效机制，积极安排政策性、开发性和市场化的融资组合，满足基础设施和公共服务设施资金需求。临空产业发展所需资金应当根据不同产业的特点，可以通过国家产业政策扶持资金、银行信贷、设备租赁、股权融资、项目融资等多种方式保障资金需求，对于实验区内的电子信息、生物医药、高端制造等主导产业建立产业发展基金，支持其发展壮大。航空都市产业园区建设资金主要包括两个方面，一是土地的一级开发资金需求，对国有或集体土地进行征地、拆迁、安置、补偿等所需资金；二是园区内基础设施建设资金。充分发挥土地储备、各类银行贷款、资本市场的融资功能，保障产业园区各类资金需求。

（四）先行先试，深化航空都市体制机制创新

在科学发展观的引领下，先行先试，以航空港经济试验区管理体制改革为

突破口，大力推进航空都市产业由传统产业向临空高端产业转变，发展模式由政府主导转向政府引导下的市场起决定性作用，在全国范围内率先建立有利于航空都市发展的科学管理体制和发展机制。

积极推进机场管理委员会由管理型向服务型转变，加快解决问题的能力和速度，适应临空经济便捷、高效的要求，促进航空都市的发展。首先，建立、健全航空都市建设的多方协调机制。依托机场发展临空经济的发展需要进行跨地区、跨部门和跨行业的合作，尤其是在规划布局、土地使用、管理体制和投融资渠道等方面都需要全盘考虑、统筹规划。其次，航空都市的发展涉及河南省、郑州市、民航总局、海关、边检等诸多管理部门。因此，应当由政府牵头，协同相关部门共同组建航空都市协调管理机制。最后，积极推动航空都市管理体制改革，构建规范化运行、法制化管理的现代城市管理体系与运行秩序。航空都市的建设、临空型经济的发展需要机场和公路、铁路的高效协同发展，应当由政府主导进行加快郑州东站、郑州机场和郑州火车站三大客运综合枢纽的建设改造，形成铁路、公路、民航运输的立体化、高效、无缝对接机制。

全力争取增开国际航线，加强航空都市与国内外城市之间的全面交流，制定优惠政策，鼓励国际航空公司增加至郑州的航班，扩大郑州的全面对外开放程度。加快与国内的北京、上海、广州等重点枢纽机场的全面合作，积极争取国家进一步开放更多的航空权，改善郑州航空都市的对外竞争力。

（五）生态为基，提高航空都市环境承载能力

航空都市作为高端产业聚集地，对环境的要求尤其严格，郑州航空都市建设理念应当从"生产型城市"向"生态型城市"转变，不能再走过去粗放型发展的老路，而应该坚持走以可持续发展为特征的新型城镇化道路。

在航空城基础设施建设时，应当在坚持生态优先的原则下进行科学规划，因地制宜进行开发；在航空都市产业体系构建方面，应当以产业园区为核心，引进项目时，严格禁止那些高污染、高能耗、高排放的企业到此落户；坚持绿色、循环、低碳经济发展道路；通过宣传教育，培养公众生态环保理念，倡导和普及绿色、低碳消费理念，大力发展公共交通，推广低碳出行。努力将郑州

航空都市建设成为河南省生态文明建设的先行区和示范区。

郑州航空都市的建设,要改变走过去传统城市建设"物本化"的老路,应当坚持"以人为本",把人的全面发展作为航空都市建设的根本出发点和最终归宿,全面推进宜居、生态、美丽的现代化航空大都市建设。

(六)规划先行,确保航空都市建设有章可循

历史经验表明,城市建设必须"规划先行",规划得好,才能建设得好,管理得好,发展得好。郑州航空都市建设也不例外,必须制定科学合理的各项规划,并严格按照规划贯彻落实。

首先要高标准做好航空都市总体规划。航空都市在制定规划时,应当与国家、河南省、郑州市的各项规划相衔接,确保各项规划不能互相撞车。由政府出面,聘请国内外知名的专家和机构,确保规划的科学性和前瞻性。从航空都市的功能定位、城市布局、产业分布和建筑风格等方面,因地制宜,突出特色。其次,还应当依托总体规划,研究编制土地、交通、产业等专项规划和控制性详细规划,尽早形成配套完善的规划体系。最后,必须确保规划的权威性,各项规划一经法定程序确认,不能再任意更改规划。

参考文献

〔美〕约翰·卡萨德:《航空大都市:21世纪的商业流动性与城市竞争力》,《城市观察》2013年第2期。

喻新安、顾永东:《中原经济区策论》,经济管理出版社,2011。

孙久文、李川:《中国空港经济区的融资路径研究》,《城市观察》2013年第2期。

郑州市统计局:《2012年郑州市国民经济和社会发展统计公报》。

城市生态篇

Urban Ecology

B.16 生态宜居视野中的河南城市休闲研究

王景全*

摘　要： 建设生态宜居城市是以人为本的城市发展观的根本要求。完善和提升城市休闲功能在宜居城市建设中具有日益重要的作用。随着社会生产力发展和闲暇时间增多，城市居民的休闲乐生需求日益增长。休闲满意度已经成为居民幸福感的重要影响因子和宜居城市的重要评价指标，发展休闲产业与休闲事业，加强休闲空间建设和公共服务，是建设生态宜居城市的重要抓手和切入点。

关键词： 生态宜居　城市休闲　研究

---

* 王景全，河南省社会科学院研究员。

宜居是21世纪新的城市观。提升城市宜居水平是以人为本的科学发展观在城市建设领域的集中体现。"宜闲"是宜居城市的重要元素。随着科技进步、劳动生产率提高、居民经济收入和闲暇时间的增多，中国城市社会正在进入休闲时代，休闲作为重要的民生诉求和经济增长点，对居民幸福指数和城市宜居水平的贡献度日益提升。发展城市休闲产业对于满足人民群众日益增长的精神文化需求，完善城市功能，优化产业结构，建设生态宜居城市具有多重意义和综合效应。

一 休闲与宜居城市建设

宜居城市建设是具有良好的住所空间环境、人文社会环境、自然生态环境和低碳高效的经济环境的人类居住地。休闲与宜居具有本质的、内在的关联。休闲是城市的基本功能，是宜居城市的核心要素。

（一）宜居城市必须具有完善的休闲功能

人们的活动主要包括两类，一类是谋生活动即劳动；另一类是乐生活动即休闲。宜居城市必须除了满足人们的谋生需要（劳动）之外，还必须能够满足人们的乐生需要即休闲。"宜闲"是宜居的必备要素，宜居必须"宜闲"。早在2000多年前，对西方文明具有巨大影响的古希腊文明就十分重视休闲。古希腊哲学家强调，幸福生活应具备三大要素：智慧、美德、休闲。其中，休闲对于人的幸福生存具有本质性、本原性的意义，"休闲是一切事物环绕的中心"，个人的幸福在于闲暇，城邦的幸福在于和平。[①]

休闲是城市的重要功能。亚里士多德指出，城市发展的宗旨是为了让居民生活得更美好，美好的生活离不开休闲功能的完善。国际建筑协会在其制定的城市规划大纲"雅典宪章"中明确指出，休闲是城市的四大功能（居住、休闲、工作和交通）之一。

美国学者Ray Oldenburg把城市休闲空间定义为在家庭空间（第一空间）

[①] 亚里士多德：《亚里士多德选集》（政治学卷），中国人民大学出版社，1999，第278页。

和工作空间（第二空间）之外的"第三空间"。第一和第二空间都是功利性即谋生性主导的生存空间，第三空间则是非功利性即乐生性主导的生活空间。在非功利性的第三空间里，人们的关系是自由和平等的，没有职场的等级制约和家庭的角色束缚，人们可以把真正的自我释放出来。休闲空间是现代都市具有不可或缺并且日益重要的生活空间。日本社会学家矶村英一认为，在生活节奏紧张、匿名性强的大城市里，第三空间为人们在扮演家庭角色和职业角色之外，提供了放松身心和发展基于共同兴趣的非功利性的社会关系提供了机会、场景和载体。

我国学者张鸿雁认为，成建制的休闲是城市社会区别于乡村社会的重要标志之一。北京大学休闲研究专家卿前龙强调，"宜居城市应该同时是宜闲城市，宜闲是获得城市居民对宜居认同的重要保证，也是国外评选宜居城市的一个重要依据。在一个缺少休闲机会的城市，居民是无法体会到生活的幸福与满足的，在这样的城市中，人只是一种工作意义上的'机械的人'，或是生存意义上的'动物的人'，这样的城市即使能为居民提供充分的就业机会、令人满意的收入以及安全感等，人们也仍然难以认同它是一个宜居的城市"。①

随着社会生产力的发展和闲暇时间增多，人们的非劳动生存时间显著增加，城市居民的休闲乐生需求日益增长。休闲满意度已经成为影响居民幸福感的重要因子，成为宜居城市的重要评价指标。在此背景下，无论是在西方发达国家还是在中国，城市空间已经和正在发生重大的结构性变革，在经济结构上，服务业正在代替制造业成为城市的主导产业；在生活结构上，闲暇时间和休闲消费在居民时间分配和生活支出中所占比重显著上升。城市逐渐由工业生产中心变为娱乐消费中心。第三空间在城市空间中的比例和重要性日益提升。休闲空间的数量和质量对城市的宜居水平的影响越来越大。

（二）休闲是宜居城市的重要支撑

1. 休闲产业是宜居城市的产业支撑

休闲产业是为社会公众提供休闲产品和服务、满足人们休闲需求的经济活

---

① 卿前龙：《宜居应宜闲：论现代宜居城市的休闲融入问题》，《自然辩证法研究》2006 年第 6 期。

动,以及与这些活动有关联的活动的集合。休闲产业本质上属于为人们的乐生活动提供产品和服务的体验经济。现代休闲活动大体包括以下几种:一是文化娱乐休闲,二是运动休闲,三是康体养生休闲,四是旅游休闲,五是饮食休闲,六是购物休闲,七是怡情养趣休闲,八是社会休闲。围绕上述休闲活动而展开的休闲产业可以概括为两大类。一类是为休闲活动提供场地和设施用品的产业,称之为休闲装备产品制造产业;另一类是为休闲活动提供服务的产业,称之为休闲服务业。

从外延上看,休闲产业具有极大的综合性,被称为"混合性产业"。它以休闲行为及休闲消费为划分基准,打破了传统的农业、工业和服务业的界限,其涵盖与辐射范围横跨三次产业。休闲产业的"混合型""亲和力",使其具有巨大的发展空间和综合带动能力,能够与诸多产业实现产业融合,形成新的业态和经济增长点,带动相关产业发展。对于城市建设来说,休闲产业具有促进宜居和宜业的双重功效,发展休闲产业不仅有利于提高城市的宜居水平,同时将直接带动就业容量大的第三产业、相关的装备制造业等产业门类,从而提升城市的宜业水平。

休闲产业本质上为审美体验经济,是物质资源投入低,文化资源、信息资源、服务资源投入高的轻质产业,是资源节约环境友好的低碳产业。发展休闲产业有利于城市产业结构的软化轻化,有利于实现经济与环境的双赢、宜居与宜业的兼容,是建设可持续发展的绿色宜居城市的产业基础。

2. 休闲事业是宜居城市的公共服务支撑

休闲事业是指政府为居民提供的休闲和与休闲相关的基础设施和公共服务。包括城市的生态建设(诸如城市园林、绿地、道路绿化等)、环境保护与污染治理(如环境基础设施、环境治理)、公共文化设施与服务(如城市广场、公园、博物馆、文化馆、图书馆、社区文化站等)、公共体育设施与服务(如公共体育场、全民建设的场地与设施等)、公共卫生体系与服务(如社区卫生服务等)、公共交通体系建设(如道路、公共交通等)等。这些都是城市政府必须为居民提供的基本公共服务。上述基础设施和公共服务,是城市正常运转的基础,也是建设宜居城市的基本支撑。

近年来,休闲逐步进入中国学界和高层决策的视野,国家出台了旨在促进休闲发展的《国民旅游休闲纲要》。中国社会科学院发布的《休闲绿皮书》认为，中国休闲产业将进入快速发展的黄金期。有关专家及机构建立了以休闲观念、休闲支出、休闲方式和休闲时间四项指标为基础的"休闲小康指数"和以"特色文化、休闲娱乐、人文关怀、旅游服务、购物美食"等7项指标为基础的"城市休闲指数"。休闲日益受到城市政府的高度关注，出于满足居民休闲诉求、发展第三产业、提升城市宜居水平的考量，许多城市致力于发展休闲产业和休闲事业，加强休闲空间建设。

二 国内外休闲产业发展概况

休闲产业是工业文明高度发达的产物。目前，全球休闲经济已形成以旅游业为龙头，以体育休闲产业、娱乐产业、休闲装备产品业、休闲设施服务业和文化产业为重要构成的世界上最大的产业系统。

（一）西方国家的休闲产业

1. 美国

美国休闲产业的核心层主要包括艺术和娱乐、运动和游憩以及旅游等三大类别，涵盖影视戏剧、艺术表演、音乐舞蹈、录音传媒、体育健身、出版以及旅游等产业门类。休闲产业高居美国国民生产总值第一位，其就业人数为全部劳动力的50%。美国人有1/3的时间用于休闲娱乐，1/3~2/3的收入用于休闲娱乐，1/3的土地用于休闲娱乐。休闲消费已成为美国居民最大的消费项目。

2. 英国

英国休闲经济和公共休闲服务高度发达，休闲产业的年产值高达60亿英镑。影视从业人员超过汽车工业，旅游业从业人员超过了交通运输和建筑业，摇滚乐手海外演出收入超过了钢铁工业。英国家庭在休闲商品和服务方面的消费超过了住房消费、食品消费和非酒精饮料消费。在乡村，旅游业产值和收入超过种植业。审美体验经济超越物质功能经济，被认为是继工业革命之后发生的又一次革命——休闲革命。

3. 日本

21世纪伊始，日本政府提出观光立国政策，实施"观光立国"五年规划，推动旅游业成为"21世纪的领头产业",根据《日本休闲白皮书》,数字娱乐业对日本经济的贡献率高达20%。体育产业年产值超过了能源、交通产业,成为日本国民经济体系中六大支柱产业之一。

(二)我国的休闲产业与休闲城市建设

进入21世纪以来,我国休闲产业蓬勃发展,休闲消费已成为城市居民生活时尚。居民消费的"泛休闲"化现象日益凸显,成为城市经济增长的强劲动力。"国民休闲计划"出台后,各级政府出台了一系列刺激休闲消费的政策和措施,推动了休闲产业快速发展。

休闲城市建设持续推进。越来越多的城市管理者意识到,发达的休闲服务和繁荣的休闲市场不仅是城市现代化的重要象征,还是建设宜居城市的重要推手。休闲城市建设日益受到学术界和城市政府的高度重视,各地在城市规划建设中,着力拓展城市休闲空间,完善提升休闲公共服务。《小康》杂志社自2006年发布中国第一个中国休闲小康指数以来,又连续多年举办休闲论坛,评选"中国十大休闲城市"。

三 河南发展城市休闲产业的有利条件

(一)政策环境有利

1. 国家层面

"十一五"期间,休闲产业正式进入党中央国务院的决策视野,发展休闲产业成为国家战略。2009年3月,温家宝总理在《政府工作报告》中强调要"加快发展旅游休闲消费"。同年12月,胡锦涛总书记在中央经济工作会议上指出,"要适应群众生活的多样性、个性化需要,增加文化娱乐、体育健身、休闲旅游、教育培训、家政服务等消费,引导消费结构升级"。尤其值得强调的是,由国家旅游局牵头、历经三年编制完成的《国民旅游休闲纲要》已于2013年2月由国务院正式发布。《国民旅游休闲纲要》的实施,将提高国民的休闲意识和休闲参与度,推动中国逐步进入现代休闲社会,为休闲产业发展提供强大推动力。

2. 省级层面

近年来，河南省十分重视包括旅游和文化产业在内的休闲产业发展。河南省委、省政府下发了《关于实施旅游立省战略加快旅游产业发展的意见》，省旅游局制定了《实施"旅游立省"战略做大做强我省旅游产业三年行动纲要》。河南省目前正在推进的"两区"建设为城市休闲产业发展提供了重要机遇。省政府《关于促进中心商务功能区和特色商业区发展的指导意见》（豫政〔2012〕17号）明确指出，发展休闲产业和休闲公共服务，完善城市休闲功能，是"两区"建设的重要内容。关于中心商务功能区，《指导意见》要求在集聚金融、信息、研发、企业总部、中介服务及商业贸易等机构的同时，发展商务办公、会展（展示）、酒店、公寓、文化、娱乐等配套设施，为区域经济活动提供综合商务服务。关于特色商业区，《指导意见》要求，积极发展文化休闲旅游，充分挖掘独特文化底蕴和历史积淀，合理布局符合居民消费升级换代的休闲项目，打造一批在全国有影响的文化休闲旅游区。

（二）市场前景广阔

1. 休闲消费超过爆发性增长的临界点

随着经济发展和社会进步，构成居民休闲消费力的两大要素——闲暇时间和经济收入均显著增加。从时间要素看，我国公众全年的假日和休息日达到115天，已经相当于中等发达国家的水平。从收入要素看，我国人均GDP已突破5000美元，超过了国际公认的休闲消费爆发性增长的临界点。相关研究表明，人均GDP超过4000美元之后，居民消费结构从生存型向发展型和享乐型转变，休闲将成为居民的主流需求和经济发展的重要引擎。

2. 城市化进程加速推进，客源市场日益扩大

首先，城市化过程所带来的人均收入水平的提高和闲暇时间的增多，为休闲产业的发展提供了最基础的条件——余钱和余暇。城市化是伴随着工业化而出现的。工业化的实质是机器在生产过程中的大规模应用，把人类从直接的物质生产过程中解放出来。因此，城市化过程是一个社会财富增加、居民收入水平提高和闲暇时间不断释放的过程。其次，城市的聚集效应为休闲产业聚集发展提供了市场空间。城市化进程日益加快的结果之一，就是以文化娱乐、健体美容、酒店餐饮等为主的休闲供给与休闲需求在城市聚集。① 河南正处于城市化加速发展的历史时期，城市人口的快速增长，将为河南城市休闲产业的发展提供巨大的客源市场。

（三）资源优势突出

在生态休闲资源方面，河南地处北亚热带和暖温带，横跨汉水、淮河、黄河、海河四大流域，全省地形地貌涵盖山地、丘陵、平原、盆地等几大类型，拥有特色鲜明、丰富多彩的自然景观和生态多样性，为发展休闲产业提供了良好的自然条件。在文化休闲资源方面，河南是中华民族的重要发祥地之一，拥有悠久的历史和厚重的文化。全省地下文物、馆藏文物、历史文化名城、重点文物保护单位数量均居全国第一，为发展城市文化休闲产业提供了得天独厚的条件。

（四）区位优势优越

河南省地处中原，交通便利。京广、京九、焦柳三大铁路干线纵穿南北，陇海、宁西、侯日三大干线横跨东西，构成了三纵三横的铁路交通网络体系，有我国"铁路心脏"之称。同时，一个以郑州为中心的米字结构高速铁路网正在建设。全省将形成以郑州综合交通枢纽为中心的"半小时交通圈"和"一小时交通圈"。公路方面，国道省道纵横交错，四通八达。全省公路总里程、高速公路通车里程、农村公路里程均居全国第一。郑州航空港综合经济试验区规划的实施极大地提升了郑州机场航空枢纽地位，使郑州形成了集铁路、公路、航空于一体的立体交通网络。交通的快速发展提高了河南省休闲目的地的可通达性，为域外游客到河南休闲观光度假提供了便利。

（五）经济发展迅速，居民可支配收入增加，休闲需求旺盛

河南 GDP 总量已跃居全国第五位，人民群众生活水平不断提高，城市居民休闲消费支付能力增强。2012 年，河南城镇居民人均可支配收入 20442.62

---

① 王国政：《休闲产业：新的经济增长点》，《瞭望》2000 年第 34 期。

元，同比增长12.4%。城镇居民生活加速向享受型升级。休闲旅游、文化教育、康体健身以及汽车、通信、电脑等产品和服务消费快速增长。

四 发展城市休闲产业、建设宜居城市的对策建议

（一）着眼于宜居城市建设的总体目标，把休闲产业纳入城市发展战略和规划布局

坚持以人为本，以建设生态宜居城市为目标，以经济效益、社会效益、生态效益相互协调为原则，大力发展休闲产业和休闲事业，推进城市生态休闲空间、文化休闲空间、体育健身休闲空间等各类休闲空间的建设，完善城市休闲功能。把休闲产业和休闲事业发展以及城市休闲空间建设纳入城市发展的总体规划和各专项规划。无论是旧城改造还是新区建设，都要为居民规划建设高水平的休闲空间与休闲设施。对城乡土地开发、都市休闲街区建设、环城游憩带与城郊休闲度假带配置、城市周边小城镇休闲产业发展等进行统筹规划，制定高起点的发展蓝图，并建立规划落实的长效机制。

（二）大力发展休闲产业，为宜居城市提供产业支撑

充分发挥休闲产业的强大亲和力，促进休闲与相关产业的深度融合，培育新的休闲业态和新的经济增长点。

1. 促进休闲和文化的融合，发展文化休闲产业

工业经济的资源基础是自然资源，体验经济的资源基础则主要是文化资源。休闲产业的核心价值与核心竞争力在于体验，而休闲产品的深层次体验价值来自文化。文化资源是城市休闲产业最重要的"原材料"。厚重的历史文化是河南的王牌资源，是河南发展城市休闲产业最大的比较优势所在。把休闲与文化的融合，作为河南发展城市休闲产业的着力点和提升城市休闲产业的文化内涵与核心竞争力的重要途径。抓住中原经济区上升为国家战略的重要机遇，以打造华夏文明传承创新区为动力，进一步加大文化发掘、文化解读、文化推介和休闲产品与服务的"文化附魅"力度，提升休闲产品和休闲服务的文化

品位和城市的整体文化形象。要高度重视历史文化资源的景观化、产品化开发，以中原文化为素材开发设计包括主题公园、影视演艺节目、游戏动漫等在内的各类休闲文化产品。要着眼于文化和休闲的相互促进。一方面要充分利用河南省丰富的文化资源开发生产文化精品；另一方面，要利用文化精品的传播提高河南省休闲产业的知名度和吸引力。要认真研究借鉴包括云南丽江和河南少林寺及清明上河园等知名品牌在休闲与文化结合方面的成功经验，对包括名人文化、古都文化、圣贤文化、根脉文化、武术文化在内的河南文化资源进行深度系列化开发，以文化精品提升河南休闲产业的文化内涵和体验价值。要重视区域合作，积极探索中原经济区和中原城市群休闲资源共享机制，打造在国内外具有重大影响的跨地区专题性休闲产业品牌。

2. 促进休闲与农业的融合，发展都市休闲农业和乡村休闲产业

都市休闲农业和乡村休闲产业是休闲和农业融合的产物，其核心是在物质经济的主干上，嫁接体验经济，收获"审美附加值"。开发农业审美体验功能，促进休闲与农业的融合，发展休闲农业或乡村休闲，是当今休闲经济最具活力的增长点。乡村休闲是指以乡村空间环境和乡村特有的生态资源、文化资源为依托，以观光、度假、娱乐及乡土文化体验为主要内容的一种休闲形式。随着城市化水平的提高，农业和乡村的休闲功能日益受到人们的重视和青睐。20世纪80年代末，国际上提出"农业多功能性"的概念，把休闲、体验纳入农业多功能的理论和政策框架内，把开发、利用农业的审美体验功能，作为促进乡村振兴与可持续发展的重要路径。乡村休闲产业是物质经济与体验经济的复合体，随着生产力的发展和消费结构的升级，体验价值发展空间越来越大。

国家旅游局的相关数据显示，中国有70%的旅游资源集中在农村，乡村休闲产业发展潜力巨大。乡村休闲产业是统筹城乡发展的重要抓手。随着城市化进程的加快，城乡发展的互动性、互补性越来越强，城市对农业文化功能和生活功能的需求越来越大，通过统筹城乡休闲消费与休闲生产，实现城乡的互补和互动发展，尤其是环城市乡村休闲产业带的发展，能够有效提升城市的休闲品位，改善城市的生态环境，陶冶城市气质，塑造城市形象，提高城市的知名度、美誉度和综合竞争力。要统筹协调农、林、牧、副、渔业之间的关系，对农业进行多功能开发,提升其附加值和综合效益。要充分认识农业审美体验功能的经济价值和产业发展前景,实现由物质农业向"物质农业与体验农业相统一"的现代复合型农业转变。

3. 促进休闲与商贸会展业的融合,发展休闲商贸会展业

商贸会展与休闲具有天然的内在联系。从农村的集贸市场到城市的大型购物中心都同时具有购物和休闲双重功能。会展业展销与休闲功能兼备的属性更加突出。要注重创意,把好的休闲文化创意引入商贸会展业,提升其休闲内涵和文化品位,实现商贸会展与文化休闲的相互促进。在休闲旅游与商贸会展业的融合方面,河南省具有独特的区位优势,也具有成功的经验。20世纪80~90年代,郑州市在休闲与商贸业的融合上有过成功的尝试,二七商圈成为休闲与商贸融合发展相互促进的成功范例。休闲为商贸聚集了人气,扩大了郑州市作为商贸城的知名度和吸引力;"星期天到哪里去?郑州亚细亚!"成为一个时代的标志。河南要牢牢把握内需驱动型发展方式给中部地区带来的历史性机遇,对城市发展战略进行再思考、再谋划、再提升,要发挥"中"和"通"的优势,大力发展商贸休闲、会展休闲等复合型城市现代服务业。

(三)大力发展休闲事业,提高休闲公共服务水平

休闲城市建设离不开休闲产业的大发展,也离不开休闲事业的大繁荣。重视公共休闲空间规划和基础设施建设,面向社会公众尤其是中低收入阶层提供基本的公共休闲服务。

一是大力发展公共文化设施,完善提升公共文化服务。规划建设城市休闲广场、城市公园、休闲步道、博物馆、文化馆、图书馆、社区文化站等。大幅增加城市公园、街心花园、社区小型游园绿地的数量。二是加强公共体育设施建设。大幅度增加公共体育场的数量,缩小与西方国家的差距。优化公共体育场空间布局,为居民提供体育活动的空间场地。坚持资源共享的原则,提高休闲资源利用率,机关学校等政府投资建设的体育设施要向市民免费开放,实现公共资源全民共享。三是进一步推动全民建设运动,为居民休闲建设提供必要的场地与实施。四是重视建设城郊森林和环城市生态休闲带,完善交通体系,

提高郊区休闲带的可通达性。五是加强生态建设，以创建生态园林城市、森林城市为载体，进一步提高城市绿化水平。着力打造景观林、生态林、产业林"三林共建"的城市森林体系，实现林网、水网、路网"三网融合"，营造"城在林中、路在绿中、房在园中、人在景中"的生态宜居环境。六是加强环境保护与污染治理。加大空气污染、水污染、固体废弃物污染以及噪声污染的治理力度，为居民提供安全洁净的休闲环境。

（四）加强城市休闲空间建设

休闲空间作为人们休闲活动的场所与载体，是物理空间、行为空间、文化空间的有机统一。

1. 在物理空间上要重视"留白"

城市物理空间是开展休闲活动的基本条件，休闲场所和设施必须以一定量的空地做基础，没有空地就没有休闲空间。物理空间要留白，城市规划要为城市休闲广场、园林绿地、生态廊道、街心游憩岛、社区和住宅小区内的休闲健身场地、人行道、休闲步道等场所和设施的建设留足空间。需要注意的是，在城市空间中，公共休闲空间（如人行道、小区绿地等）最容易被侵占。必须采取地方立法等强制性措施，保护公共休闲空间。把包括人均空地、人均绿地、人均体育场占有率以及环境质量等要素在内的休闲空间指标纳入法制化管理的轨道。

2. 在文化空间上要重视城市文脉传承和文化形象塑造

文化空间是人的精神家园。休闲本质上是审美活动，休闲空间是以审美为核心的文化空间。休闲空间必须有文化内涵。文化空间包括图书馆、博物馆、体育场等，也包括城市建筑、街道等。文化空间在一定程度上是通过城市的文化品位、文化特色、文化气质来体现的。保护和传承城市文脉，营造城市文化特色，陶冶城市文化气质，是城市休闲空间建设的重要内容。要重视历史文化街区、特色文化街区的保护和传承，和与之相关的休闲空间的营造。[①]

---

① 阮如舫等：《重视历史街区休闲空间营造》，《城市观察》2012年第4期。

3. 在社会空间上要重视打造和谐的社会环境和悠闲的生活方式

和谐的人际关系、祥和的社会环境、悠闲的生活方式，是构成休闲社会空间的重要元素。首先，休闲城市必须是和谐、祥和的，一个充满暴力、动乱的城市不可能有令人满意的休闲空间。其次，悠闲的生活方式是构成休闲社会空间的活态元素，成都之所以成为公认的休闲城市，除了客观的休闲设施之外，一个很重要的因素是城市居民丰富多彩的休闲生活，和以休闲生活为载体的休闲文化。建议借鉴国外"慢城运动"经验，营造以居民生活方式为载体的休闲社会空间，促进"慢街区""慢社区""慢城区"建设。创造更多的绿色开放空间，增加休憩和娱乐设施。通过城市的紧凑设计和智慧建设来提高城市运行效率和政府的公共服务效率，减少居民的工作和通勤时间，增加生活休闲时间，提高生活质量。

4. 因地制宜、突出重点、营造特色

根据城市文化积淀、资源禀赋和产业基础建设各具特色的休闲城市、休闲广场、休闲街区、城郊休闲带。作为人口大省、经济大省、文化大省的省会城市、全国重要交通枢纽城市以及中原城市群的龙头城市——郑州在休闲城市建设中应进一步强化"首位度"意识，重视休闲空间与休闲设施建设。着力打造由"一核、两带、三心、四组团"组成的"沿黄休闲文化产业带"。在建设中央商务区（CBD）的同时，规划建设具有一流水准的都市休闲区——中央娱乐区（CED）。在进一步做大做强以嵩山少林文化、黄帝文化、黄河文化等传统文化为依托的休闲产业的同时，着力发展包括游戏动漫、会展服务、大型主题公园等在内的现代新型休闲产业。开封要依托大宋文化这一世界级的文化资源，打造具有国际影响的文化休闲之都。郑州、开封两市要着眼于郑汴一体化发展，统筹谋划郑汴融城框架下休闲产业的资源共享、优势互补与协调发展。平顶山、鹤壁、濮阳、义马等资源型城市要学习借鉴焦作经验，探索符合自身实际的休闲产业发展模式。要认真贯彻落实河南省人民政府《关于促进中心商务功能区和特色商业区发展的指导意见》的文件精神，抓住建设商务中心区和特色商业区的机遇，大力发展休闲产业，完善城市休闲功能，提升城市文化品位。

（五）加强和完善休闲管理

闲暇管理是社会管理的重要内容。闲暇管理包括三大任务，一是增加社会成员的闲暇时间；二是促进闲暇时间的合理配置；三是实现闲暇时间的资源化开发和无害化处理。西方休闲学理论认为，闲暇是以时间形态存在的社会资源。闲暇资源的特点一是无法以真空的状态存在，不进行积极性的占用，便可能导致消极性的占用；二是闲暇资源的使用效果取决于人们的休闲选择。我国休闲研究的开拓者、著名学者于光远曾经借用物理学家的话——"上帝厌恶真空"来强调人们在闲暇时间里无法维持无所事事的"真空"状态。① 对于闲暇，积极健康的休闲方式不去占领，消极的异化休闲就会乘虚而入。如何管理和利用闲暇资源，是现代社会面临的重大课题。要用积极健康的休闲方式占据人的闲暇时间，把黄赌毒等消极腐败的休闲方式驱除出人的闲暇时间和休闲空间，通过健康休闲培育社会正能量。

在休闲时间方面，政府通过对居民作息时间、国民假日、传媒播出时间、公共交通运行时间配置等进行调控，引导居民假日出游、媒体接触、通勤的调整，要通过加大执法力度，保障劳动者的休闲权益，通过降低交通拥堵、缩短通勤距离等途径增加居民闲暇时间。在休闲事业和公共服务方面，政府要提供公共休闲资源和休闲设施，为群众性的休闲文体活动提供必要的场地和服务，引导居民开展积极向上的休闲活动。在休闲产业方面，要坚持经济效益、社会效益、生态效益相统一的可持续发展的休闲观，支持引导休闲产业健康发展，打击黄赌毒等滋生"负能量"的非法有害的休闲活动。针对假日休闲需求相对集中、城市休闲设施承受压力较大的情况，政府要通过对休闲时空要素进行科学配置与合理调控，实现休闲供给与休闲需求的协调。

（六）保护城市文化休闲资源和生态休闲资源，保障城市休闲产业的可持续发展

一是正确处理城市更新与文化保护的关系。在城市更新发展过程中，重视

---

① 于光远、马惠娣：《关于闲暇与休闲两个概念的对话》，《自然辩证法研究》2006年第9期。

城市文脉传承和传统文化资源的保护，避免现代化过程中城市文脉断裂和城市文化特色湮灭。河南是中华文明的重要发源地，几乎所有的城市都拥有厚重的历史文化积淀。如何处理文化传承保护与城市现代化建设之间的关系，在发展中保护和传承传统文化，是河南城市建设面临的重要课题。二是正确处理城市发展与环境保护的关系，保护好、建设好城市的生态环境。三是正确处理实用性、功利性与审美性、休闲性的关系，把城市休闲建设纳入城市发展的总体战略，为城市休闲事业和休闲产业规划必要的发展空间。

B.17 推进城市绿色低碳发展研究

王春璟 韩 欣*

摘 要: 当前河南正处于城镇化加速发展阶段,城市将成为未来碳排放和能源资源需求增长的主要领域,加快推动城市发展模式转型,探索以绿色、低碳为特征的新型城镇化发展道路是河南社会经济健康可持续发展所面临的重大课题。城市走绿色低碳的发展道路,重点要在能源、交通、建筑等方面推行绿色低碳发展方式,通过规划引领、产业支撑、政策保障、技术支持、宣传引导等措施,推进城市转型发展。

关键词: 城市 绿色 低碳

目前,河南正处于城镇化加速发展阶段,河南城镇化率已经由1978年的13.6%上升到2013年的42.4%,到"十二五"期末河南还将有800多万人口从农村走向城市,由农民转变为市民,城市将成为未来河南碳排放和能源资源需求增长的主要领域。在现阶段,河南的城市发展还存在资源能源消耗过快、交通拥堵、城市规划布局不合理、配套设施不完善等问题,城市高碳排放特征还比较明显,城镇化质量也较低。因此,加快推动城市发展模式转型,探索以绿色、低碳为特征的发展道路是河南社会经济健康可持续发展所面临的重大课题,具有重要的现实意义。

---

* 王春璟,安阳市土地储备中心经济师;韩欣,中国联合网络通信有限公司漯河市分公司政工师。

一 推进城市绿色低碳发展的重要意义

城市绿色低碳发展就是围绕城市资源能源消耗、城市经济发展模式、城市生态环境改善等方面,将低碳目标与生态绿色理念相融合,实现"人—城市—自然环境"和谐共生的城市发展模式。走绿色低碳的城市发展之路,其重要意义主要体现在以下方面。

(一)城市绿色低碳发展有利于促进经济发展方式的转变

转变经济发展方式是关系经济社会可持续发展的一个重要问题。党的十八大报告多处提到转变经济发展方式,将积极推进城镇化作为加快转变经济发展方式的主攻方向之一。2013年中国政府工作报告也提出要加快转变经济发展方式,促进经济持续健康发展。该报告提出要坚持节约资源和保护环境的基本国策,着力推进绿色发展、循环发展、低碳发展。目前,河南经济增长还主要依赖于高投入、高消耗、高污染、低效率的粗放发展模式,以"资源换增长"的发展路径还没有彻底改变。城市是经济发展的主要载体,也是能源消耗最密集的区域。河南的城镇化正处在快速发展阶段,对资源、能源的需求很大。有研究表明,城镇化率每提高1个百分点,将会增加能源消耗4940万吨标准煤,城镇居民生活用水量将会增加约11.6亿立方米,钢材消耗将会增加645万吨,水泥消耗将会增加2190万吨。传统的城市发展道路能源消耗强度大,环境污染严重,对外能源依存度高,是不可持续的发展模式,绿色低碳的新型城镇化道路才是我国城市发展的必然趋势。推进城市绿色低碳发展,引导城市经济发展、产业转型升级和传统工业改造,有利于推进经济结构调整,提高经济运行质量,加快经济发展方式转变。

(二)城市绿色低碳发展有利于推动生态文明建设

当今时代,建设生态文明越来越成为人类共识和共同行动。党的十八大报告将生态文明建设提高到"关系人民福祉、关乎民族未来的长远大计"的高度,党的十八届三中全会更进一步提出,要紧紧围绕建设美丽中国,深化生态文明体制改革,加快建立生态文明制度。面对资源约束趋紧、环境污染严重、生态系统退化的严峻形势,必须树立生态文明理念,把生态文明融入经济、社会建设的各个方面和全过程。推进城市绿色低碳发展,就是要发展环境友好型产业,降低能耗和物耗,保护和修复生态环境。绿色低碳的城市发展道路是对传统城镇化城市发展模式的创新与提升,是评价生态文明建设水平的重要标准。推进城市绿色低碳发展,能够通过技术创新、产业转型等途径,尽可能减少城市发展对煤炭、石油等高碳能源消耗,减少温室气体排放;尽可能降低城市发展对水土资源的消耗强度,提高资源的利用效率和效益;尽可能促使城市发展在生产、流通和消费环节实现污染物的减量化,降低污染物排放量;尽可能增强对城市自然生态系统的保护,提高城市生产生态产品的能力,促进城市生态功能恢复。因此,推进城市绿色低碳发展是推动生态文明建设的实践途径,是实现经济社会发展与生态环境保护双赢的必然选择。

(三)城市绿色低碳发展有利于提高城镇化质量

中央经济工作会议和中央农村工作会议都提出,要积极稳妥推进城镇化,着力提高城镇化质量。改革开放后,河南的城镇化保持了较高的发展速度,但是在城镇化发展过程中往往重视速度而忽略质量,并由此引发一系列的问题。如在城市形态上,"摊大饼"式的城市扩张,直接带来或加剧了以交通拥堵、房价过高、污染加重、生态空间不足为主要特征的"城市病"。有些城市超出其资源环境承载能力,盲目扩大城市规模,使城市的能源、交通、治污的压力越来越大。以郑州为例,郑州市年人均水资源占有量仅为198立方米,根据国际标准,年人均水资源占有量低于500立方米,即为极度缺水。由于地表水污染严重,郑州市水资源可用量较少,加上人口增加,郑州市人均占有水资源量呈下降趋势。由于缺水,不少城市不得不依靠超采地下水来维持城市正常运行,但超采地下水带来的后果就是地面沉降面积不断扩大。除了水资源,在土地、能源、环境、生态等方面,大城市也都面临巨大压力。城市绿色空间越来越少,渗水蓄水补充地下水的空间越来越小,大雨淹城造成的城市型水灾越来越多。若不重视城镇化的发展质量,积累的矛盾就会增多,城市病也会更严重。推进城市绿色低碳发展，就是要强调城市内在质量的全面提升，推动城镇化由偏重数量规模增加向注重质量内涵提升转变。

（四）城市绿色低碳发展有利于人与自然和谐相处

人与自然和谐相处，是人类社会可持续发展的基础。然而现阶段我们在人与自然的关系方面，出现了亟须高度重视的问题，就是我们的经济发展付出了巨大的资源环境代价，如果不尽快改变这种状况，不仅GDP增长的成果将被吞噬，而且会影响到公众的基本生存权，尤其是二氧化碳、烟雾、酸雨、可吸入颗粒物等对环境的危害。近期全国频频出现的雾霾天气，河南很多城市都曾出现大范围的重度雾霾天气。导致雾霾天气的主要污染物是PM10和PM2.5等可吸入颗粒物，这些颗粒物主要来自工业生产、汽车尾气、建筑施工、冬季烧煤取暖等排放的有害物质。雾霾天气很容易诱发呼吸系统疾病，不利于人的健康。如果任由这种现状发展下去，未来大气环境的变化可能会超过自然生态和经济社会系统所能承受的极限，影响公众的生存权，造成不可逆转的严重后果。推进城市绿色低碳发展，就是要强调"自然—经济—社会"的整体价值和生态经济价值，突出城市经济活动对自然环境的依赖性，改变传统的城市生产生活方式，合理开发利用自然资源，使城市经济发展与人口、环境和资源的承载能力相协调，从而建立起人与自然的和谐共处、协调发展的良性关系。

二　河南推进城市绿色低碳发展的实践探索

在目前快速的城镇化进程中，城市的绿色和低碳发展已经成为我国推动社会经济可持续发展的热点和重点。河南也在不断地致力于从政策、技术、投融资、试点示范、市场推广等多方面探索城市绿色低碳发展的实践路径，从中寻找适应河南发展特点的绿色低碳之路。

（一）低碳城市试点建设

河南在低碳城市试点建设方面率先启动。2009年南阳被选入中英低碳城市建设合作首批试点城市，中英双方将从城市交通、基础设施发展规划、老建筑改造、新能源利用等领域给予重点支持。目前南阳与英方已经建立了定期互访机制和科技合作平台，中英双方将合作建立"中英新能源重点实验室"，共同致力于生物质能源新技术、新工艺的研究开发和产业化生产。南阳和英方合作，双方将在低碳建筑、低碳交通、生态平衡、环境保护、循环经济等方面共同进行低碳项目建设，探索具有生态系统特征的集约节约发展模式。2011年6月，英国伦敦大学与南阳市宏祥房地产公司开展低碳建筑技术合作，联合开发集建筑节能、新能源高效利用、污染物最低排放于一体的绿色、低碳生态小区，在水资源综合利用、生态绿地建设、垃圾处理与资源化利用、低碳建设与管理等方面进行优化设计和研究，为我国绿色低碳生态社区建设提供系统的技术方案和建设标准。该项目是中英低碳城市合作试点项目的典范，已被纳入国家"十二五"科技支撑计划。2013年5月，鹤壁、济源两市又被列入首批中美低碳生态试点城市名单，两市将按照中美低碳生态试点城市建设的相关要求，从城市规划、基础设施、绿色低碳设计与运营管理、建筑节能、可再生能源应用、绿色交通体系、生态绿地系统等方面开展研究和建设。

（二）低碳交通建设

河南力争做低碳交通的先行者和创新者。在交通运输系统内，河南牢固树立绿色交通、低碳交通理念，推广运用交通运输领域中的节能环保新技术和使用新能源、清洁燃料车辆，鼓励城乡公共客运使用新能源环保型车辆，淘汰"老、旧、小"船舶，降低单车船能耗和污染物排放。河南省淘汰高耗能、高排放汽车2336辆。推进"中原绿色客运新干线"项目实施，新增天然气客车1032辆，对6500辆长途营运客车进行更新、改装，平均降低燃料成本28%。货车通过河南省公共物流信息平台减少空驶里程4亿公里，节约燃油费用约7.36亿元，减排一氧化碳2700吨。2013年，河南在智能交通、现代物流、"公交都市"、公路养护、运营管理等方面实现重点突破，强力推进国家及部节能减排示范项目和省节能减排"12+10示范工程"。

在低碳交通试点建设方面，2012年2月，济源被列入全国第二批低碳交通运输体系建设试点城市。济源市制定了《济源市低碳交通运输体系建设城市试点实施方案》，在城乡公交一体化、交通运输管理智能化平台、通道绿化、交通基础设施建设等多个项目上进行了规划设计。2012年7月,郑州市被列入全国第一批"公交都市"建设试点城市,未来郑州市将形成以轨道交通和快速公交为骨架,常规公交为主体,出租车为补充,自行车、步行等慢行交通为延伸的一体化都市公交体系,公交出行公担率在5年内达到50%以上。

(三)低碳试点园区

河南省通过建设低碳试点工业园区,推动城市产业低碳发展。2013年11月,河南为治理大气污染,制订了《河南省工业领域应对气候变化工作方案》,计划建立低能耗、低排放的低碳工业结构体系,减轻工业对环境的破坏。将提高高耗能、高排放和产能过剩行业准入门槛,严格控制项目审批,抑制高耗能和高排放产业过快增长。该《方案》计划到2015年在全省建成20个以低碳、清洁、循环利用为特征的低碳试点工业园区,在全省培育60家低碳示范企业,推进试点园区碳排放强度达到国内行业先进水平。低碳试点工业园区大力推进发展节能环保、新一代信息技术、生物、新能源、新材料、新能源汽车、高端装备制造等战略性新兴产业,最大程度减少工业生产对环境的污染。

三 推进城市绿色低碳发展面临的主要问题

河南在推进城市绿色低碳发展方面进行了一些富有成效的实践和探索,但绿色低碳发展是一个长期的过程,河南的探索还处在初始阶段,在实践探索过程中也遇到了一些问题,主要有以下几方面。

(一)高碳的能源结构短期内难以根本性转变

城市作为人类活动的主要场所,其运行过程要消耗大量的化石能源,排放大量的温室气体。河南城市经济发展目前以煤、石油为主的高碳能源结构在短期内难以改变,城市运行仍需要排放大量的温室气体。河南整体上仍处在工业化中期阶段,随着工业化、城镇化加速推进,河南的能源需求还将持续刚性增长。现阶段河南的能源利用结构主要以高碳能源为主,尤其是以碳排放系数最高的煤为主。河南省的煤炭资源消费量占全省能源消费总量的88%左右,高于全国平均水平18个百分点，以化石能源为主的能源结构使其能源消耗高碳特征明显。受经济、技术条件的限制和制约，太阳能、风能、生物质能等可再生能源短期内难以形成有效替代能力，提高非化石能源所占比重的压力较大，未来相当长一段时间内，河南以化石能源为主的能源结构短期内难以根本改变。

（二）高碳的路径依赖还客观存在

历史上形成的高碳发展模式很容易产生路径依赖。目前河南城市的经济增长依然无法真正摆脱依靠资源能源高投入、高消耗拉动的局面，经济发展方式粗放的特征还客观存在。特别是高耗能产业在产业结构中所占比重较大，经济增长对高耗能产业的依赖很严重。河南的产业结构中，高新技术产业比重偏低。工业生产总体上仍处于产业链的前端和价值链的低端，起重要支撑作用的还是资源型产业和传统优势产业，技术含量低、附加值低、综合利用程度低，物耗高、能耗高、污染高。但河南正处在城镇化快速发展阶段，城市发展还需要大量的基础设施建设，其中所需的钢铁、水泥、电力等工业产品，还得依赖高能耗产业的发展。因此，河南以冶金、石化、能源等重化工业为主的高碳工业结构短期内不可能根本性改变，高碳发展路径依赖还比较明显。

（三）高碳消费模式短期内难以转型

高碳消费模式的转变需要政府的引导和媒体的宣传。目前绿色低碳消费模式在民众中的认知度还不高，还没有形成主流的消费观念。民众长期形成的"面子消费""奢侈消费"等现象普遍存在，买房要求面积大，买车追求排量大，这些消费观念都是在追求高碳生活。目前，私家车已经进入千家万户，郑州市机动车保有量已达234.6万辆。以小汽车为导向的交通需要占用更多的城市土地用来修建道路和停车设施，需要消耗更多的能源，汽车排放的尾气给大气带来的污染也越来越严重，但是城市空间的扩大使得更多的人选择以车代步，导致碳排放量居高不下。另外，绿色低碳的口号没有落实到日常生活中，在诸如降低供暖温度、自觉垃圾分类、再利用废旧物品和选择使用清洁能源等生活细节中，很多人不能够自觉地选择绿色低碳消费模式，在水、电、食品消费方面浪费现象比较严重。

（四）低碳城市缺乏整体规划

城市绿色低碳发展的理念提出的时间较短，还缺乏建设实践经验。各地对城市绿色低碳发展的理解还存在偏差，缺少从城市发展、全局高度制定绿色低碳发展规划，使绿色低碳发展流于概念化、片面化。一些城市盲目跟风，没有考虑到城市本身的产业基础和科研实力，一窝蜂发展所谓的低碳产业，没有经过科学规划就提出建设低碳产业园，进行太阳能、风能、生物质能等可再生能源的研发应用和产业化，导致一些园区技术创新不够、低水平重复建设。有的地方将"低碳"简单地理解为节能减排，不顾实际情况就急于减少高碳行业的比重。河南目前仍处于城镇化、工业化高速发展中，还需要许多高碳行业，但是这些高碳行业可以通过低碳技术进行改造，还没有达到完全摒弃的发展阶段。为完成节能减排目标，一些地方对钢铁、水泥、冶金等高耗能行业采用拉闸限电的办法，迫使企业采用高污染柴油机发电代替，导致更多的资源消耗和污染物排放。

四 推进城市绿色低碳发展的重点

绿色低碳的核心是节能降耗、提高能源利用效率，因此，推进城市绿色低碳发展就要在工业、交通、建筑等高耗能领域重点研究，推进清洁能源利用，构建低碳交通体系，推广绿色建筑，倡导低碳生活。

（一）重点构建绿色低碳的能源结构

河南的能源消费结构主要还是以煤和石油为主，而这种高碳能源是温室气体排放的主要来源。因此优化能源结构，提高清洁能源在整个能源消费结构中所占的比例是实现绿色低碳城市的方向。要重点推进生物质能、核电、太阳能、风能等新能源和可再生能源的发展。同时，在电力、煤炭、油气等传统能源领域大力发展清洁高效产能，着力提高清洁高效能源和非化石能源在能源消费中的比重。一是整合利用水电资源。重点抓好三门峡、小浪底等水电站的运行，优化水电站运行方式，实行联合调度，充分利用水电资源。二是高效开发利用风能资源。深入开展风能资源详查与评估，统筹风电资源的开发和管理，鼓励风电投资主体多元化，建立促进风电开发的良性竞争制度，不断降低风电开发成本。三是充分发展利用太阳能。在有条件的工业园区或城市的大型公共建筑，发展与建筑物一体化的分布式光伏发电系统。积极扩大太阳能热利用领域，在城区推广普及太阳能一体化建筑、太阳能集中供热水工程，并建设太阳能空调制冷示范工程。四是有序开发利用生物质能。坚持生物质能开发利用与经济社会发展和环境保护并举，统筹规划，合理开发利用生物质资源。以非粮替代和综合利用为重点加快燃料乙醇发展。积极发展沼气和沼气发电，支持畜禽养殖场以及发酵、造纸、化工、食品等高浓度有机废水排放企业和城市污水处理厂建设大中型沼气发电项目。支持利用非粮农林产品、农林废弃物、城市餐厨废弃物开发生物质液体燃料。积极推进生物质能源高效利用，鼓励开发生物质气化发电和生物质能源综合利用技术。

（二）重点构建绿色低碳的交通运输体系

目前，我国交通运输业能源消费增长很快，交通能耗约占社会总能耗的20%，因此构建绿色低碳交通体系是河南推进城市绿色低碳发展必须重点考虑的问题。构建绿色低碳交通运输体系，就是要优化交通运输的用能结构，减少能源的高强度消耗。一是要整合各种交通运输方式，不断提高运输系统效率。加快构建与航空运输、铁路、高速公路配套的城乡客运集散体系，加强城际客运、农村客运、城市公交等多种运输方式的无缝衔接，促进客货运"零换乘"。二是推广应用绿色低碳型交通运输装备，提高运输装备燃料效率。加快淘汰高耗能车船，对运营车船进行标准化改造，推广节能减排技术。因地制宜推进清洁能源和新能源在交通运输、城市公交、出租汽车及港口中的应用，推广混合动力车船。三是着力建设绿色低碳型交通基础设施，节约资源能源。推进铁路、公路等基础设施建设集约发展，在规划、设计、建设、运营及管理等各个环节加强节水、节地、节材等评估，合理使用低碳技术和设备，集约节约利用土地、通道等资源。四是建设城市智能交通工程，发挥智能交通系统整体效能。加快物联网技术在交通运输领域的推广应用，推广车辆和装卸机械智能化调度系统、城市智能化公共交通与运营管理工程等，提高交通运输产业的信息化、智能化程度。五是提高低碳型运输服务水平，促进社会低碳交通选择。大力实施城市公交优先发展战略，因地制宜采取各种有效措施缓解城市交通拥堵，有效引导公众低碳出行。

（三）重点推广绿色低碳的节能建筑

绿色低碳的节能建筑是指在全寿命周期内建筑物能够最大限度地节约资源能源，为人们提供健康、适用和高效的使用空间，使人与自然和谐共生的建筑。在我国，建筑物能耗约占全国初级能耗的30%，现有建筑中有大部分都是高耗能，绿色建筑只占1%左右。河南的城镇化正处在快速发展阶段，建筑业也处在快速发展阶段，因此，推广绿色低碳节能建筑是推进城市绿色低碳发展的重要内容。推广绿色低碳节能建筑，一是重视建筑节能设计。在设计环节，因地制宜，最大限度地发挥建筑物自身构造的节能。例如，在建筑保温设计时，要注意冬夏的主导风向，综合考虑采光、通风、保温和防晒等因素，合理安排建筑群体布局和朝向，充分利用环境制造自然风，可以减少冬夏季节的能源消耗。二是采用节能新材料。各地要根据本地的实际，因地制宜地采用聚氨酯墙体保温材料、真空玻璃、节能窗、热源水泵等建筑节能新材料，达到低碳目的。三是降低建筑物在运行中的能耗。建筑物尽可能采用自然光、减少人工照明。建筑物尽可能采用太阳能取暖和制冷技术，有效利用隔热保温、遮阳、自然通风等方式，有效节约能源与资源。四是对既有高耗能建筑进行低碳改造。改造的重点是采用低耗能外围护结构和可再生能源应用。低耗能外围护结构改造主要包括外墙保温、屋面保温、更换保温门窗等工程，外围护结构改造能够减少室内外的热传导，可以减少冬夏季采暖和制冷负荷，缩短采暖和制冷时间，既提高了居住舒适度，也节约了能源，减少碳排放。

（四）重点倡导绿色低碳的生活方式

随着城市人口的迅速增加，城市能源消耗和污染排放的格局也发生了改变，城市生活耗能已经成为能源消费的重要组成部分。推进城市绿色低碳发展，就要倡导与之相适应的绿色低碳生活方式。绿色低碳生活方式与社会大众的行为习惯息息相关，每个公民只要采取一些很简单的措施，就会减少碳排放量。如可以选择在公园慢跑取代在跑步机上的锻炼、工作忙完随手关掉电脑和显示器、安装使用节水型淋浴设备。另外，还有尽量少开车，随手关灯，打印纸两面使用，少用宾馆、饭店的一次性用具等，这些生活中的小举动，都会实实在在地减少碳排放量。因此，倡导绿色低碳生活，需要社会大众从生活层面、消费层面改变固有习惯，自觉践行低碳生活方式。在饮食消费上，要杜绝浪费粮食，就餐消费要做到光盘、光碗。在居住方面，要鼓励购买低碳节能型商品住房，尽量减少室内空调、灯具等耗能电器的使用时间。在交通出行上，尽量减少公务用车，选择地铁、公交车、自行车、步行等低碳出行方式。在家用品消费上，要积极购买小排量轿车，购买节能家用电器。在照明上，采用太阳能照明或者安装紧凑型荧光灯、双端直管荧光灯、LED、高频无极灯等节能照明产品。在公共场所，要及时关闭电脑、空调等耗能设施，节约每一度电、每一滴水、每一张纸。

五 推进城市绿色低碳发展的对策建议

城市发展方式的转变是一个长期的过程，不能急功近利，河南推进城市绿色低碳发展，可以通过规划引领、产业支撑、政策保障、技术支持、宣传引导等措施，逐步实现城市转型发展。

（一）建立绿色低碳的规划引领体系

科学的规划是推进城市绿色低碳发展的第一步，城市规划一旦形成和实施就很难改变。因此，要把绿色低碳理念贯穿到城市建设的各项规划之中，使规划能够引领城市绿色低碳发展。在城镇化快速发展的背景下，要结合城市自身的资源禀赋、经济基础、文化传统等情况，在产业布局、能源、交通、建筑等方面制定科学合理的目标，保障城市发展的速度、质量与低碳目标协调与契合，实现城市经济、社会、环境等多方面均衡发展。在城市总体结构规划方面，从减少碳排放和增加城区的自然固碳效果方面出发，在城市的形态结构、土地利用、综合交通体系、基础设施建设以及固碳措施等方面制定绿色低碳规划。规划要着力构建多中心、紧凑型的城市空间结构，促进居住与就业平衡，避免长距离、大规模的通勤出行，减少碳排放。在城市专项详细规划上，应针对城市内功能相对集中的地区分别进行研究，理清各类地区在详细规划以及城市设计方面可以实施的减少碳排放的规划设计技术对策和实际效果。另外，也要加强国际交流，吸取英国、美国、德国、日本等发达国家在低碳城市规划方面的实践经验。同时也要重视与国内发达地区的交流和合作，借鉴其先进的城市规划理念和技术方法。

（二）建立绿色低碳的产业支撑体系

推进城市绿色低碳发展，离不开低碳产业体系的支撑。低碳产业体系的建立，包括传统产业的技术改造和升级，促进高耗能产业的低碳转型。加快推进传统产业的低碳化改造，要以重点项目改造为抓手，通过低碳项目与现有"节能减排"项目相互衔接，推动高碳产业低碳化发展。加快推动低碳试点工业园区建设，要以现有工业园区为依托，选择一些基础好、有特色、代表性强的工业园区，通过试点建设，大力使用可再生能源，加快钢铁、建材、有色、石化和化工等重点用能行业的低碳化改造，培育集聚一批低碳型企业，探索一些适合河南工业发展特点的工业园区低碳管理模式，使试点园区碳排放强度达到国内行业先进水平，引导和带动全省工业低碳化发展。加快发展现代物流、商贸流通、房地产、科技服务、金融保险、信息和中介服务等生产性服务业和生活性服务业，这些产业具有要素密集性、地理聚集性、价值增值性、产业关联与融合性的特征，是能耗低、污染小、就业容量大的低碳产业。加快战略性新兴产业发展，推动节能环保、信息技术、生物医药、高端装备制造、新能源、新材料等新兴产业发展，壮大产业规模、拓宽发展领域、提升竞争水平。

（三）建立绿色低碳的技术支撑体系

加强低碳技术研发与应用，为推进城市绿色低碳发展提供强有力的技术支撑。按照技术可行、经济合理的原则，研究制定推进城市绿色低碳发展的技术路线图，逐步建立清洁能源、新能源和可再生能源以及自然碳汇等多元化、节能高效的低碳技术体系。加强与科研机构的合作和交流，依靠高等院校、科研院所、大中型企业技术中心等科研单位，着力解决低碳领域共性和关键性的技术问题。在钢铁、建材、有色、石化化工、装备等重点高碳行业选择一批技术成熟、减排潜力大、经济成本低的低碳技术，实施低碳技术示范工程，推动传统高碳产业进行低碳化改造。加快低碳技术的市场转化和推广。低碳技术的推广，不仅涉及技术改造与升级，也涉及经济成本、社会效益等多个方面。低碳技术的推广应用需要全方位的技术服务支撑。因此，要建立省级低碳技术研发服务平台，为能源消耗量大的企业提供节能减排咨询，为企业提供低碳技术的减排潜力、技术成熟度、投入产出分析等服务，有助于企业了解应用低碳技术所产生的综合效应，使一批减排潜力大、应用面广的低碳技术能够尽快在企业推广应用。

（四）建立绿色低碳的政策保障体系

建立和完善相关的法律法规，大力推进制度创新，构建适应河南省情的政策支持体系，为推进城市绿色低碳发展保驾护航。一是加强能源立法，实施强制性的最低能耗标准和节能认证，推行能效标识制度，从法律法规的层面上促进太阳能、风能、水能、生物质能等清洁能源的开发利用。二是制定税收优惠政策，利用税收优惠政策刺激和引导企业节能减排。对生产节能产品的企业给予一定比例的税收减免，对企业从事节能、环保项目和生产节能产品的技术转让承包、技术咨询服务的收入给予所得税减免优惠。三是建立资金保障机制，加大财政对节能降耗减排的投入力度，逐步提高环保支出比重。加大对资源节约和综合利用关键技术攻关的支持力度，构建节约资源和保护生态环境的技术保障体系。逐步加大对清洁生产、可再生资源和新能源开发等项目的支持力度，对节能减排的项目提供低息贷款、资金担保或直接补贴。四是建立绿色GDP的政绩考核体系，从制度上改变过去考核干部以GDP论英雄的偏向，建立全面的考核评价体系，把节能减排、生态保护纳入综合考核评价，突出强化环境成本，杜绝不计环境代价发展经济的倾向。

（五）建立绿色低碳的宣传引导体系

建立绿色低碳的消费模式、生活方式，提高全民的绿色低碳意识，这些需要网络、电视、报纸等媒体全方位的宣传和引导。通过广泛宣传来改变全社会低碳意识缺乏、建筑节能观念淡薄、消费价值取向落后的现状。宣传引导，能使绿色产品、绿色消费、绿色能源、绿色住宅、绿色交通的低碳新理念深入人心，成为社会主流的价值观。电视、报刊、网络等媒体要通过通俗易懂、多种形式的公益宣传，如在电视上播放低碳公益广告、网络上设立"低碳生活论坛"、社区开辟"低碳墙报"、企事业单位开展"低碳讲座"、学校开设"低碳教育"等多种形式，传播能源安全、环境保护等知识和信息，交流低碳生活经验，引导居民自觉参与到全社会的节能减排行动中，营造出崇尚低碳生活的社会氛围。

参考文献

唐亚娇、谭丹：《长株潭城市群推进低碳城镇化的思考》，《经济地理》2011年第5期。

郭明苏、史晓玲：《低碳城市建设中存在的问题及对策》，《城市建设理论研究》2012年第2期。

龙惟定、范蕊、梁浩：《城市节能》，《暖通空调》2012年第2期。

黄贤金：《国内外绿色城市建设及其启示》，《群众》2012年第7期。

《河南统计年鉴2013》，中国统计出版社，2013。

B.18 河南省城市生态系统建设研究

彭俊杰 陈茜*

摘　要：

城市生态系统建设对推进新型城镇化,加强城市生态文明建设意义重大。河南省在城市生态系统建设方面已有一些成功的实践与探索,但在城镇化发展水平、城乡基础设施建设、城市生态环境治理等方面仍然存在许多问题。为此本文提出以提升城市生态系统环境资源承载力为前提、以增强城市生态系统抵抗力为关键、以保障城市生态系统物质循环和能量流动的连续性为重点、以协调城市中人与环境的关系为核心建设城市生态系统,实现城市生态系统的可持续发展。

关键词：

河南省　城市生态系统建设　政策建议

城市是人类技术进步、经济社会发展和社会文明的结晶,也是环境污染、生态破坏的敏感地区。城市生态系统是城市发展的基础和载体,是支撑区域经济社会系统高效运行和改善生态环境的基本条件之一。改革开放以来,我国进入了快速城市化发展阶段,城镇化率从1978年的17.92%上升到2012年的52.57%。与此同时,河南省通过中原经济区建设,坚持以新型城镇化引领"三化"协调发展,把推进新型城镇化和加快城乡建设作为工作重心和战略举措,城镇基础设施得到改善,城镇化水平明显提高,城镇化率从1978年的13.60%上升到2012年的42.43%。然而,随着城市化进程的加快,城市人口

---

* 彭俊杰,河南省社会科学院科研处助理研究员；陈茜,河南科技大学林学院助教。

过度膨胀、水资源短缺、环境污染、能源过度消耗等一系列城市问题接踵而至，城市生态系统失去了平衡，给城市的发展造成了巨大压力。因此，客观认识和了解河南省城市生态系统建设的现实意义和现状，深入剖析河南省城市生态系统建设存在的问题，破解城市生态系统建设的难题，对于协调人与自然关系，保持城市生态系统的平衡与稳定，提高城市生态系统承载力，实现城市可持续发展具有重要的理论和现实意义。

一　河南省城市生态系统建设的现实意义

2012年是"十二五"承上启下的关键一年，也是加强生态文明建设，全面推进中原经济区发展的重要一年，城市生态系统建设进入了一个新的发展阶段，面临着许多新情况、新任务和新要求。城市生态系统建设是科学推进新型城镇化的时代需求，是提升城镇化水平和质量的基础支撑，是中原经济区建设"两不牺牲"的重要体现，也是实现"三化"协调科学发展的必然选择。

（一）科学推进新型城镇化的时代需求

自改革开放以来，为了迅速提高城镇化水平，我国曾经走了一条重在扩大城市规模、提高城镇化率的城镇化发展道路，取得了明显成效。探索的实践表明，大规模推进城镇化进程必然对城市生态环境造成破坏，而保护好城市生态环境就必须限制城市空间区域的扩张与开发。如何协调生态环境保护与城镇化的推进，使其由相互冲突变为相辅相成，则是新时代需要面临的现实问题。

党的十八大确定了新型城镇化战略，就是按照生态文明的原则来进行城市生产生活的空间布局，充分考虑城市生态系统承载能力，在推进城镇化建设过程中实现生态文明的建设任务，在生态文明的建设中提升城镇化的质量与水平，从而探索出生态文明与城镇化协调发展的现代化之路。城市生态系统建设是生态文明建设的重要内容，是科学推进新型城镇化的时代需求。面对资源约束趋紧、环境污染严重、城市生态系统退化的严峻形势，在科学推进新型城镇化进程中凸显生态文明建设地位，加大城市生态系统建设的力度，提高城市生态系统环境承载力，以良好的城市生态环境支撑新型城镇化发展。

（二）提升城镇化水平和质量的基础支撑

城镇化水平和质量的提升不是简单的城镇人口比重的增加和城市面积的扩张，而是产业支撑、人居环境、社会保障、生活方式等各方面实现由"乡"到"城"集约化、智能化、绿色化、低碳化的升级。健康、可持续的城市生态系统对于吸纳人口集聚、促进产业集中、承接产业转移，发挥新型城镇化引领作用具有重要意义。良好的城市生态系统建设和城市环境营造如城镇绿地、公园、水系建设，城市功能的合理划分，开放空间的营造都有助于提升城市的生态环境质量和生态宜居功能。城市生态廊道的建设如城市绿化带、交通沿线生态林带、生态涵养带等，都有助于提升城市环境容量，改善城市空气质量，不断提高垃圾、污水等废弃物的处理能力。因此，保持生态资源的优势和平衡，充分发挥城市生态系统所提供的产品和服务功能，不仅是城镇化建设中自始至终贯彻的主旨，也是城镇化健康发展的重要保障。

（三）中原经济区建设"两不牺牲"的重要体现

生态环境建设，是中原经济区建设"不以牺牲生态和环境、农业和粮食为代价"的重要保证。城市生态系统建设是生态环境建设的重要内容，在城镇化进程中最容易被忽视甚至被牺牲。以新型城镇化引领生态环境建设，是中原经济区建设的重点，对全面实施可持续发展战略，改变以破坏生态环境和过度消耗资源为代价的经济增长方式，发展循环经济，改善生态环境质量，维护区域生态安全具有重要意义。目前，绝大多数城市生态系统的建设缺乏目标和规划，正在被一种"急功近利"的思想所左右。城市的管理者和建设者为了片面追求政绩，把大量的人力物力财力投入到城市形象的塑造上，例如为了在短时间内达到绿化的效果，在公共绿地、住宅小区的建设上大规模发展草坪。而城市生态系统中占主导地位的树木，尤其是乡土树种的种植比例较低，影响了城市绿地综合生态效益的发挥。城市生态系统建设是一个循序渐进的过程，在"两不牺牲"的基础上，以有限的资源为载体，让城市生态系统生产出更多的产品，以满足人口与社会的发展需要，并力求达到生态效益、经济效益和社会效益的协调统一。

（四）实现"三化"协调科学发展的必然选择

城市生态系统建设是中原经济区生态环境建设贯彻科学发展观的重要举措，新型城镇化就是要最大限度整合城镇的优势资源，协调经济、社会、生态发展。城市生态系统建设是在可持续发展理论的指导下，运用景观生态学、系统工程学和经济学的原理和方法，充分发挥区域、生态、资源、产业和机制的优势，大力发展绿色经济，实现物质循环和能量流动的高效运行，促进产业结构调整、经济增长方式转变和环境质量提升，加快生产力的发展。通过城市生态系统建设，有效地培育文明先进的生态文化，提高公众的生态意识，树立现代文明发展观，改变传统的生活方式、生产方式、消费理念，实现人与自然和谐共生。加快城市生态系统建设，通过发展绿色经济、低碳经济、循环经济，增加城镇居民的收入，提高城镇居民的生活质量，为中原经济区人民创建最安全、最健康、最幸福的生存环境，推动中原经济区健康、有序、可持续发展，实现中原经济区经济的快速发展、社会进步和生态环境良性循环。

二 河南省城市生态系统建设的现状

城市生态系统是城市居民与其周围环境组成的一种特殊的人工生态系统，是人们创造的自然—经济—社会复合系统。近年来，在省委、省政府的正确领导下，河南省推进新型城镇化的思路进一步明确，坚持以人为核心，以自然资源为基础，以构建现代城镇体系为重点，着力推进生态环境建设优化经济建设，促进经济结构调整和生活质量改善，初步形成了自然资源高效利用、城镇基础设施完善、城镇空间布局合理、城镇居民生活明显改善的自然—经济—社会协调发展的新格局。

（一）综合经济实力明显提升

国民经济持续较快增长。2012 年，河南省国内生产总值为 29599.31 亿元，比上年增加了近 10 个百分点。其中，17 个设区省辖市的中心城区经济总量达到 8894.54 亿元，比上年增加了 12 个百分点，占全省比重为 30.05%；人均生产总值由2013年的28661元增加到31499元,比上年增长了9.9%,比2007年翻了近一番;财政总收入达3282.48亿元,比上年增长了15.1%;全年全社会固定资产投资21449.99亿元,比上年增长了21%。城市基础设施支撑能力进一步增强,高速公路通车里程保持全国第一,全省"20分钟上高速"和"县县通高速"的目标基本实现。

(二)产业结构调整不断优化

2012年,河南省三次产业结构调整为13:56:31,相比2011年,第二产业降低了1.3个百分点,第三产业提升了1.3个百分点。农业基础地位得到加强的同时,服务业的地位逐步上升。2012年,河南省17个中心城市产业结构如图1所示,有13个城市的第三产业占生产总值的比重超过了全省的平均水平,郑州、开封、新乡的第三产业所占的比重超过了第二产业的比重,逐渐改变了原来由第二产业为主推动经济增长的状况,形成了第二、第三产业共同推动经济增长的新局面。以金融保险业、商务服务业为代表的生产型服务业逐渐取代消费型服务业,成为推动城市经济发展、提升城市职能、优化城市空间布局的重要力量,为城市生态系统的可持续发展奠定了坚实的经济基础。

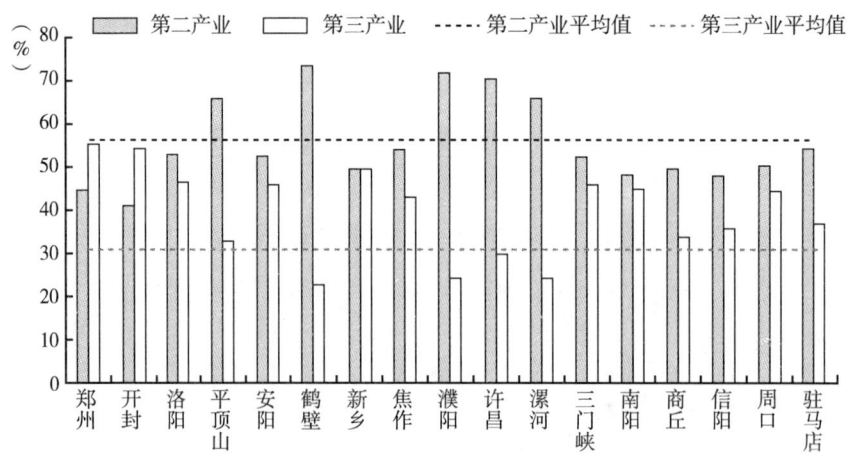

图1 2012年河南省中心城市第二、第三产业结构比重

资料来源:《河南统计年鉴2013》。

（三）城镇规划与管理日趋完善

近年来，河南省在推进城镇化发展过程中，充分发挥城镇规划的引导调控作用，确保城镇总体规划、土地利用总体规划、产业发展规划精准对接。建立了城镇规划监管制度，确保合法合规推进实施，实现资源优化配置和集约节约利用。河南省先后出台了城镇体系规划，郑州航空港经济综合实验区发展规划，郑州都市区空间发展战略规划等，以科学规划推动城镇体系科学发展。同时，河南省积极加强城镇监管工作，依靠现代科学技术手段，对城镇环境、用地、交通等实行全方位的监控和预警，以科学管理推动城镇体系健康发展。2012年4月，郑州市委、市政府建立以网格化管理为载体"坚持依靠群众推进工作落实"长效机制，全市上下按照"条块融合、职责明确、联动负责、逐级问责、网格覆盖"的原则，条块联动，步步深入，层层推进，有效构筑起了"三级网格、四级平台、五级联动"的长效工作机制，全面提升城市管理的科学化水平。

（四）城市生态建设成效显著

2012年，建成区绿地面积由2011年的766.95平方公里增加到818.80平方公里，比2011年增加了6.8%；建成区绿化覆盖率由36.6%增加到了36.9%；公园绿地面积由192.07平方公里增加到212.02平方公里；人均公园绿地面积由8.9平方米增加到9.2平方米。林业生态省建设提升工程计划有序实施，成效显著。五年来，共创建国家森林城市5个、全国绿化模范城市4个、国家级绿化模范县19个、国家级绿化模范单位21个、省级以上生态文明教育基地（含国家级生态文化示范村）23个、建成林业生态县134个。积极争取国家支持，加强生态环保能力建设，基础能力不断加强。2012年，河南省共争取到国家各类生态环保资金7.2亿元，重点用于支持流域水污染防治、重金属污染防治、农村环境连片综合整治、湖泊生态环境保护等方面。其中城镇环境连片整治项目资金3亿元，用于4类示范区域（新型农村社区示范区、饮用水源地保护示范区、生态保护示范区、文化旅游示范区），41个示范区，12个问题村，140个乡镇的连片综合整治，建成后受益人口达到175万，将进一步改善农村生态环境，促进农村经济社会的可持续发展。

三 当前河南省城市生态系统建设存在的问题

经过近年来的城市快速发展,河南省城市生态系统建设取得了显著的成就,但是与全国平均水平相比,城镇化发展水平仍然偏低,城镇体系不甚合理,产业支撑能力不强,城乡基础设施建设滞后等问题十分突出。尤其是城市人口膨胀,城市管理混乱,加剧了城市生态系统内部各环节关系的失衡。这些问题的存在,一方面是政府对城市生态系统的复杂性认识不足,重建设、轻管理,制约了城市功能的发挥,影响了城市生态系统的健康发展;另一方面也与现行的体制机制不契合有关,城市规划与建设的法律法规不健全,缺乏系统的城市指标评价体系,无序开发及重复建设,造成了资源的严重浪费,影响了城市生态系统的可持续发展。因此,在科学推进新型城镇化进程中,要充分重视城市生态系统建设,以城市生态系统建设提升城市发展质量和城市生活品位。

(一)城镇化发展水平低,城镇发展不均衡

2012年,河南省城镇化率为42.43%,低于全国平均水平10.14个百分点,低于中部平均水平近5个百分点,在中部地区六省中排名倒数第一,在全国31个省级地区排名倒数第五,仅略高于西藏、贵州、甘肃和云南(见图2)。河南省城镇化总体水平较低,还表现在城镇化发展不均衡,城镇化发展质量不高。2012年,郑州、洛阳、平顶山、鹤壁、新乡、焦作、许昌、漯河、三门峡、济源的城镇化率均高于河南省平均水平,开封、濮阳、南阳、商丘、信阳、驻马店、周口等地城镇化率均低于河南省平均水平。其中,城镇化率最高的是郑州,为66.28%(见图3)。城镇化发展水平低,城镇发展不均衡,导致城市生态系统的自我维持能力和自我恢复能力差。随着人类活动的增强,城市生产所产生的废水、废气和生活垃圾迅猛增长,超过了城市生态系统的可承载能力,对城市生态系统构成了严重的威胁。从长远来看,城镇化发展水平低,城镇发展不均衡在一定程度上制约城市生态系统的可持续发展。

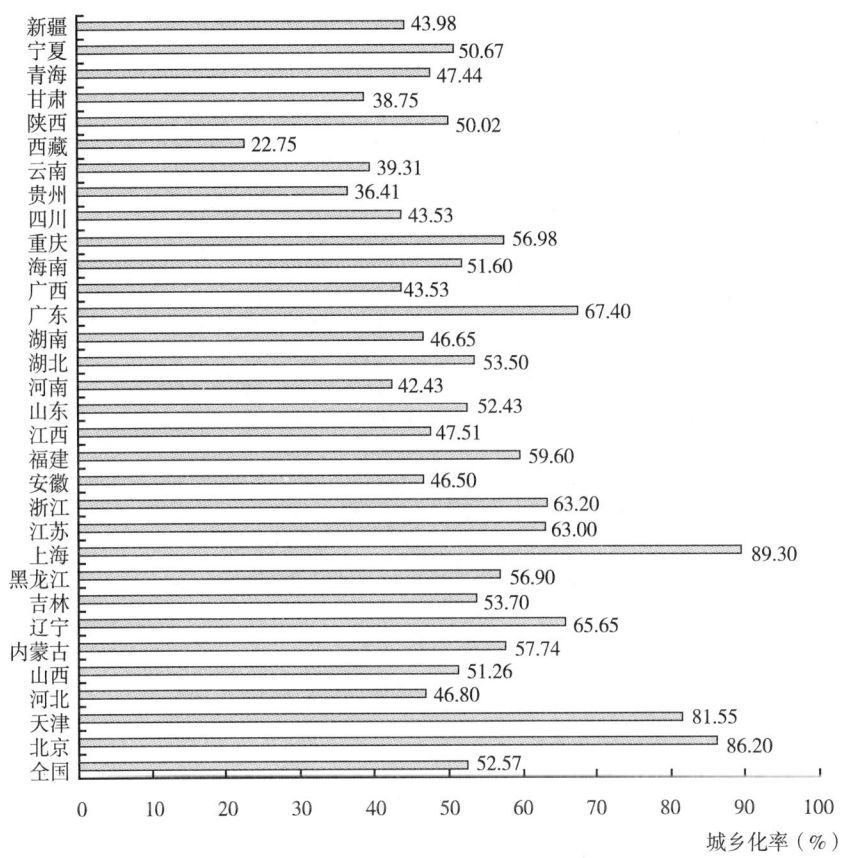

图 2　2012 年全国各省份城镇化发展水平比较

资料来源：《中国统计年鉴 2013》。

（二）产业支撑能力弱，城乡基础设施建设滞后

城市生态系统的生态承载力在很大程度上取决于产业支撑能力和城市基础设施建设的完善程度。自改革开放以来，河南省第二、第三产业发展水平较低，平均占 GDP 的比重分别为 45.3% 和 27.4%，工业大而不强，必然造成吸纳就业能力有限，也影响城乡人口的有序转移。2012 年河南省第三产业占 GDP 的比重为 31%，低于全国平均水平 10.3 个百分点，在全国排名末位。从城乡从业人口比重来看，2012 年，河南省城镇从业人口比重仅为 30%，低于全国 18.37 个百分点。从城乡基础设施建设方面来看，2012 年河南省建成区

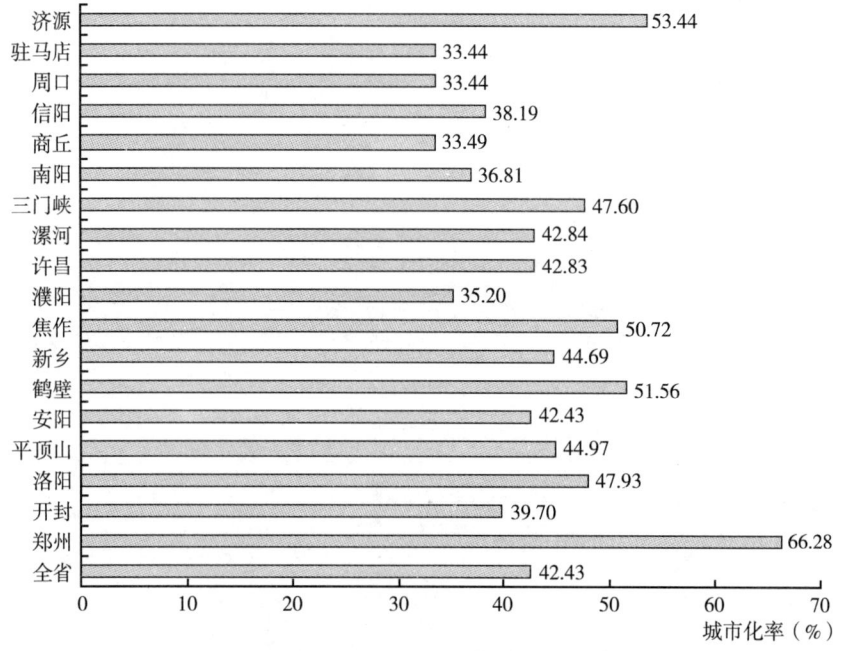

图3 2012年河南省各地区城镇化发展水平比较

资料来源:《河南统计年鉴2013》。

绿化覆盖率为36.9%,低于全国2.7个百分点;从人均指标来看,每万人拥有城市公共交通车辆、人均城市道路面积和人均公园绿地面积分别低于全国平均水平29.20%、23%和24.71%。由此可见,产业支撑能力弱,城乡基础设施建设滞后,城市功能不完善,城市生态系统综合承载能力较低。

(三)城市生态环境敏感,城市问题不容乐观

由于城市生态系统具有开放性、脆弱性、高度依赖性等特点,极易受到人为因素的干扰。随着国民经济的快速发展和人民生活水平的不断提高,人口和产业在城市高度集中是历史发展的必然趋势,城市生态环境污染和城市问题尤为突出。主要表现在以下几方面。

城市水资源短缺。水资源总量不足,供需矛盾突出。河南省多年平均水资源总量为403.53亿立方米,人均水资源量约400立方米,耕地亩均用水约342立方米,只相当于全国人均、耕地亩均水资源量的五分之一和六分之一。随着

城市化水平的提高，水资源日趋短缺，城市化对水资源的胁迫作用将更加明显。2012年，河南省城市人均日生活用水量为104升，比1999年降低了43.2%，而且十多年间，一直呈下降趋势（见图4）。水资源短缺与水污染并存，流经城市的河流水质污染比较普遍，淮河水系和海河水系的支流多为城市排污性河流，环境容量有限。

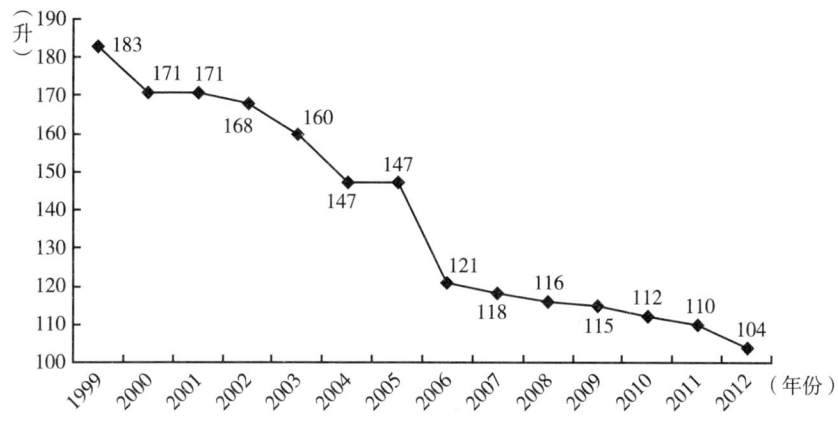

图4　1999~2012年河南省城市人均日生活用水量

资料来源：《河南统计年鉴2013》。

城市大气污染严重。近年来，河南省城市人口急剧增加、工业化快速发展，从而消耗大量的化石燃料，并产生烟尘和各种有害气体，造成城市大气环境污染状况日益严重。2012年，河南省SO_2排放量为127.6万吨，烟尘排放量为60万吨，生活中SO_2排放量为14.6万吨。近年来，随着政府采取污染治理措施的实施，环境恶化得到控制，大气污染物注入工业烟尘、粉尘和工业SO_2都有不同程度的降低，排放量均呈下降趋势。但是，总体而言，河南省大气污染形势严峻，以颗粒物为特征污染物的区域性大气环境问题日益突出。以省会郑州市为例，2012年郑州市可吸入颗粒物（PM10）的含量为0.105毫克/立方米，在中部六省省会城市中排名最高；城市空气中SO_2的含量为0.051毫克/立方米，仅次于太原，氮氧化物的含量为0.046毫克/立方米，仅次于武汉，城市空气质量在中部地区排名倒数第一（见图5）。

城市热岛效应。随着城市化进程的加快，城市人口密度加大，建筑物日益

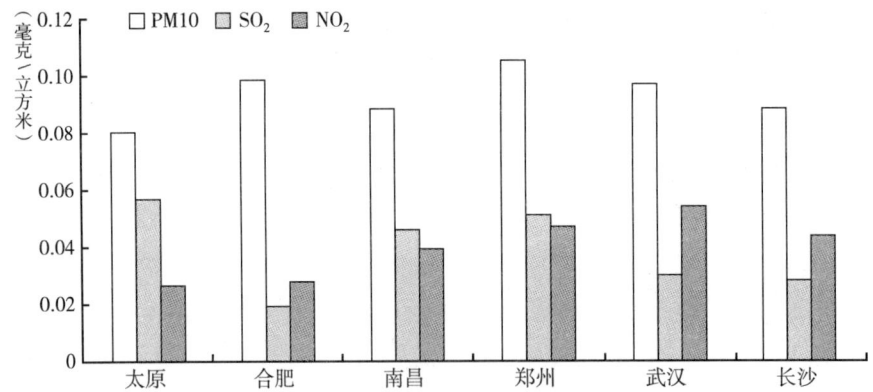

图5 2012年中部六省省会城市大气污染状况比较

资料来源:《中国统计年鉴2013》。

密集,改变了城市下垫面的性质,加之生活、生产耗能大量排放的煤灰、粉尘、CO_2,引起了城市热岛效应。城市热岛效应表现在城市自身温度不断升高的同时,市区温度要比郊区高,而且一年中高温天气时数也随之增多。以郑州为例,年平均温度从1980年的13.93℃增加到2012年的15.5℃,城市年平均温度线性增加趋势明显,平均每十年增加约0.64℃,其中市区温度比郊区高2℃~8℃(见图6)。

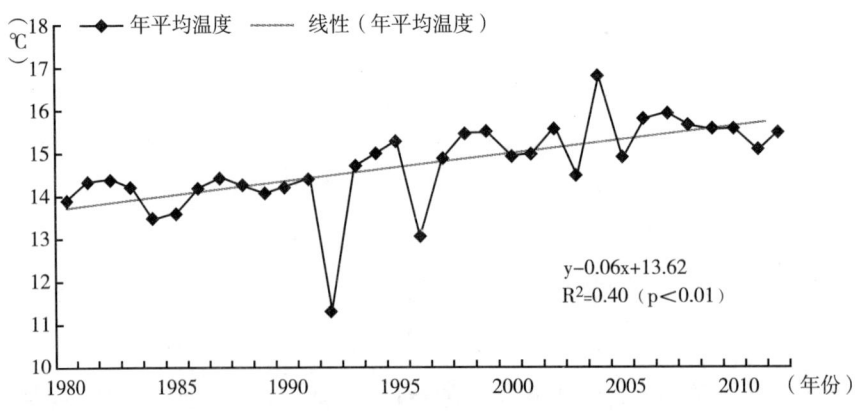

图6 1980~2012年郑州市年平均温度波动趋势

资料来源:《中国气象科学数据共享中心》。

四 对河南省城市生态系统可持续发展的几点建议

城市生态系统具有高度的外界依赖性,其改善和构建中有众多人为因素,人类在城市生态系统中起着决定性的作用。建立完善、平衡、可持续的城市生态系统是一个不断实践与创新的过程,这需要人们转变发展观念,在加强物质文明和精神文明建设的同时,不能忽视生态文明建设。在加快城镇化进程中,实现以新型城镇化引领生态环境建设,推动城市生态系统可持续发展具有重要意义。因此,要保证城市生态系统中"自然—经济—社会"复杂巨系统的正常运行,应从以下几方面着手。

(一)以提升城市生态系统环境资源承载力为前提

城市生态系统环境承载力是城市生态环境状态与结构在不发生对人类生存发展有害变化的前提下所承受的人类社会作用在规模、强度和速度上的阈值,是该地区资源环境条件对经济社会发展的支撑力。环境承载力包含资源、技术、污染等三方面的内容,受城市外部环境条件的影响,并推动城市生态系统的正向或逆向演替。在科学推进新型城镇化进程中,以产城互动发展推动城镇与产业的共同发展,城镇基础设施的完善,在产城融合发展中提升城市生态系统的综合承载力。产业发展推动和集聚了所在城镇的劳动力、资金储备、技术支撑、厂房设备等物质条件,也为产业发展提供了所必需的自然资源和环境资源。产业集聚发展以城镇为空间载体,通过土地资源的优化配置,生物资源合理利用和生物多样性的保护,形成产业结构和布局合理、生产和控制系统高效、能源和资源利用集约的发展模式。因此,城镇必须更加注重城市服务功能的完善,积极提升城镇品质品格、基础设施、社会服务、开放程度等综合承载力,吸引更多更好的低碳、环保、高科技含量的企业入驻产业园区,为城镇质的飞跃注入新的活力,实现城镇人口、资源、环境与发展的永续利用和生态的良性发展。

(二)以增强城市生态系统抵抗力为关键

抵抗力是生态系统抵抗外界干扰并维持系统结构和功能原状的能力,是维持生态系统平衡的重要途径之一。环境容量、自净作用等都是生态系统抵抗力的表现形式。城市生态系统的发展是以人类自身创造力为主的外部因素和以自然约束力为主的内部因素共同作用的结果。随着时间的推移,城市生态系统在其环境容量之内,对外界的干扰具有自净能力。当冲破约束力的阈值时,超出城市生态系统的自净能力,则整个城市的发展呈下降趋势。因此,提高城市生态系统调节能力及自身恢复力,增强生态系统的抵抗力至关重要。一方面通过调整产业规模和发展速度,控制人口增长,改变产业结构,加强技术进步,减少污染物排放等措施建立协调、稳定、可持续的城市发展机制,消除盲目高速增长等不可持续的发展模式。另一方面通过自然资源的恢复和保护,提高城市生态系统的净化还原能力,增强城市生态系统的持续供给能力,例如大面积保留城市水系、农田、森林、草地,增加一定数量和质量的城市绿地,确定城市生物多样性的优先保护序列和保护范围,从而增加城市植被的景观作用和环境保护功能。

(三)以保障城市生态系统物质循环和能量流动的连续性为重点

城市空间作为一种有机的结构系统,与其所在的环境相联系,并形成一个密不可分的整体。城市土地是城市生态系统物质循环和能量流动的载体,城市生态系统的建设必须建立在城市规划、土地利用规划和产业规划的基础之上,把城市的经济、社会、资源和城市环境有机结合起来,并实现其内部之间的良性循环。加强城市规划,着力优化城镇空间开发格局,科学规划城市功能分区,确保城市生态系统持续发展。建立以循环经济为核心的生态经济体系,实现以循环经济理论指导城市规划、资源利用、城市工业生产等,增强城市居民的生态消费意识。按照生态学理论和方法,以构筑结构合理的城市绿化系统为基础,以加强城市饮用水工程和污水排放与处理工程建设等生态工程建设为抓手,以发展环保科技,推进清洁能源为手段进行生态城市建设,统筹促进社会、经济、自然协调发展,物质、能量、信息高效利用,生态良性循环,形成城市发展的绿色保护屏障。

(四)以协调城市中人与环境的关系为核心

城市生态系统是人工生态系统,对外界具有高度的依赖性。人类是城市生态系统的主体，是当前城市生态系统面临威胁的最大压力。因此，协调好城市中人与自然的关系，促进人与自然和谐相处，是城市生态系统建设的核心问题。建立绿色、低碳的生态体系和消费观念，从根本上减少对环境、资源的损耗。结合城市自身优势规划并优先发展生态工业、生态农业，形成良性循环的物质生产模式，并倡导绿色消费，形成文明、节约的消费模式。培养全体公民的共同参与意识，借助各种新闻媒介，大力宣传城市生态系统建设的重要性，构建全社会共同参与、共同支持、共同维护城市生态系统建设的良好局面。健全社会保障制度，完善社会控制体系，以法律的方式保障全体公民的基本生活权利，从而调适人们的社会关系，才能实现人尽其才、物尽其用、地尽其利的人与自然和谐发展的局面。建设城市生态文明，在生态文明的指导下，从研究城市生态系统入手，以城市生态学理论为指导，分析城市生态系统的特征、结构、功能及其调控机制，协调城市人口、资源、环境之间的关系，促进城市健康、可持续发展。

参考文献

牛文元：《中国可持续发展总论》，科学出版社，2007。
喻新安、吴海峰：《新型三化协调论》，人民出版社，2012。
王发曾：《中国特色社会主义的河南实践丛书》，人民出版社，2012。
王建国：《河南城市基础设施建设与发展研究》，《中州学刊》2002年第6期。
河南省统计局、国家统计局河南调查总队：《河南统计年鉴2013》，中国统计出版社，2013。

B.19 河南省生态补偿机制构建及对策研究

韩 鹏*

摘　要： 构建科学合理的生态补偿机制，是有效实施生态补偿制度的基础条件，对河南省解决现实问题和推动科学发展具有十分重要的现实意义。经过近十年的发展，我国已经初步构建起了生态补偿机制框架，河南省生态补偿机制的发展也取得了积极成效。然而，河南省的生态补偿机制仍然面临着一系列的现实问题和发展问题。基于河南省构建生态补偿机制的目标、成效和存在问题，提出了加强体制机制创新，深入开展理论研究和实践探索，推进耕地及土壤等重要领域生态补偿机制试点，并且积极探索省际生态补偿协商与对话机制等有利于促进河南省生态补偿机制科学发展的对策建议。

关键词： 河南省　生态补偿机制　政策建议

构建生态补偿机制，实施生态补偿制度，是我国深化生态文明体制改革，加快生态文明制度建设的重要组成部分。经过近十年的实践，我国在构建生态补偿机制方面取得了积极的成效。探索和构建生态补偿机制，对河南省解决现实和未来发展中的问题具有重要意义。河南省已经取得了明显成效，但也面临着一些较为不利的形势和问题，需要在未来发展中加快理论与实践创新，进一步完善体制机制，逐步构建起科学合理的生态补偿机制。

---

* 韩鹏，河南省社会科学院城市与环境研究所助理研究员。

一 我国生态补偿机制理论研究与发展现状

生态补偿是随着对人们生态环境价值、对其保护中复杂利益关系和以经济手段为主的补偿方式作用规律的深入理解，遵循自然规律和经济社会规律，主动构建起相应的制度体系，以期通过调整利益相关者关系实现可持续发展。在科学发展观的指导下，我国已经初步建立起了重点领域的生态补偿机制，构建了国家生态补偿机制框架，取得了积极的成效。

（一）生态补偿机制的理论基础与主要问题

生态补偿是一种调整利益相关者相关利益关系的制度安排，其核心是将外部成本内部化，即社会个体、群体或者政府通过付费的方式来维护生态功能以获取一定的生态系统服务。生态经济学、资源经济学和环境经济学等学科中的生态系统服务、外部性和公共物品等理论为构建合理的生态补偿机制提供了理论基础和方法工具。

补偿主体（利益相关方）、补偿标准和补偿方式是构建生态补偿机制的主要内容，即谁来补、补给谁、补多少和怎么补。由于制度环境的差异，以及产权、经济和社会发达程度的差别，国际上对生态补偿及其机制在概念和实践上存在着较为明显的差异，这些差异主要表现为政府和市场作用在生态补偿构建中的差异。在西方发达国家，由于产权完善，容易在发达的市场机制下构建起自愿性的生态补偿机制。然而对于经济社会发达程度相对较低的我国及其他发展中国家，在缺乏完善的产权制度和市场机制的情况下，政府作用的缺位和越位，都会导致构成生态补偿机制主要内容，特别是补偿对象与标准的错位。

因此，我国生态补偿机制的构建，一方面，要依赖于产权制度和市场机制的不断完善、政府财力和各社会主体支付能力与意愿的持续提升；另一方面，生态补偿也往往与补偿双方区域和居民的发展问题交织在一起。这些问题，使得我国生态补偿呈现出明显的复杂性，集中表现在多种补偿方式选择下，生态补偿的支付方、受偿方和补偿标准的确定存在着明显的多样性变化和不确定性结果。

（二）我国生态补偿机制发展现状

构建完善的生态补偿机制，对于生态文明建设具有重要的理论和现实意义，受到党和国家的高度重视。2005年，党的十六届五中全会首次提出按照谁开发谁保护、谁受益谁补偿的原则，加快建立生态补偿机制；党的十八大报告明确要求建立和实行生态补偿制度，党的十八届三中全会进一步将这一制度列入全面深化改革的重要内容。全国人大第十一届四次会议就建立生态补偿机制问题作了专门阐述，连续三年将建立生态补偿机制作为重点建议。2005年以来，国务院每年都将生态补偿机制建设列为年度工作要点，并于2010年将研究制定生态补偿条例列入立法计划。中央和各级地方政府为生态补偿政策的实施进行了巨大的财力投入，仅中央财政从2001年到2012年就累计安排了2500亿元专项资金投入生态补偿领域；此外，1998～2012年，国家还累计投入了8000亿元生态建设资金，其中相当比例用于促进地区发展转型和对直接利益相关者进行经济补助。

经过近年来各地区、各部门对生态补偿机制建设的积极探索，在森林、草原、湿地、流域和水资源、矿产资源开发、海洋以及重点生态功能区等领域取得了积极进展和初步成效。在科学发展观的指导下，构建和完善生态补偿机制已经被写入国家和大多数地区的综合和部门发展规划中，并且以不同形式体现在近年来的法律法规制定和修订中。中央政府进行了积极的实践探索，初步构建起生态补偿机制的框架体系，建立了森林生态效益补偿基金制度和草原生态补偿制度，探索建立水资源和水土保持生态补偿机制，形成了矿山环境治理和生态恢复责任制度，构建了重点生态功能区转移支付制度；各级地方政府在深化完善国家生态补偿机制及其配套制度的同时，也积极进行了具有地方特色、满足地方需求的生态补偿试点。

我国生态补偿机制的初步构建，在一定程度上理顺了使用者责任和保护者权益，为国家生态环境恢复建设和保护生态环境注入了新的活力，并且促进了地区经济社会发展。更重要的是，生态补偿机制的初步探索，改善了全社会的社会生态价值观和环境价值观，并且积累了丰富的工作经验，也使生态补偿问题的复杂性在探索中逐步得以呈现并加以解决，为建立和健全生态补偿机制，实施生态补偿制度，推动生态文明建设，打下了良好的社会基础和制度基础。

二 河南省构建生态补偿机制的重要意义

构建生态补偿机制，完善生态补偿制度，对河南省破除生态环境保护困境，推动生态文明建设，具有重要意义。构建有效的生态补偿机制，是构建新型城乡关系的一条重要途径，有利于形成资源环境开发利用与生态环境保护的合理利益格局，有利于改善河南省保护重要生态功能所面临的复杂形势和问题。

（一）是河南省建设生态文明和美丽中原的重要组成部分

党的十八大提出，保护生态环境必须依靠制度，将生态文明制度建设作为生态文明建设的重要组成部分。党的十八届三中全会进一步地将生态文明体制改革作为全面深化改革的重要组成部分，首次提出紧紧围绕建设美丽中国深化生态文明体制改革，加快生态文明制度体系建设。生态补偿制度是生态文明制度的一个重要组成部分，也是生态文明建设的重要组成部分，对于河南省建设生态文明和美丽中原具有重要意义。

2011年国家出台了《国务院关于支持河南省加快建设中原经济区的指导意见》，要求河南省加强生态建设，并且着重提出加大对重点生态功能区财政转移支付力度，建立丹江口库区、淮河源头生态补偿机制。2012年国家发改委发布《中原经济区规划》，提出将对列入国家主体功能区规划的禁止开发区和限制开发区进一步加大转移支付力度；鼓励省内同一流域上下游生态保护与受益区之间开展横向生态补偿；加强国家级公益林森林生态效益补偿工作。在河南省"十一五"和"十二五"国民经济和社会发展以及部分部门规划中，均对构建生态补偿机制和实施生态补偿政策做出相关的阐述。2013年1月23日河南省政府工作报告提出，把生态文明建设融入中原经济区建设全过程，努力建设美丽中原，落实生态省建设规划，实施林业生态省提升工程。在《河南省生态省建设规划纲要》和《河南省林业生态省提升工程规划（2013～2018）》里，构建生态补偿机制均被列为重要的建设任务和建设目标。

（二）是构建新型城乡关系的重要途径与体现

党的十八大报告提出，要形成以工促农、以城带乡、工农互惠、城乡一体的新型工农、城乡关系。城镇，是现代社会经济活动的中心，也是现代社会创造财富的中心。然而不可否认的是，城镇空间的有序扩张、现代经济社会的健康可持续发展，仍然依赖于乡村地区向城镇提供的各项服务，特别是生态系统提供的产品、调节、文化和支持服务，以及城镇发展所处地区的资源环境的基础支撑作用。

在传统经济发展模式和体制机制下，乡村地区向城镇提供的这些服务与支撑条件，由于缺乏合理的价值化表达，一直被城镇发展所廉价或者无偿获取。在乡村地区，由于生态系统和资源环境不能带来合理的经济效益，导致生态环境保护的经济激励机制缺失，进而致使生态系统服务功能和资源环境条件发生退化。这一结果，反过来对城镇和乡村地区发展都产生了不利影响，特别是对乡村地区发展产生了更为不利的影响，提高了农业生产和乡村居民生活的脆弱性和风险性。

构建合理的生态补偿机制，建立起城镇地区向乡村地区在生态环境保护方面的经济激励机制，既符合尊重自然和环境正义的环境伦理原则，又能形成城市反哺乡村、工业反哺农业和生态环境的新型城乡关系格局，对于有效地推动城镇资金、技术和管理向乡村地区扩展，为乡村地区经济社会发展和转型升级注入新的活力，从而降低其对自然生态系统的依赖程度和损害风险，具有重大意义。

（三）有利于形成资源环境开发利用与保护的合理利益格局

党的十八大报告明确提出，要建立反映市场供求和资源稀缺程度、体现生态价值和代际补偿的资源有偿使用制度和生态补偿制度。在传统的资源环境开发利用中，往往过于关注经济效益而忽视生态环境代价，其结果往往是开发利用者和资源利用行业受益,而资源环境及其所在地社群利益受到损失。这种利益格局如果单纯利用行政手段进行调控,往往导致生态环境保护的低效性和不确定性,容易扭曲受益者与保护者和当地社群之间的利益关系。

按照谁开发谁保护、谁受益谁补偿的原则,构建生态补偿机制,通过生态补偿使外部性成本和外部性效益内部化,建立起资源环境开发利用和生态系统服务受益者向生态环境保护者和重要生态功能区、典型脆弱生态区社群的利益补偿机制和经济激励机制,能够推动资源集约节约利用和生态环境严格保护的市场机制和生态意识的发展和提升,从而最终形成资源环境开发利用与保护的合理利益格局。

(四)有利于河南省重要生态功能的保护

河南省在全国生态建设中具有重要的地位,其资源环境问题也有一定的特殊历史性。一方面,是黄河、长江、淮河和海河等大江大河干流及其重要支流的通道和发源地,南水北调中线工程的重要水源地和调水通道,生态功能独特性明显。另一方面,河南省矿产资源丰富,资源开发利用历史悠久,资源环境问题的历史性和现实性独特。同时,河南省西部山地盆地地区也是西部生态环境脆弱地区向东部粮食核心区和人口密集分布区过渡的重要生态屏障,生态功能重要;也是我国第二阶梯向第三阶梯过渡地带和南北气候分界带,生物多样性丰富、生态系统脆弱性明显。

当前,由于缺乏合理的利益协调机制和经济激励机制,再加上经济社会发展相对落后,河南省重要生态功能的保护缺乏足够的政策和经济支撑。构建合理的生态补偿机制,能够在很大程度上从根本上解决生态环境保护所面临的这些问题,从而形成集约节约利用资源和严格保护生态环境的经济基础和体制机制支撑。

三 河南省生态补偿机制发展现状

以国家重大工程和国家生态补偿政策为依托,河南省初步构建起了基本的生态补偿机制框架,并且通过积极探索,建立起了若干重要资源环境领域的生

态补偿机制，形成了多样化生态补偿机制，为进一步深入探索和构建完善的生态补偿机制奠定了良好的基础。

（一）初步构建起了基本的生态补偿机制框架，对生态建设和生态保护的社会主体和地区实施经济补偿

进入21世纪以来，随着国家大规模生态建设工程和以南水北调为代表的国家大型水利工程在河南省的实施，以及中央森林生态效益补偿基金制度、重点生态功能区转移支付制度和对国家级自然保护区、国家级风景名胜区、国家森林公园、国家地质公园等禁止开发区经济补助措施的建立和开展，河南省已经初步构建起了基本的生态补偿机制框架。

截至2012年，河南省已经完成了天然林保护、退耕还林、重点地区防护林、造林补贴试点、森林抚育补贴试点等国家林业重点工程项目建设任务，有国家级自然保护区11处；国家级森林公园30个，面积11.98万公顷；国家级湿地公园10处，面积2.75万公顷。此外，自2002年河南省实施退耕还林工作以来，目前全省已建成生态公益林2411万亩，其中国家级公益林1931.94万亩，国有国家级公益林每亩每年补助5元，集体和个人所有的国家级公益林补偿标准从最初的每亩每年5元提高到2010年的10元和2013年的15元。南水北调水源地生态补偿也正在全面推进，中央财政已累计安排河南省南水北调中线水源区6县（市）生态转移支付资金21.26亿元；2013年3月，国务院批复了丹江口库区及上游地区对口协作工作方案，北京市与南阳市、三门峡市、洛阳市的对口协作工作正在扎实推进中。

（二）以经济手段加强资源环境保护力度，初步构建起了若干重点资源环境领域生态补偿机制

2008年，河南省出台《河南省沙颍河流域水环境生态补偿暂行办法》，2009年印发了《河南省沙颍河流域水环境生态补偿奖励资金管理暂行办法》，开展流域水环境生态补偿试点。根据暂行办法，补偿金计算的依据为《河南省地表水责任目标断面检测通报》中的监测数据，按周计算补偿金，扣缴的生态补偿金主要用于流域内生态补偿及水污染防治、环境监测监控能力建设和

对水环境责任目标完成情况较好的省辖市的奖励等。2009年，河南省出台《河南省海河流域水环境生态补偿办法（试行）》，将试点工作进一步扩大到海河流域。2010年，在局部试点的基础上，又进一步出台了《河南省水环境生态补偿暂行办法》，开始在全省范围内实施水环境生态补偿，建立起全省水环境生态补偿机制。依照河南省建立水环境生态补偿通知精神，各地级市出台了市域水环境生态补偿办法，建立起地区水环境生态补偿机制。

2004年3月，河南省即在全国较早宣布开始进行二氧化硫排污权交易和二氧化硫排放许可制度试点。然而，由于监测体系、市场供求和分配机制的不完善，排污权交易遭遇四年零交易尴尬。2009年11月起，河南省选定焦作、洛阳、平顶山和三门峡4个市作试点，至2011年9月份已经实现排污权交易413笔，资金额8935万元。2012年起，开始在部分重点行业开展排污权确认，对新建项目实行排污权有偿使用，逐步将排污权有偿使用和交易推广到全省范围。2013年9月26日，河南省人大常委会通过《河南省减少污染物排放条例》，将排污权有偿使用和交易、生态补偿正式写入地方条例，形成法律效力。

（三）积极利用政府间和国际机制，初步发展了多样化生态补偿机制

河南省积极利用政府间合作，探索通过利用国际资金发展多样化生态补偿机制。中德财政合作河南省农户林业发展项目是河南省利用财政部和德国政府政府间合作协议，使用德国政府赠款，通过加强贫困地区林业建设，改善生态环境，推动农民脱贫的中德政府间合作项目。该项目启动于2007年，总投资为1200万欧元，计划实施8年，采用"自下而上"的参与式规划模式和农民意愿与营林技术相统一的工作策略。项目的实施，一方面推动了河南省林业建设和管理模式的发展；另一方面农民也通过获取劳务补偿和林业收益的方式，获取经济收益。截至2012年底，已累计完成营造林28841.4公顷，投资10130万元，其中从德方回补资金5108万元；共签订营造林合同5087份，受益农户达10914户。

2013年，河南省在探索利用国际机制获取生态补偿方面实现了新的突破。

2009年1月，郑州市公交总公司与瑞士格鲁特咨询公司签署合作协议，开始在清洁发展机制（CDM）下申报"郑州快速公交系统（BRT）工程"项目。经过考察、核实、认证、注册和核查，2013年1月，第一笔核证减排量116155吨获由联合国CDM执行理事会签发，并且在国际碳交易市场成功交易，取得91.06万欧元收益。

此外，河南省2013年还成功申请到全球环境基金林业可持续管理的部分赠款项目。依托这些赠款项目，河南省将试点森林认证和碳汇监测，以在保护生物多样性、森林资源可持续利用、森林服务生态补偿和碳汇交易等领域进行有益探索。

四 河南省生态补偿机制发展面临的形势与存在的问题

尽管在构建生态补偿机制方面取得了一定的成效，但是由于经济社会发展相对落后，并且存在着区位和自然环境的特殊性条件，河南省仍然亟待克服自身劣势，争取国家层面更多支持，努力在耕地及土壤等重要领域进行积极的实践探索，并且积极与周边省份建立起对话和协商平台，逐步构建起完善的生态补偿机制。

（一）河南省生态补偿机制发展的基础能力和国家层面支持仍然不足

河南省经济社会发展水平相对较低，人口多、底子薄、基础弱、发展不平衡是河南省基本省情。与全国其他地区相比，河南省人均经济指标大多低于全国平均水平。2012年，河南省人均国内生产总值在全国仅排在第23位，在岗职工平均工资仅37958元，居全国第30位。财政收支方面，河南省2012年人均公共预算财政收入和支出分别位于全国倒数第二和倒数第一。社会发展方面，河南省城镇化率仅为42.43%，远低于全国平均水平。目前，政府购买是大多数国家和国内大多数地区开展生态补偿的最主要资金来源。相对落后的经济社会发展水平，一方面使得河南省发展生态补偿机制的财政能力和投入水平相对不足；另一方面也意味着推动社会参与，构建多元化生态补偿参与机制和市场机制的经济和社会基础较弱。

从来自国家层面的支持来看,目前国家生态补偿的重点区域在西部生态环境脆弱和大江大河上中游地区,重点领域是林业、草原、矿山和重要流域湖泊生态环境。尽管河南省有相当范围的重要生态功能区和生态环境脆弱地区已经进入国家生态补偿的支持范围,然而由于典型性相对不足,获得的支持力度有限。例如,在国家重点林业工程里,河南省建设资金自筹比例相对较高;在其中的退耕还林工程中,河南省荒山造林与退耕比例相对较高。此外,一些特殊生态功能区,例如黄河下游滩区和大别山—桐柏山区,获得的国家生态补偿政策支持力度还相对较弱。

(二)耕地及土壤等重要领域生态补偿机制有待探索实践

河南省作为传统的农业大省,是全国最古老的农业开发区之一。截至2005年,河南省耕地面积占全省土地面积的比重为47.88%,土地利用率为87.25%,两项指标均居全国前列。农业生态系统,是河南省最大的生态系统,在河南省生态文明建设中具有极为重要的作用。

河南省水土流失仍较严重,农业面源污染趋势增强。全省轻度以上水土流失面积占总面积的21%。2005年,全省农用化肥施用平均折纯量为720千克/公顷。在总耕地面积变化不大的情况下,农用化肥施用折纯量从2005年的518.14万吨增加到2012年的684.43万吨。相应的,农药塑料薄膜使用量和农药施用实物量分别从2005年的10.84万吨和10.51万吨,增加到2012年的15.52万吨和12.83万吨。农业生产的这种粗放型增长模式,将对农业生态系统产生巨大压力,亟待通过有效机制推动环境适宜型农业生产模式的发展。然而,目前国家还未将耕地及土壤生态环境纳入生态补偿体系中;从笔者掌握的资料来看,还没有发现河南省在此领域进行有效的生态补偿机制探索。

(三)现有重点领域生态补偿机制仍然不完善、不协调

在国家生态补偿框架下,河南省初步构建起生态补偿机制框架,初步形成了协调资源环境利用中各利益相关者相关利益关系的合理格局,对于促进资源集约节约利用和有效保护生态环境产生了重要意义。然而,现有重点领域生态

补偿机制仍然存在着许多不完善、不协调的地方。

一是河南省生态补偿存在明显的条块分割问题，政策法规建设滞后。目前，河南省生态补偿主要由相关部门主导，其中主要是林业、环保、水利和移民办等部门，部门之间缺乏有效的协调机制，导致生态补偿工作在区域、领域和环节上存在重叠和空白的现象明显。此外，生态补偿机制大多构建在部门法规上，缺乏系统性和可操作性。

二是补偿主体还有待进一步明确化和多样化。例如，在水环境生态补偿中，付费和受偿的主体都是地方政府，在强调政府责任的同时，忽略了居民、企业和第三方利益相关者等经济主体的作用，既不利于补偿意识的建立和受偿者权益的保护，又不利于形成生态补偿的多方参与机制，各方参与生态建设和生态保护的自愿性不足。

三是补偿标准争议较大。在多数生态补偿领域，往往使用单一的补偿标准，既缺乏相应的市场机制，又缺乏科学的标准核算体系，补偿标准争议较大，导致其激励和约束效果受到一定的影响。

四是生态补偿的市场机制和补偿方式多样化方面还有待继续完善和丰富。除了在排污权有偿使用和交易方面形成了一定的市场机制，其他领域生态补偿还都没有形成有效的市场化途径。原因是多方面的，除了部分领域的生态补偿由于自身的特殊性，不具备市场化的特质，更多的是缺乏科学有效的监测和核算方式。此外，一部分生态系统退化和资源环境问题的发生，还与地区经济社会发展相对落后、经济结构不合理、生产力水平低下、管理方式落后和居民贫困存在着较强的耦合性，亟待通过多样化的生态补偿方式来作为补充。

（四）横向生态补偿机制发展不足

河南省地处中原，区位独特，建立省际横向生态补偿机制具有重要意义。特别是在流域生态系统里，河南省既需要通过同上游地区利用生态补偿机制来保障自身生态环境，特别是水生态环境的安全；又需要通过构建合理的生态补偿机制，减轻加强生态环境建设对地区经济和社会发展的影响。

然而，在目前国家横向生态补偿机制尚未形成的情况下，除了在南水北调水源地实施的下游受水区对水源地进行生态补偿和对口支援机制外，河南省还未与周边省份和其他上下游省市之间形成明显的横向生态补偿协商与合作。

五 河南省构建生态补偿机制的对策建议

构建系统有效的生态补偿机制，需要建立在理论创新和实践探索基础上的制度建设。从加强生态环境保护体制机制创新，加快生态补偿制度建设的现实需求和发展需要出发，河南省需要加强制度建设，深入开展理论创新和实践创新，并且进行重要领域生态补偿机制的特色探索，推动省际生态补偿机制发展，进一步健全和完善生态补偿机制。

（一）加强体制机制创新，完善生态补偿制度

河南省已经初步建立起了生态补偿机制框架，并且已经初步形成了排污权有偿使用和交易的市场机制，并且正在努力构建碳交易体系。为了破除目前生态补偿机制构建存在的问题，建立健全生态补偿制度，进一步推动生态文明建设，河南省要坚持加强顶层设计和摸着石头过河相结合，整体推进和重点突破相促进，注重生态补偿各领域各方面以及与其他生态文明制度建设过程中的系统性、整体性、协同性，必须加强体制机制创新，加快生态补偿制度体系建设。

鉴于国家生态补偿制度建设也正处于逐步完善过程中，专门的生态补偿立法正处于攻坚阶段，为了将当前河南省内生态补偿机制发展的近期需求与长远发展结合起来，建议河南省可以先借鉴其他已经在生态补偿制度建设领域较为发达省份的经验，先行推出省市两级的"关于加快建设生态补偿制度的指导意见"（简称"意见"）、配套办法和市县两级的"关于生态补偿的工作方案（或实施方案）"（简称"方案"），建立起专门的生态补偿基金，为以后立法工作和逐步实施做好准备。在意见里，主要提出构建生态补偿机制的原则、主要领域、重点区域，政府和市场在生态补偿中的作用。配套办法按照领域出台，主要确定生态补偿的主体及其角色、补偿标准及其形成方式和补偿方式，以及生态补偿的实施范围或者试点范围。方案是对配套办法在实施过程中按照

地方特点的细化,明确具体的补偿客体和主体,具体的标准和方式,以及资金筹措和分配方式。

(二)加强理论研究和实践探索,进一步健全和完善生态补偿机制

构建科学合理地生态补偿机制,离不开科学的理论指导和在实践中的检验与深化。河南省应该坚持加强顶层设计和摸着石头过河相结合,继续加强重点领域和重点区域生态补偿的理论研究,强化生态补偿的实践探索。

在理论研究方面,着重于生态补偿机制和相关技术方法研究。一是加强生态补偿机理的研究,着重从经济学、生态学和生态经济学等角度,研究生态补偿的微观作用机理和宏观演变过程及两者之间的关系,明确生态补偿中主要利益相关者的利益相关关系及其在补偿中的演化,科学界定补偿主体,并结合试点经验和教训,构建科学合理的补偿机制。二是加强生态补偿制度研究,着重研究在生态补偿过程中政府与市场的角色和作用以及两者关系,科学界定政府主导和市场机制的边界范围,结合试点经验和教训,探索生态补偿制度体系的构建方式。三是生态补偿监测体系和补偿标准核算体系的构建,着重从生态经济学和环境经济学的角度,研究生态功能、环境指数和生态环境效益等生态补偿客体保护的监测体系和监测方法,结合补偿成本、补偿效益、补偿意愿、支付能力和建设能力等因素确定支付和补偿标准。四是主要从生态学和环境学的角度出发,确定生态补偿的重点领域和重点区域,科学合理地划分主体功能区和生态功能区的边界范围,以及各行政区域和功能区域环境预算。

在实践探索方面,着重典型区域试点,推动重点领域深化探索,加强利用国内外市场化生态补偿机制的实践指导。一是探索实行全域生态补偿。建议选定经济发达程度在河南省内具有典型性的市县两级行政区域若干进行试点,探索完善生态补偿机制和加快生态补偿制度建设的途径。二是探索推进重点领域生态补偿向更深层次发展。根据生态补偿领域的不同,加快生态保护领域生态补偿标准的市场化形成机制探索,推动生态服务和资源环境领域生态补偿市场的建设。三是加强对利用清洁能源机制等国际生态服务交易机制获取生态环境保护支持的指导。建议通过引进国内外咨询服务机构,在科研院所建立相关机制和政策研究机构,并鼓励省内建立相关咨询服务机构等方式,一方面强化在

此领域的服务能力,另一方面也为省内建立生态补偿的市场机制和做好市场服务奠定良好的基础。

(三)加强重要领域生态补偿机制探索,争取纳入国家生态补偿试点

河南省历史悠久,人口多、底子薄、基础弱、发展不平衡,生态补偿机制的构建,必须充分认识到由其问题的历史性、现实性和阶段性特征所构成的典型性特点,推动脆弱生态区、湿地和耕地及土壤等领域生态补偿机制探索,争取纳入国家生态补偿试点。

构建河南省脆弱生态区和湿地生态补偿机制,面临着居民家庭贫困、人口密度大和区域经济社会发展水平较低等问题,但也存在着自然条件相对较好、处于城镇化快速发展时期等优势条件。河南省可以尝试充分利用自身优势条件,通过生态移民和土地多功能利用,争取在国家生态补偿试点的支持下,探索出一条构建造血式生态补偿机制、实现脆弱生态区和湿地可持续发展的道路。

河南省在保障国家粮食安全中占有重要地位,但农业生态系统存在的潜在隐患和现实问题亟待解决。河南省可以尝试通过加强对农业生态系统服务和生态环境友好型农业生产模式的研究,探索提升农业生态系统效益道路,争取在国家生态补偿试点的支持下,探索能够利用经济机制调动农业生产者积极采纳科学生产方式,促进农业生态系统可持续发展和提升生态效益的生态补偿机制。

(四)探索协商与对话机制,推动省际生态补偿机制发展

由于河南省区位特征独特,生态环境保护面临着上下游的双重压力和双重需求。因此,河南省应该积极探索以流域为主线,以多省联席协商与对话为主要方式的省际生态补偿机制。

以南水北调水源地生态补偿为契机,河南省获得了通过协商与对话,探索省际生态补偿机制的良好机遇。河南省应牢牢把握历史机遇,加强对省际生态补偿机制的深入探索,深入研究在省际生态补偿中,利用协商和对话建立起包

括产业扶持、财政支持和智力支援等在内的非经济补偿机制，构建起建立在有效监测和科学评估基础上的经济补偿机制。在此基础上，积极推动构建黄河、淮河和海河流域相关省市的省际生态补偿机制，努力在重点领域争取国家试点支持。

参考文献

中国生态补偿机制与政策研究课题组：《中国生态补偿机制与政策研究》，科学出版社，2007。

韩鹏：《典型脆弱生态区生态补偿机理与模型研究》，中国科学院地理科学与资源研究所，2011。

徐绍史：《国务院关于生态补偿机制建设工作情况的报告》，第十二届全国人民代表大会常务委员会第二次会议，2013年4月23日。

河南省环境保护厅：《2012年河南省环境状况公报》，2013年6月4日，http：//www.hnep.gov.cn/tabid/435/InfoID/7068/frtid/432/Default.aspx。

中华人民共和国国家统计局：《中国统计年鉴2013》，中国统计出版社，2013。

河南省统计局、国家统计局河南调查总队：《河南统计年鉴2013》，中国统计出版社，2013。

B.20
健全河南生态环境保护制度研究

赵 执*

摘 要： 健全的生态环境保护制度是河南大力推进生态文明、加快建设美丽中原的重要保障和必由之路。本文在充分认识到健全生态环境保护制度重要意义的基础上，系统分析了河南生态环境保护的现状、面临的主要形势及存在的突出问题，并有针对性地提出健全河南生态环境保护制度的政策建议，主要包括加快体制机制创新、完善相关法律和技术体系建设、加强人才队伍和科技研发能力建设，以及增强执法宣传能力等，可为河南持续探索"两不三新"三化协调的科学发展路子，加快推进生态文明建设进程提供参考。

关键词： 河南省 生态环境保护制度 政策建议

党的十八届三中全会指出，"建设生态文明，必须建立系统完整的生态文明制度体系"，要"用制度保护生态环境"。近年来，河南积极开展生态建设、大力加强环境治理、不断地完善生态环境保护的制度体系，全省的生态环境质量得到进一步的改善。但是面对依然十分严峻的生态环境形势，以及经济社会快速发展给资源环境带来的巨大压力，河南生态环境保护制度中存在的弊端日益凸显。在全省积极探索不以牺牲农业和粮食、生态和环境为代价的新型城镇化、新型工业化、新型农业现代化"三化"协调科学发展的新路子之际，进

---

* 赵执，河南省社会科学院助理研究员。

一步健全生态环境保护制度，有利于切实保护生态环境、保障科学发展和保护人民群众的权益，为河南经济社会发展提供环境支撑，并加速推进绿色中原、生态中原和美丽中原的建设进程。

一 健全生态环境保护制度的重要意义

生态环境保护制度，是人们在利用资源和保护环境过程中必须共同遵守的办事规程或行为准则。生态环境保护制度建设包括制定相关法律法规、确定执行和监督的体制、建立各主体之间的互动机制，以及制定激励和约束的政策等。河南省已经跨入城镇化和工业化加速发展的阶段，健全生态保护制度对严格保护生态环境，实现可持续发展和推动生态文明建设具有重要意义。

（一）是严格保护生态环境的根本保障

近年来，河南省生态环境总体向好，但在经济增长和社会发展的压力下，生态环境保护所面临的形势仍十分严峻。特别是一些突出问题和突发事件，例如雾霾、土壤和河流污染等，引起了一系列不良的社会后果，凸显了生态环境保护问题的严重性。生态环境保护已经成为与人民群众利益休戚相关的社会敏感问题。

自然环境与社会环境之间是相互联系、相互影响的有机统一体。生态环境的变化不仅仅是一个自然过程，同时也是与人们的日常社会实践活动和政府的制度安排等相关联的社会过程。因此，要解决当前的资源和环境问题，单纯依靠科学技术的力量是行不通的，还必须通过建立健全生态环境保护的制度来规范人们的行为。

党的十八届三中全会明确指出，"保护生态环境必须依靠制度"。这表明了我们党已经充分认识到，随着经济社会发展水平的高度发达，资源环境利用和保护领域的复杂性日益增强，健全生态环境保护制度已经成为河南省实现严格保护生态环境这一目标的根本保障。

（二）是实现可持续发展的必由之路

目前，河南正处于经济社会发展的转型期、资源环境承载力的高压期，以及环境问题爆发的集中期。河南省人口众多、底子薄弱、人均占有量低、发展不均衡，生态环境脆弱、污染物排放积累严重、资源利用集约型差等资源环境和生态问题，已经严重影响到人民的正常生产生活与经济社会可持续发展。加强资源集约节约利用、严格保护生态环境，仍是河南省实现可持续发展的薄弱环节和迫切任务。

在这样的省情条件下，河南省要实现资源环境的永续利用和经济社会可持续发展，必须要求建立起科学合理的生态环境保护制度，以实现对生态环境的有效保护。因此，进一步健全生态环境保护制度，完善相关法律法规，理顺生态环境保护的治理体制，构建能够推动各主体之间良性互动的保护机制，形成促进生态环境保护政策环境，成为河南省实现可持续发展的必由之路。

（三）是推动生态文明建设的必然要求

建设中国特色社会主义社会"五位一体"总布局要求加快推进生态文明建设。结合自身省情特点和实践经验，河南省提出了建设美丽中原、打造"美丽河南"的宏伟目标。但近些年秋冬季雾霾天气频现、大小河流污染事件频发的生态环境现状，凸显了在建设"美丽河南"切实保护生态环境的必要性和迫切性。

党的十八届三中全会指出，"建设生态文明，必须建立系统完整的生态文明制度体系"。这说明我们党已经充分认识到生态文明建设愈是向纵深推进，就愈需要健全制度体系来提供支撑和保障。因此，河南省应将建设生态文明作为社会经济发展的重要目标，围绕着"美丽河南"建设深化改革，加快建立健全生态环境保护制度，实行最严格的源头保护制度、损害赔偿制度、责任追究制度，完善环境治理和生态修复制度，用系统完整的制度来切实保护生态环境。

二 河南省生态环境保护现状

河南省地处中原，位于我国西部生态环境脆弱区向东部平原地区和南北气候过渡地带，地貌类型复杂，自然生态环境脆弱，经济社会发展面临的生态环境问题突出。为了改善生态环境状况，提升中原经济区建设和地区经济社会发展资源环境承载能力，提高可持续发展能力，河南省积极开展生态建设，加强环境治理，扎实推进污染减排工作，不断完善生态保护的制度体系，取得了积极成效。

（一）生态建设成效初显

开展生态建设，是保护生态环境，提高生态承载力的有效途径。2007年河南省发布《河南林业生态省建设规划（2008~2012年）》，开始以林业生态省建设为载体，积极开展生态建设。

经过五年的努力建设，生态建设取得初步成效。造林绿化成效明显，五年间共完成造林任务2546.6万亩，新增森林面积906.8万亩；截至2012年全省森林面积5756.5万亩，森林覆盖率接近23%，比2007年增加3.62个百分点。经济林、用材林和工业原料林培育，花卉和绿化苗木种植等林业产业稳步发展，2012年林业总产值达到1088亿元，农民从林业获取的人均纯收入达到593.8元。生态系统服务功能不断提升，在治理水土流失、防风固沙和固碳减排等方面发挥了有效作用，全省现有森林和湿地年吸收固定二氧化碳8713.5万吨，相当于全省当年总能耗排碳量的12.64%，进一步提高了生态环境的经济社会承载能力。

与此同时，全民生态意识不断提高，各地积极开展示范创建活动。共创建国家森林城市5个、全国绿化模范城市4个、国家级绿化模范县19个，建成林业生态县134个，河南省有42个县（市、区）正在开展生态县（市）建设，有11个县（市、区）的规划已经编制完成待论证，栾川、新县完成了省级生态县建设。全省建立不同级别、不同类型的自然保护区33处，总面积759134公顷，占全省国土面积的4.5%；其中国家级自然保护区11处，省级自然保护区20处。建立湿地类型自然保护区17处，总面积26.81万公顷，其中国家级自然保护区3处。建立国家级湿地公园10个，面积27507.25公顷。

（二）环境综合整治和污染减排成效显著

环境综合整治是以重点流域、区域和行业为单位，进行的全面系统污染防治和环境举措。河南省每年选定若干重点目标，先后对南水北调中线工程水源地、全省主要饮用水源地和贾鲁河、卫河、惠济河等流域，小水泥、小造纸、小耐火材料等比较集中的区域，化工（化肥）、医药、电力等高排放行业实施综合整治。2012年，全省各地组织实施了城镇集中污水处理设施升级改造，酒精、化肥、造纸和化工等涉水重点工业行业的污染防治，规模化畜禽养殖场和养殖小区的污染治理，以及机动车环保标志管理制度和建设完善垃圾填埋场渗滤液处理设施等措施，全面开展污染减排工作。通过淘汰落后生产能力和对企业进行深度治理，局部地区的污染物排放总量得到大幅削减，环境质量明显好转。

2012年，全省化学需氧量、氨氮、二氧化硫、氮氧化物排放量分别比上年下降3.00%、2.61%、6.90%和2.37%。地表水环境质量断面化学需氧量、氨氮平均浓度同比分别下降12.3%和23.0%；城市集中式饮用水源地取水水质累计达标率保持100%；城市地下水和水库水质总体状况良好；全省省辖市、省直管县（市）环境空气质量优、良天数累计百分比分别为89.3%、82.8%；城市建成区声环境质量级别为较好；全省自然生态质量状况良好；电离辐射环境质量保持在天然本底水平，电磁辐射环境质量状况继续保持良好水平。

（三）城镇环保基础设施建设扎实推进

加强环保基础设施建设，是有效改善环境质量，提高区域和城镇环境承载能力，提升可持续发展能力的有效途径。河南省已经逐步建立起了村组收集、乡镇运输、县（市、区）处理的生活垃圾收集处理体系和运行机制，并加强了城镇污水处理厂和生活垃圾处理场建设与管理。2010年，河南省在全国率先实现了"县县建成污水处理厂和垃圾处理场"的目标，所有已建成的城镇生活污水处理厂出水水质均达到国家标准。

截至2010年底，全省已建成污水处理厂146座，总污水处理能力达到631.55万立方米/日，年实际污水处理量为168340.6万立方米，年污水排放量为215832.63万立方米。全省城镇污水处理率为78%，其中城市污水处理率为82.6%、县城污水处理率为70%。建成配套污水管网8229公里，污泥处理厂7座，污泥处理率为31.5%。

（四）制度体系不断完善

在管理体制和机制上，河南省成立了由分管副省长牵头、政府多部门组成的河南省环境保护委员会，建立了政府环保目标责任制、领导干部考核责任制，实行环境保护问责制和"一票否决"制，推行了水污染生态补偿制度和排污权交易试点等环境经济政策。2013年，河南将污染减排纳入各地政府绩效考核，对不能按时完成减排任务的地方和企业实行问责制和"一票否决"制，并依法依规追究主要领导责任。在全国率先全面实施了主要污染物排放总量预算管理制度，有效地控制污染物排放总量，以资源环境约束推动地区经济转型发展。

在技术保障上，加强监测体系和技术标准体系建设。河南省历时五年，建成了环境自动监控系统，实现对全省水、大气和辐射等环境质量，以及重点排污企业污染物排放状况的自动监控全覆盖，为严格保护环境和推动环境保护机制创新创造了良好的条件。河南省注重完善技术标准体系建设，针对环境保护的重点和突出问题，编制了涉水涉重金属等重点污染行业的污染物排放标准，印发了《河南省重有色金属冶炼及压延加工行业综合治理技术规范》《河南省皮革及其制品行业综合治理技术规范》《河南省化学原料及化学制品制造业综合治理技术规范》和《河南省重有色金属矿（含伴生矿）采选行业综合治理技术规范》等相关文件，并且印发了《河南省农村生活污水处理技术规范》《畜禽养殖业污染源总量减排技术指导意见（试行）》等农村农业重点污染防治技术规范。

进一步完善了相关法律法规，为河南维护生态安全和保护环境提供了法律基础和制度保障。河南省近年来先后出台了《河南省生态公益林管理办法》《河南省建设项目环境保护条例》《河南省水污染防治条例》《河南固体废弃物污染环境防治条例》，以及《河南省减少污染物排放条例》等地方性法规。2013年9月，省人大常委会通过《河南省减少污染物排放条例》，以建立污染减排长效机制为重点，全面设定并形成污染减排政府责任制、主要污染物排放总量控制制度、排污许可制度、重点区域控制和限制制度，以及信息公开制度等"五大机制"；系统强化了结构调整、源头管理、清洁生产、循环经济、末端治理的全过程污染防治措施,并针对不同类别的污染物制定具体的防治措施;加强机动车尾气污染防治、油气回收管理、燃煤设施管制,以及物料、扬尘控制来重点突出大气污染防治措施,为河南省进一步强化污染减排提供了法制保障。

着眼于保护生态环境和提高生态承载力、可持续发展能力的长期目标,河南省加强了生态环境领域规划管理。2007年和2013年,河南省政府批准实施了《河南林业生态省建设规划(2008~2012年)》和《河南林业生态省建设提升工程规划(2013~2017年)》,以林业生态建设和林业生态功能提升来强化生态环境保护。2011年,河南省发布实施《河南省环境保护"十二五"规划》,并且相继出台和正在制定各项环保领域的专项规划,以规划促进环境保护工作。为了适应河南省经济社会发展和生态文明建设的新要求,2013年,河南省政府发布《河南省生态省建设规划纲要》,提出用20年时间全面完成生态省规划建设任务,推动全省经济发展方式转变,加快推进生态文明建设,全面提升河南省可持续发展能力。

三 健全生态环境保护制度面临的形势和存在的问题

近年来,河南不断强化生态环境保护制度的建设,扎实有效地推进生态建设和环境保护各项重点工作,为保护生态环境和改善生态环境质量奠定了良好的制度基础。但全省的生态环境形势总体上仍然十分严峻,工业化、城镇化和农业现代化的快速发展给生态环境保护带来更大的压力,并且生态环境保护制度本身也存在一些亟须解决的突出问题。

(一)生态环境形势仍然十分严峻

全省森林和湿地生态系统整体功能脆弱,抵御灾害的能力不足,难以满足新型工业化、城镇化和农业现代化对生态环境质量不断提升的要求。目前,河南省森林面积达到5756.5万亩,森林覆盖率增加到22.98%,湿地面积共110万公顷。然而,全省人均森林面积仅为全国平均水平的五分之一,森林覆盖率在全国排名为第二十位,湿地面积仅占国土面积的6.6%,整体保护率并不高。此外，全省森林资源不但总量不足，并且存在分布不均匀和结构不合理的突出问题，其中60%以上的林业用地、森林面积、森林蓄积面积分布在豫西伏牛山区，并且纯林所占比例较大又以幼、中龄林为主；湿地方面，个别地区由于矿山开发，以及大量工业废水和生活污水的排放，严重污染和破坏了湿地的生态系统平衡。在山区，宜林荒山荒地区域大多地势条件差、绿化难度较大，亟须抚育和改造中幼林和低质低效林。而在平原地区，由于土地开发历史悠久，生态环境十分脆弱，每年风蚀沙化、低温冻害等各种自然灾害频繁发生，严重影响农业生产，亟须完善农田防护林系统、治理大量的沙丘沙荒地。

环境容量的紧缺对河南经济持续发展的制约作用日益凸显，生态环境保护已经不能满足人民群众日益提高的环境质量要求。目前，河南省整体上水环境已无容量，大气尚存在部分容量，并且环境容量还存在着较大的区域差异。在全省的南部和东部部分地区还有一些环境容量的余量，但北部和西部，以及郑州部分地区环境容量已经严重超载，亟待通过加强环境保护基础设施建设和节能减排来减轻经济社会发展对敏感区域和全省生态环境保护的不利影响。与此同时，随着经济社会的快速发展，全社会对良好生态环境重要性的认识不断增强，人民群众对生态环境质量的期望也进一步提高，进一步增强了全省加强生态建设和改善环境质量的紧迫性。

（二）经济社会发展加大保护压力

近年来，河南经济发展继续保持平稳增长的势头，对资源和生态环境的压力进一步增大，面临着新型工业化、城镇化和农业现代化建设要求加大的困难和挑战，环境安全的形势十分严峻。

河南省产业结构总体低端化，环境资源利用效率较低、结构性污染问题比较突出，对河南省生态环境保护工作形成了严峻挑战。2012年，河南省工业增加值占GDP的比重高达57.1%，以能源和原材料工业为主的资源型产业增加值占全省规模以上工业增加值的70%左右，煤、铝等初级产品产量在全国排名靠前。河南省经济发展方式相对比较粗放，万元生产总值的能耗和水耗等低于国内平均水平，水、空气、农村等一些长期积累的环境问题尚未得到根本性的解决，重金属污染、危险化学品、机动车辆尾气污染、电子垃圾污染等新的环境风险不断涌现。新旧环境问题的交织涌现,在经济快速发展的环境下,使得河南省生态环境保护工作的复杂性和严峻性十分突出。

河南省已经进入城镇化加速发展时期,从2008年至2012年,河南省城镇化率平均增幅达到1.8%,2012年底达到了42.4%。城镇化进程的加快,使城镇范围不断拓展,城市基础设施建设强度增大。与此同时,城镇的扩展,导致农业、森林、湿地和水域等生态功能区面积不断缩小,原有生态系统功能遭到严重破坏。快速城镇化过程中,城镇人口快速膨胀,导致城镇生产生活垃圾、污水和废弃物排放大量增加,对生态环境形成了巨大压力。目前,工业和城镇居民生活产生的污水和废弃物排放,已经成为危害水环境和城市大气环境的主要因素,严重影响了城镇居民的身心健康,以及经济社会的可持续发展。

除此之外,农村和农业也成为新的主要生态环境压力。在农村地区,农村居民生活现代化程度的提高,使得生活废水和固体废弃物增长迅速。在农业生产中,化肥、农药和薄膜的推广使用日益成为保障粮食稳定增产的主要方式,养殖业规模化和集约化程度不断提高,造成了农业面源污染和规模养殖污染形势严峻。此外,部分重污染工业企业逐步由城市向乡镇、农村工业园区转移,地方特色产业发展中污染排放问题凸显。然而,由于环境保护基础设施比较薄弱,农村地区和农业生产中的污染防治工作滞后,造成农村环境呈现生活污染和工业污染交织、点状污染与面源污染共存的状况,河南农村环境综合整治任务依然非常艰巨。

(三)生态环保制度存在突出问题

在经济社会快速发展的严峻形势下,只有充分地重视和发挥制度对生态环境保护的引导作用,建立健全的、可行性强的制度去落实生态环境保护的各项具体任务,才能有效地推动河南生态文明的建设进程。然而,河南的生态环境保护制度仍然不健全,特别是还存在一些亟须解决的突出问题亟待完善。

首先,相关规章制度还不完善。特别是在辐射污染防治、环境应急管理和生态环境自动监控等河南生态环境保护工作的重点领域,国家已有的相关政策法规和标准与地方工作的实际要求存在一定差距。河南缺乏一系列符合自身实际需要的地方性法规和规章,来为这些领域的环保工作开展提供法律支撑。

其次，体制机制还未完全理顺。河南在生态环境保护目标考核和责任追究、生态环境保护决策、生态创建激励机制、环境治理和生态修复，以及生态环境监管等方面的工作机制还不够健全，需要进一步完善以加强和规范地方之间和部门之间的协作，确保生态环境各领域、各环节的各项任务切实有效地推进。

最后，缺乏有效的多元参与机制和民主监督机制。目前，河南有效的环境社会监督和参与机制还没有建立起来，特别是一些地方对生态环境保护中公众参与的重要性认识不足，甚至错误地将一些群众表达环境利益诉求的正常现象视作不和谐的社会因素等。这种错误认识在一定程度上影响社会公众参与生态环境保护的健康发展。因此，亟须加强生态环境信息的发布、健全相关配套机制体制，保障公民的知情权、参与权、表达权和监督权，让社会群众广泛、充分地参与到生态建设和环境保护当中。

只有尽快健全河南的生态环境保护制度，才能切实推进生态环境保护的各项工作，缓解当前生态环境的严峻形势，抓住工业化、城镇化和农业现代化的快速发展所带来的战略机遇，有效地改善河南的生态环境质量，加快推进河南的生态文明建设，实现河南省科学可持续发展。

四 健全生态环境保护制度的政策建议

河南省生态环境面临的严峻形势和存在的突出问题，既与河南省经济社会发展的历史性和阶段性特点密切相关，也反映出了其自身在制度建设方面存在的明显不足。健全河南省生态保护制度需要从体制机制创新入手，加快完善相应的政策法律法规体系，加强人才队伍和研发能力建设，并且切实增强执法宣传能力，形成保护生态环境的社会氛围。

（一）加快生态环境保护体制机制创新

针对当前生态环境保护体制机制中存在的问题，要以系统、高效、透明为目标，科学合理地画定生态红线和确定环境容量，充分发挥市场作用，创新生态环境保护体制机制，在推动生态保护时要把环境损害和生态环境效益纳入经济社会发展评价体系，科学制定生态环境保护目标体系，建立起激励生态环境保护积极性的考核办法和奖励机制，强化能够约束环境损害行为的经济惩罚和行政刑事处罚机制。

首先，要理顺管理体制，切实转变政府职能。理顺管理体制，就是要理顺人大、政府、政协和生态环境保护部门之间的责权关系。重点在于强化上级对下级的目标考核和任务考评，加大人大监督和政协参议力度，强化地方政府的生态环境保护责任，加强生态环境保护部门能力建设。切实转变政府职能，就是要使政府以生态环境建设和保护为主，转向以行政监督和执法检查为主，从管理型政府转变为服务型政府。重点在于加强行政监督和执法检查能力建设，将生态环境保护以事前管理为主向过程管理为主转变；深化创新审批体制改革，进一步简政放权，最大限度地减少对微观事务的管理；对保留的行政审批事项，要简化程序，规范流程，强化责任，提高效率，进一步提升环境管理效能。

其次，要科学合理地画定生态红线和确定环境容量，制定生态环境保护的目标和进度安排。一是加快省市县主体功能区和生态功能区划分，科学确定和严格遵守国土开发保护界线。二是按照人口资源环境相均衡、经济社会生态效益相统一的原则，科学确定区域环境容量，加快推进河南省环境预算机制发展。三是强化规划管理，科学制定和严格实施生态建设和环境保护及其相关规划以及各类专门规划，制定生态环境保护的目标体系，科学合理地安排实施工作和完成目标的进度，要加强规划的科学性和实施规划的严肃性。

再次，立足可持续协调发展，充分发挥市场作用，推动生态补偿制度发展。要以主体功能区划和生态功能区划为基础，加强在转移支付中财政资金和社会资源向保护区域倾斜，推动开发区域向保护区域实施补偿。进一步健全水环境生态补偿、排污权有偿使用和交易等现有环境保护市场机制，适时建立起全省及市县相关交易市场。逐步拓展市场机制到能够充分发挥市场作用的环境保护领域和以碳交易为代表的生态保护领域。对于难以充分发挥市场作用的生态建设和环境保护领域，要以可监测、可报告为原则，建立起以有效监测为基础，能够反映市场成本、生态环境价值和效益的补偿标准体系，实施生态补偿制度。

最后，转变生态环境管理方式，构建生态环境保护多方参与机制，形成政府、企业、公众协同保护环境的合力。坚持发挥各级政府的主导作用和公共财政的保障作用，加大公共财政向生态建设和环保基础设施以及监测体系的投入力度，健全部门联动机制，增强服务能力。强化企业主体责任，在开展资源环境有偿使用的基础上，建立环境保护责任追究和企业环境信用评价办法，加强和创新企业环境行为管理。加强环境信息公开，科学合理增加和拓展环境信息公开频次和范围，开展全民环境教育，加强重大环境事件社会应急服务能力建设，拓展公众参与环境规划、决策和管理的范围和方式，建立起公众参与机制。

（二）加快完善生态环境保护法律和技术体系建设

加强生态环境保护的政策、法规、标准和技术体系建设，是河南省实现以制度保护生态环境的根本保障，也是进行中原经济区"两不三新、三化协调"科学发展的必然要求。针对河南生态环境保护重点领域和重点行业的相关政策法规不健全的现实，亟须建立以符合河南实际的地方生态环境保护政策、法规体系的目标。

一是制定出台和逐步完善河南省生态环境保护的相关法律条例。加强生态环境建设和环境保护工作中关于生态建设、环境恢复、污染防治和应急管理等相关重点领域的基础立法工作，为生态环境保护提供法律支撑。

二是加强环境政策立法，建立和完善环境经济法律体系。推动排污权交易、生态补偿、环境价格政策、企业环境行为信用评估和污染损害责任保险等环境经济和企业环境行为评价立法，使生态环境保护新机制能够在健全的法律体系下落地运行。

三是强化重点流域、重点行业、重点区域生态建设、环境保护、污染物排放标准及其监测和控制技术规范体系的建立和完善。一方面，增强生态环境保护制度的可操作性，提升重点流域和重点行业的污染治理和防控水平；另一方面，使生态环境保护新机制，特别是市场机制和各种交易价格与补偿标准的市场化形成机制能够在合理分配、科学监测的基础上有效运行。最终为促进生态环境保护和发展方式转变，推动河南生态环境保护重点工作提供完善的技术标准保障。

（三）加强人才队伍和科学技术研发能力建设

健全生态环境保护制度，依赖强大的科学保护队伍建设和科学技术研发能力的智力和物质支撑。河南省需要通过加大基础研究和应用研究力度，逐步建立起立体多维的人才技术支撑体系，加强人才引进和培养。

一是加大基础研究和应用研究的投入力度。河南省应该加强生态学、环境学、生态经济学和环境经济学等基础学科建设力度，加强生态建设、环境修复、环境污染防治以及相关基础设施研发和管理技术的投入力度，通过加大学科规划建设、政策研究和科技支撑等科研项目支持，引导和加强生态环境保护政策、法律和科技投入，为完善生态环境保护制度奠定良好的科学技术基础。

二是建立起立体多维的人才技术支撑体系。通过加强国家级和省级生态环境保护政策研究中心、重点实验室和监测评估中心建设，建立起高水平理论研究和技术研发、科学规划和应急管理平台体系。通过加强省、市、县三级生态环境监测网络和信息网络，建立起市县完善，覆盖乡村的生态环境监测平台和网络。通过鼓励社会投资和拓展公共服务购买范围，推动生态环境保护服务社会化、市场化发展，建立起多维人才技术支撑体系。

三是加强人才引进和培养。以学科建设、科研项目和生态环境保护服务为导向，以人才技术支撑体系为平台，加大高水平人才和人才团队的引进力度，加强人才培养力度，建立起立足现实需求、面向未来发展的生态环境保护队伍。

（四）增强生态环境保护执法宣传能力

健全的生态环境制度，最终还需要依赖人的贯彻和落实。因此，切实有效地保护生态环境，需要建立起高效的执法体系和高水平执法队伍；更重要的是加强生态文明宣传教育，广泛地发动群众和争取社会支持，形成良好的社会环境。

首先，要加强执法能力建设。除了理顺生态环境保护执法体制之外，更重要的是加强执法规范和执法队伍建设。要根据生态环境保护的需要，根据各类社会主体的经济和社会行为规律，科学制定执法规范和程序。要加强执法人员科学知识和业务水平培训教育，做好普法、执法能力建设。

其次，要加强宣传教育和舆论引导。增强广大城乡居民的生态环境保护意识，在全社会牢固树立生态文明理念，让保护生态环境、建设生态文明成为人民大众和各社会主体共同的自觉行为。

再次，创新生态环境保护宣传组织和权益维权方式。政府应该鼓励、支持和引导成立民间群众性的生态环保组织，通过加强生态环境保护学术交流、知识咨询和科技成果推广等，普及生态环境保护知识和技术。不断拓展公众参与决策方式，允许和鼓励公众参与生态环境法律法规政策的制定、监督和检查等环境决策以及决策实施过程。通过组织环境公益诉讼等维权活动和信访接待活动，共同维护生态环境公共利益不受损害，缓解突出环境问题形成的社会矛盾。

参考文献

房广顺、姜帅：《保护生态环境必须依靠制度》，《大连日报》2012年11月29日。
郭庚茂：《爬坡过坎靠改革发力》，《人民日报》2013年11月25日。
徐东坡：《探索环境保护机制　建设生态美丽中原》，《河南日报》2012年12月19日。
河南省人民政府：《河南生态省建设规划纲要》（豫政〔2013〕3号）。
河南省环境保护厅：《2012年河南省环境状况公报》，2013年6月4日。
河南省人民政府：《河南林业生态省建设提升工程规划（2013~2017年）》（豫政〔2013〕42号）。

Abstract

At the Eighteenth National Congress of the CPC, it was declared that we should stay on the Chinese-style path to industrialization in a new way and advance informationization, urbanization and agricultural modernization. At the 2012 Central Economic Working Conference, it was stressed the country should focus on improving the quality of urbanization. "The Decision on Major Issues Concerning Comprehensive Deepening of Reform", approved by the Third Plenary Session of the 18th CPC Central Committee, stated clearly that the country should improve urbanization, stay on the road of urbanization with Chinese characteristics, and build a healthy urbanization that puts people at the center. At the same time, the country should persist in the coordinated development of large, medium and small cities and small towns, industrial and urban development, urbanization and new rural construction. The country should also persist in the optimization of the urban spatial structure and pattern of management, and in enhancing the comprehensive carrying capacity of cities. It has become an important strategic task to promote new urbanization scientifically.

As a populous province that depends heavily on agriculture, it is a historic task to advance urbanization in the process of modernization in Henan scientifically, which will influence the overall situation of Henan's current and future economic and social development. In 2013, Henan province continued to pay attention to new urbanization, and whose main tasks included conducting registration for rural migrant workers as permanent urban residents in an orderly way, strenthening the construction of the vehicle for urbanization, further optimizing the urban morphology, and completely reinforcing urban and rural constructionand management. Then through these measures, Henan province achieved rapid development of urbanization, enhanced the overall carrying capacity of cities, promoted integrated and coordinated development of industry and urban, and speeded up the pace of urban-rural integration. However, the development of new urbanization still confronts a series of problems, such as poor urbanization quality, low industrial clustering ability, inadequate emissivity from central cities, deficient institutions and mechanisms. Thus, we must recognize the new urbanization situation, foresee clearly the developing trend of new urbanization, and take effective measures to explore a suitable way with characteristics of central China to develop new urbanization in Henan.

Annual Report on Urban Development of Henan Province (*2014*), with the theme on promoting new urbanization based on science and the reality of Henan province, analyzed the main measures and achievements Henan has taken and achieved in promoting new urbanization, as well as existing problems, then pointed out the direction and policies for further advancing the new urbanization in the years to come. This report is completed by experts and scholars from Henan Academy of Social Sciences and other institutions.

This book discusses Henan's promotion of new urbanization based on scientific principles from different perspectives and all directions, and includes two parts: General Reports and Monographic Reports. The General Reports has two articles, Practice and Exploration in Advancing New Urbanization According to scientific Prineiples Analysis of Current Situation and Future Outlook of New Urbanization Development in Henan Province in 2013 - 2014 and The Urbanization Quality Evaluation Report for Henan Province. The Scientific Advance of New Urbanization in the Practice and Exploration summaries the achievements and problems in the promotion of Henan's urbanization in 2013, forecasts the trend of the new urbanization in Henan in 2014, and explores relative policies and suggestions. The Urbanization Quality Evaluation Report for Henan Province set up a regional urbanization quality evaluation system from 5 dimensions, including population, economy, society, environment and space, and measures and evaluates the urbanization quality of 38 cities in Henan province. Centered on the key and outstanding problems in promoting new urbanization in Henan, the Monographic Reports, consisting of four parts, Registering Rural Migrant Workers as Permanent Urban Residents, Urban Morphology, Aviation City and Urban Ecology, study the ideas and directions of promoting new urbanization through science and also offer the policies and suggestions, from different perspectives and aspects.

Contents

B. 1 Practice and Exploration in Advancing New Urbanization according to Scientific Principles Analysis of Current Situation and Future Outlook of New Urbanization Development in Henan Province in 2013 −2014

Research Group of Henan Academy of Social Sciences / 001

Abstract: Henan government attaches great importance to the new urbanization in 2013. In order to promote the new urbanization, Henan province takes measures including promoting agricultural transfer of population urbanization, strengthening the construction of the carrier, optimizing of urban system, strengthening urban and rural construction as the key points. But also the new urbanization in 2013 faced problems of slow pace of urbanization and low urbanization quality. It is necessary to recognize the new urbanization situation Henan is facing, to be clear about the new development trend of urbanization. Then Henan province needs to take effective measures to optimize the urban system, improve urban function, accelerate urban and rural integration, insist on producing urban interactive development. It hopes to explore out an accords with the prenlity of Henan, a new path of urbanization with the characteristic of central China.

Keywords: New Urbanization; Scientific Advance; Practice and Exploration

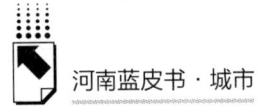

B. 2　The Urbanization Quality Evaluation Report for Henan Province (2013)

Research Group of Henan Academy of Social Sciences / 033

Abstract: The key to explore the road of new urbanization to lead the new "3-ation" coordination of scientific development lies in the efforts to improve the quality of urbanization development. The Report constructs a regional urbanization quality evaluation system covering five dimensions, including population urbanization, economic urbanization, social urbanization, including environmental urbanization and spatial urbanization, which uses an hierarchical analytic process to decide the target weight. The urbanization quality of 18 Prefecture-level cities and 20 county-level cities in Henan province is measured by using the evaluation system. Finally, the policy suggestions aiming at the problems are proposed based on the analysis of the evaluation results.

Keywords: Regional Urbanization; Urbanization Quality; Comprehensive Evaluation

B. 3　The Research of Conditions on Conducting Registration of Rural Migrant Workers as Permanent Urban Residents in an Orderly Way in the Scientific Advance the New Urbanization

Wang Jianguo / 054

Abstract: That must conduct registration of rural migrant workers as permanent urban residents in an orderly way, is the necessary condition of the scientific advance the new urbanization and The quality of urbanization improving. So we should improve such conditions as urban carrying capacity, industrial carrying capacity, the supply of public goods, the innovation of legal system, and so on.

Keywords: The New Urbanization; Permanent Urban Residents in an Orderly Way; Conditions

B. 4 Analysis of the Influencing Factors of Agricultural Population Transfer Urbanization　　*Wang Peidong* / 064

Abstract: Abstract: The Eighteenth Party Congress report emphasizes "the orderly development of agricultural population's urbanization". It is the core content to improve the quality of urbanization, and also plays a decisive role in the economic and social development. In current, although the agricultural population transfer civilian resistance has been gradually decreasing in Henan, there are still many difficulties and obstacles which influence the process and quality of urbanization. How to advance the agricultural population's urbanization in a smooth and orderly, effective way and raise the level and quality of urbanization have become an important problem which needs urgent exploration and research in the overall planning of urban and rural, developing the "three" coordinately in Henan.

Keywords: Agricultural Population; Transfer Urbanization; Factors

B. 5 Research on the Strategies to Promote the Employment and Enterprising of Transferred Rural Labor　　*Li Huaiyu* / 076

Abstract: To accelerate new urbanization and promote the transfer of rural labor to non-agricultural sectors and urban aresa is an important strategic decision made by the CPC Central Committee, the State Council based on the overall modernization of China, it is also a necessary requirement in order to break the urban-rural dual structure, narrow the gap between urban and rural areas as well as promote the economic and social development. Under the current circumstances, Henan should strengthen the guidance and transfer of rural labor employment servives, strengthen employment guidance and tracking services, improve the stability employment and enterprising.

Keywords: Rural Labor Transferred Rural Labor Employment and Enterprising

B.6 Research on Improving the Comprehensive Carrying Capacity of City
Wu Xuxiao / 084

Abstract: The city's comprehensive carrying capacity is an important basis for judging the city sustainable development. On the basis of correctly grasping the connotation of comprehensive carrying capacity of city, the paper diagnoses the present situation and the problems of Henan city comprehensive carrying capacity from the environmental resources, economic and social aspects. Thus the suggestions for further promoting the Henan province city comprehensive carrying capacity are proposed.

Keywords: The Comprehensive Carrying Capacity of City; Sustainable Development; Henan Province

B.7 The Risk Prevention and Countermeasure Study on Rural Poverty Shifted to the City
Li Jianhua / 096

Abstract: Henan is now in the stage of accelerated development of Urbanization. In the rapid urbanization process, many rural population are transferring to the city. However, some people don't get rid of poverty, They became the city poverty population, it affected the healthy development of urbanization. The party's eighteenth largest take a new road of urbanization, Urbanization is the new engine of promoting sustainable economic and social development. If we can't solve the impoverished rural population transfering to the city from the fundamental problem, if we can't Effectively resolve the risks of transfer of rural poverty to city, We will not be able to walk out of a new road of urbanization with high quality. Therefore, this paper analyzed the potential risk posed by the transfer of rural poverty to city, and put forward countermeasures and suggestions for solving these risks.

Keywords: Rural Poverty; Transfer; Risk Prevention

Contents

B.8 Study on Relationship between Transferred Agricultural Population's Citizenization and Promotion of the Small-Medium City's Urban Function *Guo Xiaoyan* / 109

Abstract: Transferred agricultural population's citizenization is an important task of Henan scientific promoting urbanization and improving the quality of urbanization. However, Henan's process of the transferred agricultural population's citizenization is slow, because of the impact of the small-medium city's imperfect urban function, poor overall carrying capacity, miss of the enough proper institution and policy supporting and so on. Under this background, a deep analysis was conducted first to investigate the mutual relationship between the TAPC and PSCTUF, as well as the reasons cause the failure of develop a fine interactive relationship. At last, based on the analysis on the conditions and characteristics of the needs of TAPC, a path planning is proposed to positive interaction between Transferred Agricultural Population's Citizenization and Promotion of the Small-Medium City's Urban Function.

Keywords: Citizenization; Small-medium City; Promotion of the Urban Fuction; Relationship

B.9 The Study on the Spatial Pattern of Urbanization in Henan Province *Wang Xintao* / 120

Abstract: The spatial pattern of urbanization optimization is the premise and foundation to promote healthy and sustainable development of new urbanization. The characteristics of spatial pattern of urbanization in the Henan province not only supporting new urbanization accelerate, but also there is an urgent adjustment and optimization constraints. There are some measures such as improving transportation and other infrastructure support system, establishing the urbanization comprehensive

regional coordination mechanism to guide urbanization space network and the axis expansion, can effectively solve the problems of the spatial pattern of urbanization in Henan provice.

Keywords: Henan; Urbanization; Spatial pattern; Path Selection

B.10 Study on Group Development of Center City in Henan Province *Zuo Wen* / 131

Abstract: Henan center city group development comprehensively promote, has made great progress in the aspects of planning, city function, rapid transit system, ecological system construction, but also has some major problems such as construction progress is not balanced, the regional industrial structure is difficult to form, city group coordition is not high, the co-construction and sharing mechanism is not perfect , in part it restrict the center city group development. Therefore, the key tasks of the next step should be put in build the ciy group development planning system , accelerate the construction of the rapid transit system, promote the establishment of industrial division of labor and cooperation system, enhance the modernization level of cluster city function , play the center group city development demonstration functions and so on , through the promotion of industrial cluster and city group coupling development, accelerate the center city and the city group facilities construction, broaden investment and financing channels, improve the central city group development system and other measures, accelerate the center city group development.

Keywords: Henan Province; Center City; Group

B.11 Research on Improving the Ability of Coordination Development of the Zhongyuan Urban Agglomeration *Yang Lanqiao* / 140

Abstract: In recent years, scientific planning guidance, traffic advance forward, stronger core cities, urban-rural integration pilot series of measures under the impetus, the coordinated development of zhongyuan urban agglomeration has achieved positive results, but there are still some questions. Current and future periods, and promote the coordinated development of zhongyuan urban agglomeration should promote leapfrog development of Zhengzhou City, a reasonable division of labor between cities, the establishment of regional development agencies, improve the regional transportation system, efforts to break the constraints and other aspects of regional development and efforts.

Keyword: Zhongyuan Urban Agglomeration; Coordinated Development; Suggestions

B.12 Research on the Development Mode of Aerotropolis-Drive in Zhengzhou City
Bai Chengyu / 150

Abstract: Aerotropolis is not only a new type of urban form, but also the new growth pole of economical development in the region. Zhengzhou has the good realistic foundation to develop depending on Aerotropolis-drive. Therefore, it is necessary to construct the development mode of Aerotropolis-drive in Zhengzhou by overall planning for the Aerotropolis and hinterland, strengthening facilities construction and function development, cultivating the distinctive industrial cluster, and building a good development environment.

Keywords: The Evelopment Mode of Aerotropolis-Drive; Zhengzhou City

B.13 The Study on the Zhengzhou Green Aviation Urban Construction
Wang Jingquan / 159

Abstract: Intensive construction, intelligent, green, low carbon of modern aviation city, the state council to Zhengzhou airport comprehensive economic experimental area of one of the five strategic positioning. To adhere to the people-oriented, to the third plenary session of the 18 large and 18 on the spirit of the construction of ecological civilization as guidance, with the approval of the state council to Zhengzhou airport comprehensive economic development area development plan for blueprint, integrate the ecological civilization concept and principles of urban planning, construction and management of all aspects and whole process, strengthening the construction of ecological and environmental protection, build a resource saving and environment-friendly industrial system, establishing and perfecting the promoting green development, the development cycle, low carbon development of systems and mechanisms, the all-round construction of Zhengzhou aviation urban green.

Keywords: Zhengzhou; Aviation Urban; Study

B.14 The Research of Zhengzhou Smart Aviation City Construction *Gao Xuan* / 175

Abstract: Smart city which based on technical innovation brings great changes to the city economic and social development and production and life mode. Smart city is also the advanced form of city development. Aviation city is a specific area which has important economic significance to the airport as the core, is the dominant form of economy and social development in twenty-first Century. From the conditions of smart aviation city, Zhengzhou airport has the initial conditions of information infrastructure, industrial basis and policy guarantee for building smart aviation city. But Zhengzhou smart aviation city construction is still in its pilot phase, informatization level the ability of independent innovation and public service platform are still faced with many problems. To this end, Zhengzhou smart aviation construction must achieve the interactive development of electronic information industry and smart city construction, the dual drive strategic of technological innovation and financial innovation, the combining of information infrastructure and public service platform construction, the interaction of market regulation and government guidance, The combination development of difference and characteristic.

Contents

Keywords: Zhengzhou Smart Aviation City; Informatization; Production City Fusion

B. 15 Study on the Construction of Zhengzhou Aerotropolis *Guo Zhiyuan, An Xiaoming* / 184

Abstract: At present, Airport Economy is developing rapidly at the global level, the Construction of Zhengzhou Aerotropolis is very important to the rise of the Central Plains, the implementation of the Henan new urbanization strategy and the dream realizing of one hundred million people in Henan province. But there are a few still problems such as the unreasonable industrial structure, the lack of land resource, construction fund, the deficit of construction fund, the fragile ecological environment and so on. The problems slowing down the Zhengzhou Aerotropolis's construction speed. Therefore the construction of the Zhengzhou Aerotropolis needs corresponding policy support from industry, land, capital, environment, system, planning and so on.

Keywords: Zhengzhou; Aerotropolis; Policy Support

B. 16 The Study on the Ecological Livable of Urban Leisure In Henan Province *Wang Jingquan* / 197

Abstract: The construction of ecological livable urban is the fundamental demand of humanist urban development view. To improve and promote urban recreational function in the construction of livable urban has played the increasingly important role. With the development of social productivity and leisure time increases, urban resident leisure demand is growing. Leisure satisfaction has become an important impact factor of residents' happiness important evaluation indexes and livable urban. Development of leisure industry and leisure business, strengthening the construction of leisure space and public service, is one of the important gripper and

279

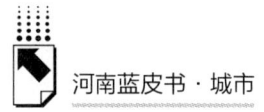

the construction of ecological livable cities.

Keywords: Ecological Livable; Urban Leisure; Study

B.17 Study on Promoting the Development of City Green and Low-carbon

Wang Chunjing, Han Xin / 212

Abstract: Henan is now at the stage of rapid development of urbanization, city will become the main field of future carbon emissions and energy demand growth, To accelerate the transformation of the development pattern of city, To explore a new town to the green and low-carbon as the characteristics of the development path is a major issue facing the Henan social and economic sustainable development. A low carbon city lies in the implementation of green, low-carbon development mode in the energy, transportation, architecture, etc.. We will take the planning guide, industry support, policy support, technical support, the propaganda guidance and other measures, to promote the city's transformation and development.

Keywords: City; Green; Low-carbon

B.18 Study on the Urban Ecosystem Construction in Henan Province

Peng Junjie, Chen Qian / 226

Abstract: It is of great significance for the urban ecosystem construction to promote new-type urbanization, and strengthen urban ecological civilization. Till now, the urban ecosystem constructions in Henan province have been some successful practice and exploration. However, there but in are still many problems existed in the urbanizing level, urban infrastructure construction and urban ecological environment. In the paper, in order to achieve urban ecosystem's sustainable development, we propose to promote the urban ecosystem carrying capacity as the prerequisite, enhance the urban ecosystem's resistance as the crucial, protect the

Contents

urban ecosystem nutrient cycling and energy flow continuity as the key, and harmonize the relationships between human and nature in the city as the core.

Keywords: Henan Province; Urban Ecosystem Construction; Policy Suggestion

B.19　Research on the Construction of Eco-compensation mechanism in Henan Province　　*Han Peng* / 240

Abstract: It is needed to construct scientific and reasonable mechanism for taking efficient eco-compensation institutions, and is of great practical significance for Henan Province to solve existing problems and promote scientific development. After nearly 10 years of development, China constructs its basic eco-compensation mechanism framework, and the development of Henan's eco-compensation mechanism gains positive achievement as well. However, there are still series of existing problems and development problems for Henan to develop better eco-compensation mechanism. Based on the researches on the goals, achievement and existing problem for Henan to construct eco-compensation mechanism, it is suggested for Henan Province to take such valuable measures to promote eco-compensation mechanism developing scientifically as putting forward institution and mechanism innovation, carrying out theoretical research and practical exploration more deeply, promoting the trial of its important field such as wetland and farmland eco-compensation, as well as exploring intra-provinces eco-compensation Consultation and dialogue mechanism.

Keywords: Henan Province; Eco-compensation Mechanism; Policy Suggestion

B.20　The Study of Improving the Ecological Environment Protection Institution in Henan Province　　*Zhao Zhi* / 255

Abstract: The sound system of ecological environmental protection is an important guarantee, as well as an essential route of the development of Henan ecological civilization. This paper is based on the full aware of the importance of sound ecological environment protection system, and analysis of the main situation and existing problems of Henan ecological environmental protection systematically, then put forward policy recommendations to improve the system of ecological environmental protection, such as accelerating the innovation of system and mechanism, improving the relevant legal and technical system , strengthening the talent teams and research capabilities, etc, Which can provide reference for Henan exploring the way of scientific development and accelerating the process of the construction of ecological civilization.

Keywords: Henan Province; Ecological Environment Protection Institution; Policy Suggestion

中国皮书网
www.pishu.cn

发布皮书研创资讯，传播皮书精彩内容
引领皮书出版潮流，打造皮书服务平台

栏目设置：

- □ 资讯：皮书动态、皮书观点、皮书数据、皮书报道、皮书新书发布会、电子期刊
- □ 标准：皮书评价、皮书研究、皮书规范、皮书专家、编撰团队
- □ 服务：最新皮书、皮书书目、重点推荐、在线购书
- □ 链接：皮书数据库、皮书博客、皮书微博、出版社首页、在线书城
- □ 搜索：资讯、图书、研究动态
- □ 互动：皮书论坛

中国皮书网依托皮书系列"权威、前沿、原创"的优质内容资源，通过文字、图片、音频、视频等多种元素，在皮书研创者、使用者之间搭建了一个成果展示、资源共享的互动平台。

自2005年12月正式上线以来，中国皮书网的IP访问量、PV浏览量与日俱增，受到海内外研究者、公务人员、商务人士以及专业读者的广泛关注。

2008年、2011年中国皮书网均在全国新闻出版业网站荣誉评选中获得"最具商业价值网站"称号。

2012年，中国皮书网在全国新闻出版业网站系列荣誉评选中获得"出版业网站百强"称号。

皮书数据库

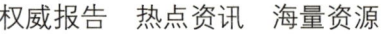

权威报告　热点资讯　海量资源

当代中国与世界发展的高端智库平台

皮书数据库　　www.pishu.com.cn

　　皮书数据库是专业的人文社会科学综合学术资源总库，以大型连续性图书——皮书系列为基础，整合国内外相关资讯构建而成。该数据库包含七大子库，涵盖两百多个主题，囊括了近十几年间中国与世界经济社会发展报告，覆盖经济、社会、政治、文化、教育、国际问题等多个领域。

　　皮书数据库以篇章为基本单位，方便用户对皮书内容的阅读需求。用户可进行全文检索，也可对文献题目、内容提要、作者名称、作者单位、关键字等基本信息进行检索，还可对检索到的篇章再作二次筛选，进行在线阅读或下载阅读。智能多维度导航，可使用户根据自己熟知的分类标准进行分类导航筛选，使查找和检索更高效、便捷。

　　权威的研究报告、独特的调研数据、前沿的热点资讯，皮书数据库已发展成为国内最具影响力的关于中国与世界现实问题研究的成果库和资讯库。

皮书俱乐部会员服务指南

1. 谁能成为皮书俱乐部成员？

- 皮书作者自动成为俱乐部会员
- 购买了皮书产品（纸质皮书、电子书）的个人用户

2. 会员可以享受的增值服务

- 加入皮书俱乐部，免费获赠该纸质图书的电子书
- 免费获赠皮书数据库100元充值卡
- 免费定期获赠皮书电子期刊
- 优先参与各类皮书学术活动
- 优先享受皮书产品的最新优惠

卡号：1496662697332892
密码：

3. 如何享受增值服务？

（1）加入皮书俱乐部，获赠该书的电子书

　　第1步　登录我社官网（www.ssap.com.cn），注册账号；

　　第2步　登录并进入"会员中心"—"皮书俱乐部"，提交加入皮书俱乐部申请；

　　第3步　审核通过后，自动进入俱乐部服务环节，填写相关购书信息即可自动兑换相应电子书。

（2）**免费获赠皮书数据库100元充值卡**

　　100元充值卡只能在皮书数据库中充值和使用

　　第1步　刮开附赠充值的涂层（左下）；

　　第2步　登录皮书数据库网站（www.pishu.com.cn），注册账号；

　　第3步　登录并进入"会员中心"—"在线充值"—"充值卡充值"，充值成功后即可使用。

4. 声明

　　解释权归社会科学文献出版社所有

皮书俱乐部会员可享受社会科学文献出版社其他相关免费增值服务，有任何疑问，均可与我们联系
联系电话：010-59367227　企业QQ：800045692　邮箱：pishuclub@ssap.cn
欢迎登录社会科学文献出版社官网（www.ssap.com.cn）和中国皮书网（www.pishu.cn）了解更多信息

社会科学文献出版社　**皮书系列**

"皮书"起源于十七、十八世纪的英国，主要指官方或社会组织正式发表的重要文件或报告，多以"白皮书"命名。在中国，"皮书"这一概念被社会广泛接受，并被成功运作、发展成为一种全新的出版形态，则源于中国社会科学院社会科学文献出版社。

皮书是对中国与世界发展状况和热点问题进行年度监测，以专业的角度、专家的视野和实证研究方法，针对某一领域或区域现状与发展态势展开分析和预测，具备权威性、前沿性、原创性、实证性、时效性等特点的连续性公开出版物，由一系列权威研究报告组成。皮书系列是社会科学文献出版社编辑出版的蓝皮书、绿皮书、黄皮书等的统称。

皮书系列的作者以中国社会科学院、著名高校、地方社会科学院的研究人员为主，多为国内一流研究机构的权威专家学者，他们的看法和观点代表了学界对中国与世界的现实和未来最高水平的解读与分析。

自20世纪90年代末推出以《经济蓝皮书》为开端的皮书系列以来，社会科学文献出版社至今已累计出版皮书千余部，内容涵盖经济、社会、政法、文化传媒、行业、地方发展、国际形势等领域。皮书系列已成为社会科学文献出版社的著名图书品牌和中国社会科学院的知名学术品牌。

皮书系列在数字出版和国际出版方面成就斐然。皮书数据库被评为"2008~2009年度数字出版知名品牌"；《经济蓝皮书》《社会蓝皮书》等十几种皮书每年还由国外知名学术出版机构出版英文版、俄文版、韩文版和日文版，面向全球发行。

2011年，皮书系列正式列入"十二五"国家重点出版规划项目；2012年，部分重点皮书列入中国社会科学院承担的国家哲学社会科学创新工程项目；2014年，35种院外皮书使用"中国社会科学院创新工程学术出版项目"标识。

法律声明

"皮书系列"(含蓝皮书、绿皮书、黄皮书)由社会科学文献出版社最早使用并对外推广,现已成为中国图书市场上流行的品牌,是社会科学文献出版社的品牌图书。社会科学文献出版社拥有该系列图书的专有出版权和网络传播权,其LOGO( )与"经济蓝皮书"、"社会蓝皮书"等皮书名称已在中华人民共和国工商行政管理总局商标局登记注册,社会科学文献出版社合法拥有其商标专用权。

未经社会科学文献出版社的授权和许可,任何复制、模仿或以其他方式侵害"皮书系列"和LOGO( )、"经济蓝皮书"、"社会蓝皮书"等皮书名称商标专用权的行为均属于侵权行为,社会科学文献出版社将采取法律手段追究其法律责任,维护合法权益。

欢迎社会各界人士对侵犯社会科学文献出版社上述权利的违法行为进行举报。电话:010-59367121,电子邮箱:fawubu@ssap.cn。

社会科学文献出版社